건강한 심리와 원활한 의사소통을 위하여!

언어심리

정성숙 지음

Linguistic Psychology

개정판

생각나눔

언어심리 (개정판)

펴 낸 날 2021년 2월 19일
2쇄펴낸날 2024년 1월 19일

지 은 이 정성숙
펴 낸 이 이기성
편집팀장 이윤숙
기획편집 윤가영, 이지희, 서해주
표지디자인 이윤숙
책임마케팅 강보현, 김성욱
펴 낸 곳 도서출판 생각나눔
출판등록 제 2018-000288호
주 소 경기도 고양시 덕양구 청초로 66, 덕은리버워크 B동 1708, 1709호
전 화 02-325-5100
팩 스 02-325-5101
홈페이지 www.생각나눔.kr
이 메 일 bookmain@think-book.com

• 책값은 표지 뒷면에 표기되어 있습니다.
ISBN 979-11-7048-193-5(13700)

/ 들어가는 말 /

대부분의 한국인은 말하는 것에 자신이 없다고 말한다. 이러한 심리는 글로벌 시대에 큰 약점으로 작용한다. 어릴 때부터 말하고 토론하는 문화에 익숙하지 않은 환경에서 성장했기 때문에 외국인보다 표현력, 설득력, 협상력 등이 떨어지는 것이 한국인의 현실이다. 현대 사회에서는 표현의 능력이 경쟁력이 되고 있다. 말을 못하면 그것은 곧 능력이 부족한 것으로 직결되고 판단된다. 직장 내의 상사나 동료 앞에서 프레젠테이션을 할 때도, 거래처와 거래를 성사시키기 위해 설득할 때에도, 학교나 토론장에서 토론할 때도 말의 능력이 가장 중요한 관건이 되었다. 세상 어디에도 말의 능력이 필요하지 않은 곳은 없다.

그러나 사람들은 말의 중요성과 교육의 필요성을 인정하면서도 쉽사리 도전하지 못한다. 여태껏 생긴 대로 그런대로 살아왔고, 지금 배워서 얼마나 효력이 있을까 하는 불확실성과 안일한 심리 때문이다. 이러한 사고와 심리는 우리의 인생을 변화, 발전시킬 수 없다. 그런대로 살아가기에 우리 인생은 너무나 귀한 것이다.

언어는 품격이다!

나타나는 현상으로서의 언어는 그 사람의 인격 표현이다. 다시 말해 인격만큼 언어가 표현된다는 말이다. 그러기에 본질의 개선을 통하여 인격을 함양해 나가고 나타나는 현상으로서의 언어를 훈련해야 한다. 언어에 대한 바른 지식과 전문적 훈련이 이루어지면 누구나 가능하다.

인격의 수준이 곧 인생의 수준이 된다!

자신의 능력을 배양하고 잠재능력의 최대치를 끌어올리겠다는 결단을 내리는 그 순간부터 우리의 인생은 소망이 생기고 삶의 수준이 업그레이드되는 것이다. 학문의 수준이 아닌, 인격의 수준이 자신의 인생 수준이 된다는 것을 기억해야 한다.

현상의 업그레이드 작업 전에 본질적 업그레이드가 이루어져야 한다!

즉, 자신의 심리개선이 필요하다. “나는 할 수 있다! 나는 날마다 나아지고 있다!”라는 자기확신과 가능성에 대한 소망이 있다면 누구라도 품격 있는 언어를 구사할 수 있다.

자신의 사고와 의견과 능력을 정확하게 표현할 수 있고, 바르게 전달할 수 있는 능력, 그것은 성공의 지름길이다. 이것의 전제조건은 건강한 심리 위에 구축된 자신감 있는 언어구사이다. 그러기에 본서는 '건강한 심리와 자신감 있는 언어구사, 더 나아가 능력 있는 언어구사'를 위하여 준비되었다.

2016년 초판을 출간한 후, 일반인들은 물론 언어를 연구하고 심리를 가르치는 교육자들에게도 유익한 교재가 되었다는 격려에 힘입어 부족한 부분을 보완하고, 누구나 배우고 익히는 데 어려움이 없도록 이론과 실용적 가치를 더하였다. 학문적인 이론서가 대중화되기 힘든 사실을 감안하여 서술한 바, 확실하고 명쾌한 지침서가 되기를 바란다.

본서의 내용을 충분히 인지하고 적용해 나간다면 독자들 모두가 건강한 심리와 자신감 있는 언어구사가 가능하다는 것을 확신한다. 이 책을 통해 인생을 재구성해나가기 바란다.

2021년 2월

정성숙

| CONTENTS

제2부 언어와 심리의 상호작용_ 71

제1부 목차

제1부

언어의 기술적 이해

언어는 과학이며 예술이다.

자신의 목소리 파악

사람들은 누구나 좋은 목소리를 갖기 원한다. 그렇다면 우선 무엇이 좋은 목소리인지, 그리고 좋은 목소리를 갖기 위해서는 어떻게 해야 하는지 알아보도록 하자.

좋은 목소리란 우선 자연스러움과 진솔함이 묻어나는 목소리라 할 수 있다. 뉴스에 나오는 아나운서의 목소리가 그 시간에는 좋다고 느낄 수 있으나, 평상시에도 그러한 경직된 목소리가 계속되면 듣는 입장에서는 상당히 부담스러울 수 있다. 그리고 진솔함보다는 가식적이라 느끼게 될 것이다. 편안하게, 그리고 자연스러운 목소리가 좋은 목소리이다.

낭랑한 목소리가 듣기 좋기는 하지만, 목소리의 매력이 음색으로만 결정되는 것은 아니다. 허스키한 목소리를 저음으로 발성하면 상당히 매력 있는 목소리의 소유자가 될 수 있다. 음색은 타고난다. 그러나 정확한 발음과 적절한 발성법을 사용하면 누구나 개성 있고 듣기 좋은 목소리를 가질 수 있다.

좋은 목소리를 위하여

첫째는 발음이다. 정확한 발음으로 훈련된 목소리가 자신이 가지고 있는 최고의 음색을 낼 수 있다. 어떠한 음색이라도 발음이 정확하지 않으면 좋다고 느껴지지 않는다. 발음은 기술Skill이다. 기술은 부단한 연습과 훈련이 필요하다.

둘째, 발성이다. 사람은 태어날 때는 복식 호흡을 한다. 아이들이 울음소리가 우렁찬 것도 그 때문이다. 복식 호흡이 좋은 호흡이라는 사실은 누구나 알고 있다. 그렇다면 지금부터라도 대화할 때 자세를 바르게 하여 소리가 꺾이지 않게 하고, 서서 말할 때는 11자 자세를 취하도록 하자. 복식 호흡을 통하여 성대가 부담스럽지 않고 힘차게 말하는 습관을 위해 부단한 발성훈련이 필요하다. 발성훈련이란 결국, 평상시 잘 쓰지 않던 횡격막Diaphragm 근육을 개발하는 것이다.

셋째, 호흡이다. 호흡은 우리의 긴장 상태와 연관이 있다. 평상시에는 자연스럽던 호흡이 긴장하게 되면 고르지 않게 된다. 호흡은 자율신경의 영향으로 무의식적으로 진행되지만, 마음이 경직되면 뜻대로 되지 않는 것이 호흡이다. 긴장 시에도 자연스러운 호흡을 위해서는 평상시에 띄어 읽기와 발성법을 익혀 두는 것이 좋다.

1. 긍정적인 목소리

긍정적인 목소리는 듣는 이로 하여금 확신에 찬 정열적인 목소리로 전달된다. 정열적인 목소리는 마음의 열정이 목소리를 통하여 표현되는 것이다. 이것을 기술로 익히려 하면 한계를 느끼게 된다. 그러므로 늘 활기차고 긍정적인 마음 자세가 중요하다.

사람들과 이야기를 나누어보면 누구나 긍정적인 마음으로 살기를 원하고 긍정적인 삶을 원한다. 그러나 말로만 수없이 긍정을 외치고 긍정적으로 생각하는 것만으로는 부족하다. 긍정의 작용이 어떻게 이루어지고 어떠한 결과를 만들어 내는지 과학적 근거에 의해 긍정의 지식체계를 구축해야 한다.

긍정적인 마음 자세를 위하여 '긍정 정서'가 익숙해져야 한다. 긍정 정서에서 가장 중요한 본질적인 정서는 '감사'이다. 감사의 정서 없이 긍정을 생각할 수 없기 때문이다. 그 외에 희망, 자신감, 신뢰 등은 우리에게 힘을 주는 에너지와 같으며 삶이 편안할 때가 아니라 시련이 닥칠 때 큰 힘을 발휘한다. 긍정 정서는 내면의 긍정심리를 확장시켜 기쁨과 행복을 느끼게 하고, 역경을 이겨내게 하며, 스스로 행복을 만들어갈 수 있는 행복의 사고(思考)를 지원한다. 이렇듯 긍정적인 마음이란 행동으로 이어지고 그것은 삶으로 나타나게 되는데, 즐거운 삶, 행복한 삶, 의미 있는 삶으로 이어지며, 이것은 곧 좋은 관계의 삶, 성취하는 삶을 통해 행복하고 플로리시flourish한 삶을 지속적으로 살아가게 한다.

모든 현상은 본질 위에 구축된다. 본질적인 긍정 정서가 현상적인 열정, 그리고 목소리로 나타나는 것이다. 이러한 긍정적인 마음을 소유한 정열적인 사람은 목소리부터 다르다. 언제나 자신감 있고 에너지가 넘친다. 그러나 너무나 당겨진 악기의 현이 쉽게 끊어지게 되듯이, '정열과 쉼'의 균형이 맞아야 안정된 삶을 유지할 수 있다. 정열을 적절히 다룰 수 있는 마인드 컨트롤 Mind Control이 필요하다. 즉, 여유가 있어야 자신감과 열정이 가득한 목소리를 낼 수 있는 것이다.

늘 겸손하고 편안한 마음을 유지하라. 실력은 높이고 마음의 자세는 항상 낮춰야 한다. 그리고 항상 자신의 말을 경계하라. 지금 내가 상대방에게 내는 소리가 혹시 나를 뽐내는 소리는 아닌지. 이러한 마음에서 나오는 목소리는 듣는 이를 쫓아내는 목소리가 나온다는 것을 기억하라. 목소리는 소리가 아니라 인격이다. 긍정적인 마음에서 긍정적인 목소리가 가능한 것처럼, 긍정적인 목소리가 긍정적인 대화를 가능하게 한다.

2. 부정적인 목소리

긍정 정서가 있듯, 부정 정서가 있다. 화, 걱정, 근심, 우울, 불안, 분노, 질투 등이다. 인간에게는 부정 감정이 워낙 지배적이어서 개선이 만만치 않다. 부정 감정을 없이 하였다고 바로 행복지수가 높아지는 것도 아니다. 이처럼 뿌리 깊은 인간의 부정 정서를 개선하기 위해서는 심리치료와 교육, 그리고 무엇보다 중요한 것은 본인의 부단한 노력이다.

긍정적인 사람이 활기차고 밝은 목소리를 내듯, 부정적인 사람이 부정적인 목소리를 내는 것이다. 힘없는 목소리, 목이 멘 소리, 뚱한 목소리는 듣기에도 불편하며, 관계성에도 좋지 않은 영향을 미친다. 이는 속히 분석하여 개선하도록 해야 한다. 지속적인 훈련과 꾸준한 연습이 필요하다.

삶에 질서가 없는 사람은 목소리와 표현 자체가 무질서하다.

현대를 살아가는 사회인으로서 나의 영역에 필요한 지식은 기본적인 사항이다. 기본사항에만 목을 매다가는 기본밖에 되지 못한다. 현대 사회에서 진정으로 필요한 것은 창조적인 발상, 리더십, 어떠한 상황에도 순응할 수 있는 순발력과 적응력이다. 그렇다고 기본을 소홀히 해서도 안 되는 사항이다. 기본이 충실해야 순차적인 사항들에 요동함이 없는 것도 사실이다.

조직에 자신이 속해 있다면 조직의 목표를 위해 충실히 따르든지, 아니면 리더가 되어 이끌든지 해야 한다. 부정적인 목소리를 내는 사람은 육체적으로도 활기가 없고 발성 기관 자체가 막혀 있다. 따라서 발음은 항상 어눌하고 성량은 작을 수밖에 없는데, 이것은 목소리와 심리의 연관성 때문이다. 부정적인 마음은 몸의 발성 기관을 억압한다. 목소리는 삶을 오롯이 반영하는 거울과도 같다. 그러기에 부정적인 목소리를 정열적인 목소리로 변화시키기 위해서는 기술이 아니라 먼저 심리적 변화가 필요하다. 자신의 상황을 긍정적으로 바라보고 매사에 긍정적 관점으로 접근하는 습관을 가지도록 노력해야 한다.

긍정적인 마음 & 긍정적인 대화기술

1. 공감적 언어를 사용하라.
2. 조직의 비전을 시각화하라.
3. 제3자의 칭찬을 전해주어라.
4. 과거가 아니라 미래를 말하라.
5. 문제가 아니라 '해결' 방법에 집중하라.
6. 나와 너 가 아니라 '우리'를 강조하라.
7. 마음은 표현될 때 완성됨을 명심하라.
8. 상대가 '묻기 바라는' 질문을 감지하라.
9. 목표달성 직전에 다음 목표를 물어보라.
10. 상대에 대한 관심을 메시지로 전달하라.
11. 질책할 때 '왜'라는 단어를 사용하지 마라.
12. '항상 지켜보고 있다.'는 메시지를 전달하라.
13. 실패는 성공으로 만회하면 된다고 위로하라.
14. 자신의 힘들었던 경험담을 솔직히 들려주어라.
15. 실패한 사람에게는 위로가 필요함을 명심하라.
16. 질책할 때 같은 내용의 말을 되풀이하지 마라.
17. 질책할 때일수록 단어를 사용하는 데 조심하라.
18. 말은 기술이 아니라 마음의 표현으로 사용하라.
19. 칭찬은 직접 하지 말고 제3자를 통해 전달하라.
20. 성공했을 때의 기쁨과 기대를 부단히 들려주어라.
21. 존중어법을 사용하되 확신에 찬 어투를 사용하라.
22. 칭찬할 때(화날 때도)에는 '나'를 주어로 말하라.
23. 성과가 아니라 일에 대한 자세와 과정을 칭찬하라.
24. 낙담해 있을 때는 진심으로 그의 말을 들어주어라.
25. 실수 후에 질책할 때에는 바로 하지 말고 여백을 두라.
26. '때리고 안아주기'- 질책한 후 사후관리가 더 중요하다.
27. 전진하는 자에게는 실패가 아니라 '훈련'임을 말해주라.
28. 지적하기 위해서는 먼저 칭찬으로 상대의 마음 문을 열어라.
29. 말하기는 자신의 수준이 아니라, 상대의 수준에 맞추어 말하라.
30. 자신이 말하고 싶은 것보다 상대가 듣기 원하는 말을 해주어라.

오 늘

시간은 모든 사람에게 공평합니다.
그러나 그 시간을 어떻게 사용하느냐에 따라서
결과는 엄청난 차이를 나타냅니다.
꿈을 가진 사람에게는 오늘이 기대로 다가오지만,
그렇지 아니한 사람에게는 어제와 같은 오늘일 뿐입니다.

이루는 인생을 원하신다면 힘찬 비전을 품으십시오.
그리고 오늘을 통하여 그 미래로 나아갈 준비를 하십시오.
두려워 망설이던 일이 있다면 이 시간 결단하십시오.
미루어 오던 일이 있다면 이 시간 시작하십시오.

공평한 시간이지만, 당신을 위해 멈추어주진 않습니다.
삭막한 세상이라 탓하지 마십시오, 무능한 고백일 뿐입니다.
경쟁하는 세상을 회피하지 마십시오, 패자의 변일 뿐입니다.
오직, 자신의 가치를 높이는 데 전력투구하십시오.

행동하는 사람이 되기로 결단하십시오.
오늘을 온전히 감당하는 자에게는
내일의 시간이 '기회'라는 이름으로 다가옵니다.
기쁨으로 다스리고 누리는 오늘이 되시기를 바랍니다.

목소리의 구성

언어는 인간 개개인의 삶의 영역에 영향을 미치며 사회공동체, 관습 및 문화 등의 발전에 기본 전제조건이 된다. 개인의 말과 목소리는 자신의 정체성을 형성하는 핵심요소이다. 인간이 언어로 소통함으로써 자신의 감정을 더 명확히 표현하고 행동으로 나아갈 때 언어를 담아내는 목소리는 소통의 핵심요소가 된다. 이러한 목소리를 보다 효율적으로 관리하고 개선하기 위한 노력이 필요하다.

음성을 만들어내는 조건에는 다음 세 가지 요소가 있다.

① 호흡Expiration
② 발성Phonation
③ 발음Articulation

위의 세 가지 요소가 적절히 조화를 이룰 때 편안한 음성 곧 자연스럽고 호감이 가는 음성을 가질 수 있게 된다.

사람은 제각기 자신만의 목소리를 가지고 있다. 이러한 자신만의 목소리를 최대한 조절하고 훈련하여, 보다 품위 있는 나를 이미지 메이킹Image Making 하고자 하는 것이 본서의 목적이다. 그러기 위해서는 겉포장이 아닌, '속

사람의 변화'가 되어야 하는데, 이 속사람의 변화를 위하여 마인드 컨트롤 Mind Control과 긍정적 마인드, 사고의 전환이 필요하다. 음성은 단순히 소리가 아니다. 인격이다. 그러기에 꾸며진 가식적 음성은 거부감을 주며 오래 지속할 수 없다. 진실한 목소리가 호소력이 짙은 것도 이 때문이다. 더하여, 제일 중요한 것은 자연스러움이다.

발음, 발성, 발화

1. 발음(發音)Articulation

발음하는 방법에 관해서는 일괄적인 법칙을 정할 수 없다. 그것은 사람마다 얼굴 생김새(골상)가 달라서 같은 발음을 하더라도 어떤 사람은 입을 크게 벌리고, 어떤 사람은 작게 또는 중간 크기로 벌리는 등 똑같은 방법으로 발음하지 않기 때문이다. 그러므로 밝고 깨끗한 발음을 하기 위해서는 자신에 대해 잘 살피고 꾸준한 노력이 필요하다.

1) 언어에 품위를 주는 발음 연습

(1) 가장 주의하고 연습을 많이 해야 하는 소리

: '애'와 '에'

'애'– 입 모양이 옆으로 벌어져 나오는 소리

'에'– 입 모양이 모아져서 나는 소리

(2) 발음이 정확하지 않은 이유

① 구강구조의 문제

② 잘못된 습관

(3) 발음교정

a. 기본 방법

① 우선 입을 크게 벌려 말하기

② 입술의 모양을 정확하게 하기

③ 목소리를 크게 하기

④ 천천히 또박또박 말하기

b. 연습 방법

① 볼펜을 가로로 물고 한 글자 한 글자 또렷하게 말하기

② 낱말을 분해해서 듣고, 말하기

ex) 짜장면: 짜아 자아앙 며어언

감자탕: 가암 자아 타앙

군고구마: 구운 고오 구우 마아

c. 발음원칙을 익혀둠으로써 얻을 수 있는 이득은 다음과 같다.

첫째, 의미를 정확하게 구분할 수 있다.

둘째, 언어의 미적 감각이 생긴다.

셋째, 언어에 품위가 생긴다.

넷째, 발음하는 것이 편리해진다.

다섯째, 심리적으로 자신감이 생긴다.

2) 틀리기 쉬운 발음

말할 때의 발음은 글에서의 맞춤법과 같이 중요하다. 정확한 발음을 위해서는 부드러운 입술, 원활한 혀, 건강한 턱, 그리고 말의 속도와 장·단음 구분이 이루어져야 한다.

(1) 입술 모양

a. 'ㅁ', 'ㅂ', 'ㅍ' 받침이 나오는 글자를 읽을 때는 입술을 닫는다.

잘 자, 내 꿈 꿔.	→	내 꿍 꿔(×) 내 꿈 꿔(◯)
선생님께 경례!	→	선생닝께(×) 선생님께(◯)
여러분의 심부름꾼이 되고자.	→	심부릉꾸니(×) 심부름꾸니(◯)
씻고 싶기까지야 하겠어?	→	식기까지야(×) 십기까지야(◯)
친구와 놀고도 싶고	→	식꼬(×) 십꼬(◯)

b. '와', '화'를 '아', '하'로 잘못 발음하는 경우

무궁한 영광을 위하여!	→	영강을(×) 영광을(◯)
완전하게 일한다.	→	안전하게(×) 완전하게(◯)

c. 'ㅚ'를 'ㅐ'로 발음하는 경우

원칙도 정의도 무시된 채.	→	무시댄 채(×) 무시된 채(◯)
역사는 모든 국민에게 기회를 줍니다.	→	기해를(×) 기회를(◯)
당신이 최고다.	→	채고다(×) 최고다(◯)

(2) 혀

한강은 흐르고 있다.	→	항강(×) 한강(◯)

* 'ㄴ' 받침을 'ㅇ', 'ㅁ'으로 읽지 않도록 하자.

3) 발음 익히기

(1) 받침 'ㄷ, ㅌ(ㄾ)'이 홀소리 'ㅣ'와 만날 경우에는 'ㅈ, ㅊ'으로 바뀌 뒤의 음절 첫소리로 옮겨 발음한다.

곧이듣다	→	고지듣따	미닫이	→	미다지
땀받이	→	땀바지	밭이	→	바치
벼훑이	→	벼훌치			

(붙임) 'ㄷ' 뒤에 '히'가 오는 것은 '치'로 발음한다.

굳히다	→	구치다	닫히다	→	다치다
묻히다	→	무치다			

(2) 받침 'ㄱ(ㄲ, ㅋ, ㄳ, ㄺ), ㄷ(ㅅ, ㅆ, ㅈ, ㅊ, ㅌ, ㅎ), ㅂ(ㅍ, ㄼ, ㄿ, ㅄ)'은 'ㄴ, ㅁ' 앞에서 'ㅇ, ㄴ, ㅁ'으로 발음한다.

값매다	→	감매다	국물	→	궁물
깎는	→	깡는	꽃망울	→	꼰망울
흙만	→	흥만	닫는	→	단는
옷맵시	→	온맵씨	맞는	→	만는
쫓는	→	쫀는	젖멍울	→	전멍울
놓는	→	논는	잡는	→	잠는
앞마당	→	암마당	밟는	→	밤:는
읊는	→	음는			

(붙임) 두 낱말을 이어서 발음하는 경우에도 이와 같다.

책 넣는다	→	챙 넌는다	흙 말리다	→	흥 말리다
밥 먹는다	→	밤 멍는다	값 매기다	→	감 매기다

(3) 받침 'ㅁ, ㅇ' 뒤에 연결되는 'ㄹ'은 'ㄴ'으로 발음한다.

담력	→	담:녁	침략	→	침냑
강릉	→	강능	항로	→	항:노

(붙임) 받침 'ㄱ, ㅂ' 뒤에 오는 'ㄹ'도 'ㄴ'으로 발음한다.

막론	→	막논	→	망논	백리	→	백니	→	뱅니
협력	→	협녁	→	혐녁	십리	→	십니	→	심니

(4) 'ㄴ'은 'ㄹ'의 앞이나 뒤에서 'ㄹ'로 발음한다.

난로	→	날:로	신라	→	실라
천리	→	철리	광한루	→	광:할루
대관령	→	대:괄령	칼날	→	칼랄
핥는지	→	할른지	물난리	→	물랄리

(붙임) 첫소리 'ㄴ'이 'ㅀ, ㄾ' 뒤에 올 때도 이에 준한다.

닳는	→	달른	뚫는	→	뚤른
핥네	→	할레			

다만, 다음과 같은 단어들은 'ㄹ'을 'ㄴ'으로 발음한다.

의견란	→	의:견난	임진란	→	임:진난
생산량	→	생산냥	결단력	→	결딴녁
공권력	→	공꿘녁	동원령	→	동:원녕
상견례	→	상견녜	횡단로	→	횡단노
이원론	→	이:원논	입원료	→	이뷘뇨
구근류	→	구근뉴			

(5) 겹받침 'ㄼ, ㄾ, ㄿ'이 있는 낱말 발음하기.

넓다	→	널따	넓어	→	널버
핥다	→	할따	핥아	→	할타
읊다	→	읍따	읊어	→	을퍼

→ 겹받침 뒤에 닿소리가 온 경우: 겹받침 중 하나만 발음한다.

→ 겹받침 뒤에 홀소리가 온 경우: 겹받침 모두 발음하고, 뒤의 받침은 뒤의 첫소리로 옮겨 발음한다.

(6) 말소리의 바뀜

꽃잎	→	꼰닙	색연필	→	생년필
앞일	→	암닐	홑이불	→	혼니불
솜이불	→	솜니불	막일	→	망닐
맨입	→	맨닙	담요	→	담뇨
식용유	→	시공뉴	내복약	→	내봉냑

(7) 구개음화 (입천장소리 되기)

'ㄷ, ㅌ'과 같은 앞 음절의 끝소리가 '이'와 같은 홀소리 앞에서 'ㅈ, ㅊ' 등으로 변하여 소리 나는 현상.

굳이	→	구지	여닫이	→	여다지
해돋이	→	해도지	같이	→	가치
밭이	→	바치	붙이다	→	부치다

(8) 두음법칙 (머리소리법칙)

말소리에 'ㄹ, ㄴ'이 나오는 것을 꺼리어 낱말의 첫 자음 'ㄹ, ㄴ'이 탈락하거나 다른 소리로 바뀌는 현상.

락원	→	낙원	락화	→	낙화
루각	→	누각	리유	→	이유
량심	→	양심	리발	→	이발
례절	→	예절	료리	→	요리

(9) 된소리 내기

받침 'ㄱ(ㄲ, ㅋ, ㄳ, ㄺ), ㄷ(ㅅ, ㅆ, ㅈ, ㅊ), ㅂ(ㅍ, ㄼ, ㄿ, ㅄ)' 뒤에 연결되는 'ㄱ, ㄷ, ㅂ, ㅅ, ㅈ'은 된소리로 발음한다.

국밥	→	국빱	깎다	→	깍따
삯돈	→	삭똔	덮개	→	덥깨
옆집	→	엽찝	닭장	→	닥짱
꽃다발	→	꼳따발	옷고름	→	옫꼬름

(10) 음절의 끝소리

음절 끝의 자음은 'ㅂ, ㄷ, ㄱ, ㅁ, ㄴ, ㅇ, ㄹ'로만 발음된다. 홑받침일 경우에는 그 대표음으로 소리 난다.

ㄱ, ㅋ, ㄲ	→	ㄱ	→	부엌–부억/밖–박
ㄷ, ㅅ, ㅈ, ㅊ, ㅌ	→	ㄷ	→	낟(낫, 낮, 낯, 낱)
ㅂ, ㅍ	→	ㅂ	→	입(잎)–입

2. 발성(發聲)Phonation

발성법은 폐에서 밀려 나온 숨이 성문(聲門. 성대의 두 막 사이의 공간)을 통과할 때 성대를 진동시켜서 소리를 내는 방법이다. 성악에서는 가창자가 발성 기술의 습득을 위해 위의 여러 기관을 사용하여 적절히 조절하고 훈련하는 방법을 발성법이라고 총칭한다.

3. 발화(發話)Speak aloud

자신의 추상적인 생각이 실제 문장으로 실현된 것이 발화이다. 다시 말해, 자신의 생각이 음성적 언어 행위로 발현되는 것, 즉 의사소통의 상황 속에서 실현되는 것이다.

발화는 상황이나 의도에 맞게 적절한 의미를 내포하게 되며 여러 요인에 의해 담고 있는 내용이나 의미가 달라질 수 있다. 화자와 청자가 필수 조건이 되는 발화는 대상과 상황에 의해 달라질 수 있다.

첫째, 대상에 의해 달라질 수 있는 경우란, 선생님이나 상사와 같이 웃어른을 대할 때, 친구나 직장에서의 동료 또는 지인을 대할 때 각각 다른 방식으로 발화가 이루어진다. 둘째, 상황에 의해 달라질 수 있는 경우란, 공적인 자리나 사적인 자리에서 발화는 달라야 한다. 이렇게 발화는 단순한 정보를 전달하는 것 외에도 상황에 따라 여러 가지 중요한 기능을 한다.

호흡법과 성대관리

1. 호흡법

1) 숨을 들이쉬는 방법

몸을 바르게 하고 가슴을 펴며 몸의 중심을 안정되게 하여서 편한 자세를 취해야 한다. 숨을 들이쉴 때 어깨와 가슴의 힘은 빼고, 배와 횡격막에 힘을 주어 복식 호흡을 한다. 즉, 입술을 양쪽으로 당긴 상태에서 입 모양은 바꾸지 말고, 코와 입으로 재빨리 숨을 깊게 들이쉰 숨은 한꺼번에 다 내쉬지 말고 배가 홀쭉해질 때까지 천천히 가늘게 내쉬어야 한다. 몇 번이고 되풀이해서 익숙하게 될 때까지 연습하자.

2) 숨을 고르게 내쉬는 방법

고운 소리를 내기 위한 호흡의 비결은 숨을 내쉴 때 숨의 양과 숨의 세기를 기술적으로 알맞게 조절하는 데 있다. 즉, 자기가 원하는 소리를 내는 데 필요한 일정한 숨을 내쉬는 방법이다.

3) 효과적인 연습 방법

(1) 왼손바닥을 입에서 약 10센티미터 정도에 대고, 손바닥에 입김이 닿는 것을 느끼며 지속적으로 길게 내쉰다.

(2) 왼손바닥을 입에서 약 10센티미터 가량 띄어서 45도 정도 아래로 내려서 입김을 분다.

(3) 얇은 종이를 벽에 대고 입술을 약 15센티미터 정도 띄어서 종이가 벽에서 떨어지지 않고 오래 붙어있게 한다.

2. 성대관리

1) 좋은 목소리를 위한 준비

아침에는 일반적으로 좋은 목소리가 잘 나오지 않는다. 근육으로 구성된 성대는 일반적으로 아침에 눈을 떠서부터 최소 6시간 정도는 아직 잠자고 있는 상태라고 말할 수 있다. 그러므로 오전 중에 무리 없는 정도의 성대 근육 이완 작업이 필요하다. 이를 위해, 실온의 물을 적당량 섭취하고 소리 내어 발성해두면 오후부터는 목소리가 한결 윤기가 있게 된다. 항상 적당한 워밍업 Warming-up이 소리를 내는 데도 필요한 것이다.

따라서 아침 강연 등은 훨씬 빨리 일어나든가 혹은 그 직전까지 발성 등을 통하여 목소리를 조정하지 않으면 발성하는 데 어려움을 겪게 된다. 추운 날씨에는 혈관이 수축된 상태이므로 이런 때는 혈액의 흐름이 나쁘기 때문에 성대에 무리가 오기 쉽다. 따라서 추울 때 급히 소리를 내거나 장시간 소리를 사용할 때에는 주의를 기울여야 한다.

성대 보호를 위해 목둘레를 늘 따뜻하게 보호하는 것이 좋다. 목둘레를 따뜻하게 해주면 피로물질이 확장된 혈관을 통해서 빨리 배출되므로 피로감도 훨씬 줄어들게 된다. 아침에 목소리를 사용하는 사람은 평소보다 일찍 일어나 워밍업을 해둘 필요가 있으며, 오후에 목소리를 사용하는 사람은 오전 중에 목소리를 훈련하고, 밤에 목소리를 사용하는 사람은 스테미나stamina가 떨어지지 않도록 낮부터 목소리 훈련을 해둘 필요가 있다.

2) 식사와 목소리

발성 직전에는 약간 모자라는 듯한 식사가 이상적이다. 인간의 체내에는 횡격막이라고 하는 한 장의 막(근육)이 있다. 이것은 흉부와 복부의 경계를 이루고 있다. 공기를 흡입하면 이 막은 복부 하부로 내려가면서 폐를 확장시키는데, 과식하여 복부가 팽만해지면 이 막을 넓히려고 해도 배 속에 음식물이 꽉 차 있기 때문에 충분히 아래쪽으로 내려가지 못한다.

아울러, 맵고 짠 음식은 성대에 자극을 주므로 설교 및 강연 전에는 피하는 것이 좋다. 또한, 설탕 성분의 사탕과 과자 종류는 성대에 끈적임을 유발하여 발성하는 데 어려움을 초래한다. 그러므로 강의와 발표 전에는 이러한 음식을 피하는 것이 좋다.

스피치의 기초

① 자연스러운 음성
② 명확한 발음
③ 변화 있는 음성– 장·단, 고·저, 강·약, 완·급

1. 띄어서 말하기 기법

한국말은 특히 띄어서 말하기를 잘해야 이야기의 의미가 잘 전달된다. 같은 문장이라도 이것이 잘 이루어지지 않으면 전혀 다른 뜻이 될 수 있다.

1) 주어와 술어는 구분되게 한다.– 주어를 수식하는 것은 한숨에 말할 것

ex) 녹양동에 / 공부하기를 좋아하는 영은이라는 / 여중생이 살고 있었어요. (×)
녹양동에 / 공부하기를 좋아하는 영은이라는 여중생이 / 살고 있었어요. (○)

2) 띄어 읽기를 잘하지 못하면 의미가 달라질 수도 있다.

ex) ① 그 새끼 고양이를 / 잘 키워야 할 텐데!
그 새끼 / 고양이를 잘 키워야 할 텐데!
② 나는 / 철수와 영희를 때렸어요.
나는 철수와 / 영희를 때렸어요.

③ 철수가 / 울면서 떠나는 영희를 배웅했어요.

철수가 울면서 / 떠나는 영희를 배웅했어요.

3) 띄어 읽기 연습

① 언어는 / 한 개인의 정체성을 형성하는 핵심요소이다. 더 나아가 / 관습과 문화, / 사회공동체 발전의 전제조건이기도 하다. 현대 사회에서는 / 표현의 능력이 경쟁력이 되고 있다. 말을 못하면 / 그것은 곧/ 능력이 부족한 것으로 판단하고 결부 짓는다. 직장 내의 상사나 동료 앞에서 프레젠테이션을 할 때도, / 거래처와 거래를 성사시키기 위해 설득할 때에도, / 학교나 토론장에서 토론을 할 때도 / 말의 능력이/ 가장 중요한 관건이 되었다. 세상 어디에도 / 말의 능력이 필요하지 않은 곳은 없다. 이러한 소통의 핵심요소인 언어를 / 보다 효율적으로 사용하여 / 사고와 감정을 명확히 표현하고 / 호감 가는 이미지를 구축할 때에 / 우리는 / 건강한 사회생활을 이루어 갈 수 있게 되는 것이다.

② 대부분의 한국인은 / 말하는 것, / 특히 대중 스피치에 자신이 없다고 말한다. 이러한 심리는 / 글로벌 시대에 큰 약점으로 작용한다. 어릴 때부터 / 말하는 문화와 토론하는 문화에 / 익숙하지 않은 환경에서 성장했기 때문에 / 외국인에 비해 표현력, / 설득력, / 협상력 등이 떨어지는 것이 / 한국인의 현실이다.

③ 보다 논리적이고 설득력 있는 언어구사는 / 단순한 기술훈련이 아니라 / 본질적 심리개선 위에서 가능한 것이다. 꾸며진 미사여구가 아니라

/ 진솔한 소통을 위해서는 먼저 / 심리의 치유와 개선이 필요하며, / 이를 기반으로 훈련될 때에 / 그것이 인격화되고 평생 유지될 수 있다.

④ 언어는 품격이다. 나타나는 현상으로서의 언어는 / 그 사람의 인격 표현이다. 다시 말해, / 인격만큼 언어가 표현된다는 말이다. 그러기에 / 본질의 개선을 통하여 인격을 함양해 나가고 / 나타나는 현상으로서의 언어를 훈련해야 한다. 언어에 대한 바른 지식과 / 전문적인 훈련이 이루어지면 / 누구나 가능하다.

⑤ 인격의 수준이 곧 / 인생의 수준이 된다. 자신의 능력을 배양하고 / 잠재능력의 최대치를 끌어올리겠다는 / 결단을 내리는 그 순간부터 / 우리의 인생은 소망이 생기고 / 삶의 수준이 업그레이드되는 것이다. 학문의 수준이 아닌, / 인격의 수준이 / 자신의 인생 수준이 된다는 것을 / 기억해야 한다.

⑥ 현상의 업그레이드 작업 전에 / 본질적 업그레이드가 이루어져야 한다. 즉, / 자신의 심리개선이 필요하다. "나는 할 수 있다. / 나는 날마다 나아지고 있다."라는 자기확신과 / 가능성에 대한 소망이 있다면 / 누구라도 품격 있는 언어를 구사할 수 있다.

⑦ 자신의 사고와 의견과 능력을 / 정확하게 표현할 수 있고, / 바르게 전달할 수 있는 능력, / 그것은 성공의 지름길이다. 이것의 전제조건은 / 건강한 심리 위에 구축된 / 자신감 있는 언어구사이다. 그러기에 본서는 / '건강한 심리와 자신감 있는 언어구사, / 더 나아가 / 능력

있는 언어구사'를 위하여 준비되었다.

2. 속도의 중요성과 강약

적당한 속도로 이야기하면 이야기를 편안히 들을 수 있는데, 급하게 하면 듣는 사람이 불안해진다. 강세를 주어야 할 단어를 살리려면 그 단어의 앞, 뒤는 약하게 처리해야 강조하고자 하는 단어의 맛이 살아난다.

효과적인 Speech

√ 강조의 원칙

1. 발음은 정확하게, 표정은 온화하게.
2. 같은 맥락의 서술어는 붙여 읽는다.
3. 강조하려는 단어 앞에서 잠시 멈춘다.
4. 강조하려는 지점에서 천천히 감정을 실어 말한다.
5. 강조할 때 눈을 맞추면 효과가 배가 된다.

어려운 낱말 연습 & 익히기

입 모양을 정확히 하고 처음은 또박또박 천천히 하며, 숙달된 후엔 빠르고 정확한 발음으로 연습한다. 매일 한 번씩, 꾸준히 습관을 들인다.

1. 어려운 낱말 연습

1) 저기 저 콩깍지가 깐 콩깍지냐? 안 깐 콩깍지냐?

2) 저 말뚝이 말 맬 만한 말뚝이냐 말 못 맬 말뚝이냐?

3) 꿀꿀이네 멍멍이는 항상 꿀꿀꿀 하고, 멍멍이네 꿀꿀이는 항상 멍멍멍 한다.

4) 콩 심은 데 콩 나고 팥 심은 데 팥 난다는데 저 밭에는 콩팥 중에 무엇을 심었을까?

5) 내가 그린 그림은 뭉게구름 그린 그림이고, 네가 그린 그림은 새털구름 그린 그림이다.

6) 뭉실뭉실 두리뭉실 호박 같은 내 얼굴 뭉실뭉실 두리뭉실 감자 같은 네 얼굴.

7) 저분은 백 법학박사이고, 이분은 박 법학박사이다.

8) 저기 자는 저 상 장수가 새 상 장수냐? 헌 상 장수냐?

9) 강낭콩 옆 빈 콩깍지는 완두콩 깐 빈 콩깍지고, 완두콩 옆 빈 콩깍지는 강

냥콩 깐 빈 콩깍지다.

10) 간장 공장 공장장은 강 공장장이고, 된장 공장 공장장은 장 공장장이다.

11) 전라남도 도의회 의원, 추진위원회, 자료를, 수수료율을, 대한 관광공사 곽진관 관광 과장

12) 칠월 칠 일은 평창 친구 친정 칠순 잔칫날

13) 저기 저 뜀틀이 뛸 뜀틀인가 안 뛸 뜀틀인가?

14) 동편 뜰 서편 소풍 길 다 무사했답니다.

15) 한양 양장점 옆 한영 양장점, 한영 양장점 옆 한양 양장점

16) 옆집 팥죽은 붉은 팥죽이고, 뒷집 콩죽은 검은콩 콩죽이다.

17) 이 행사는 사단법인 한국언어심리교육협회 협찬입니다.

2. 어려운 말 익히기

1) 라러리 리라러 러리라 러라리

2) 아어이 이어아 아이어 어이아

3) 어리어리 벙벙 어리어리 벙벙

4) 사리와리 사리와리 사리와리 사리와리

5) 중앙청 창살 쌍창살 시청 창살 외창살

3. 정확하게 소리내기

1) 강낙닥락 막박삭악 작착칵탁 팍학

2) 교뇨됴료 묘뵤쇼요 죠쵸쿄툐 표효

3) 하파타카차자아 사바마라다나가

4) 이으유우요오여어야아

5) 켁캔캘캠캡캣캥

4. 설음 발성 훈련

설음이란?

혀를 움직여서 내는 소리로 'ㄴ, ㄷ, ㄹ' 등과 같은 혓소리를 말하며 설음을 연습하면 혀 운동이 활발하게 되어 발음이 정확해진다.

1) 느긋느긋 드렁드렁 따따부따 프로필라

2) 느릿느릿 드렁드렁 따끔따끔 프르스름

3) 느름느름 드름드름 따귀때귀 푸릇푸릇

4) 느슴느슴 드슴드슴 따링따링 포릇포릇

5) 느엇느엇 드림드림 따릿따릿 파릇파릇

6) 느긴느긴 드역드역 또릿또릿 포릿포릿

7) 느끈느끈 드끈드끈 또식또식 프림프림

8) 느림느림 드삭드삭 뜨끔뜨끔 필링팔름

9) 느긴느긴 드랜드랜 뜨삭뜨삭 풀링필승

10)느장느장 드뿜드뿜 뜨엇뜨엇 팔힘발힘

꿈을 이루는 자

꿈이 있어 감사합니다.
꿈이 있어 행복합니다.

살아가노라면 뜻과 상관없는 환경이 앞을 막고,
살아가노라면 사람의 시기와 질투가 마음을 아프게 해도
그것보다 큰 꿈이 있기에 용서하고 사랑할 힘이 됩니다.

여러분은 어떤 꿈이 있습니까?
여러분은 그 꿈으로 인하여 얼마나 행복하십니까?
혹시 지금 시련 가운데 있으십니까, 훈련으로 감당하십시오.

아픔 대부분은 사건이 아닌, 사람에게서 옵니다.
그러나 아픔을 준 그 사람도
분명히 아픈 사람이라는 것을 생각하십시오.

그러노라면,
분노가 아닌 긍휼이, 미움이 아닌 사랑이 마음을 적셔올 것입니다.
그러나 자신에게는 더욱 강한 결단을 하시기 바랍니다.
환경과 조건에 눌리지 않는 자신의 의지를 굳혀 가십시오.

주어진 인생에서 내가 이룰 것을 분명히 기억하고 살아가십시오.
자신에게 부끄럽지 않은 인생을 사십시오.
그러기 위해 날마다 자신과의 대화를 멈추지 마십시오.
여러분 모두, 꿈꾸는 자가 아니라 꿈을 이루는 자가 되기를 바랍니다.

정확한 어휘구사

1. 호칭

1) 대학에서의 선후배 사이

호칭에도 사적인 관계와 공적인 관계로 나누어 분별해서 사용해야 한다. 요즘 대학 캠퍼스를 거닐다 보면 남녀 선·후배 간의 호칭에 의아스러운 마음이 들 때가 있다. 대학에서 만난 선·후배는 공적인 관계로 만난 사람들이다. 그래서 그 호칭도 일단 공적이어야 한다. 선배는 '선배님'으로, 후배는 '씨'를 붙여 '○○○ 씨'로 부르는 것이 바른 호칭법이다. 물론 가깝게 지내는 후배는 이름으로 부를 수 있지만, 공적인 자리이거나 나이가 좀 든 후배의 경우라면 '씨'를 붙여 부르는 것이 옳다.

공적인 관계로 만난 선·후배 사이일지라도 점차 가까워진 관계라면 그리고 남자 대 남자라면 '형'으로 호칭할 수 있다. 이때 조심해야 할 것은 심리적으로 친밀한 관계를 유지하는 남녀 간의 선·후배 사이라 할지라도 '오빠'와 '누나'를 공개적으로 사용해서는 안 된다. 두 사람의 사적인 상황과 공간에서 사용해야 한다는 것이다. 또한, 여성 후배가 남성 선배를 '형'이라고 부르는 것도 옳지 않다.

2) '아버지'에 대한 호칭

'아빠'는 어린 아이가 아버지를 부르는 말이다. 철들 나이가 되면 당연히 '아버지'라는 호칭어를 써야 한다. 단둘이 있는 경우라도 '아버지'라는 호칭어로 습관을 들이는 것이 좋다. 말이라는 것은 부지불식간(不知不識間)에 표현되는 경우가 있으므로 당연한 호칭은 당연히 익숙해지도록 해두어야 한다. 나이가 들어도 유아기적 호칭을 사용한다는 것은 자신의 의식이 성숙하지 못하다는 증거다. 곧 의식 수준이 아직 아이 수준에 머물러 있다는 것이다. 호칭어 사용법이 사람의 성숙도를 판단할 수 있는 근거가 되므로 나이에 걸맞고, 관계에 맞는 호칭어를 선택해서 사용하는 것이 건강한 사회인으로서 하나의 표징이 된다.

3) 오빠의 아내가 된 친구

무조건 '언니'가 된다. 결혼 전의 관계를 염두에 두면 어색하고 처신이 어려워질 수밖에 없다. 지금의 관계와 상황을 인정하고 거기에 맞추는 것이 당연하다. 그러므로 후배라 할지라도 '오빠'와 같은 반열에 올랐으면 거기에 맞춰 '언니'로 대접할 수밖에 없다. 결혼한 지 얼마 되지 않은 경우에는 '새'를 붙여 '새언니'라고 호칭을 하면 된다. 시댁 쪽 사람들에게 지칭할 경우에는 '새언니', '올케', '○○ 외숙모' 등을 쓴다.

2. 틀리기 쉬운 어휘의 개념

1) 부조(扶助)

'애사나 경사에 상대를 돕기 위해 보내는 돈'을 지칭한다. 애사이든 경사이든 구별 없이 쓸 수 있다. '부좃돈'과 같은 의미의 단어로 사용된다. '부조(扶助)'와 '돈' 사이에 사이시옷이 들어간 말이며, '부조금'도 같은 뜻으로 쓰인다. '부조'를 '부주', '부좃돈'을 '부줏돈'으로 발음하는 경우가 허다한데 이는 잘못된 것이다.

2) 뇌졸중(腦卒中)

일명 '뇌중풍'이라 한다. 뇌에 혈액이 제대로 공급되지 않아 의식에 장애가 오고 사지에 마비가 오는 병이다. 한방에서는 '졸중풍(卒中風)', '중풍(中風)'이라 한다. '바람맞다'라는 우리말은 '중풍'을 번역한 것이다. 그런데 '뇌졸중'을 '뇌졸증'으로 알고 있는 사람들이 많다. 그러나 이는 분명 잘못된 것이다. '졸(卒)'은 '갑자기'의 뜻이고, '중(中)'은 '맞다'의 뜻이어서 '뇌졸중'은 '뇌가 갑자기 풍을 맞음'이라는 뜻이기 때문에 '뇌졸중'이 맞다.

3) 오랜만에

'오래간만에'의 준말이다. '오랫만에'로 잘못 쓰고 있는 경우가 많다. 이는 '오래'와 '만'을 독립된 단어로 오해하고 둘 사이에 사이시옷을 넣었기 때문이거나, 아니면 사이시옷을 갖는 '오랫동안'에서 유추되었기 때문이다.

4) 난이도(難易度)

'난이(難易)'와 '도(度)'로 나누어 이해할 수 있다. '난이'는 '어려움과 쉬움'을 뜻한다. 이와 같은 의미의 '난이'에 '도'가 결합되었으니 '난이도'는 '어려움과 쉬움의 정도'가 된다. 그리고 특별히 '어려움의 정도'를 '난도(難度)'라고 한다.

'쉬움의 정도'라는 의미의 '이도(易度)'라는 말은 존재하지 않는다. '난이도'의 의미를 고려하면 "난이도가 높다."나 "난이도를 낮추다."라는 표현은 어울리지 않는다. '난이도'가 '어려움과 쉬움의 정도'인데, 그것이 높거나 쉬울 리가 없기 때문이다. '높다'나 '낮다'와 어울려 쓰일 수 있는 것은 '난이도'가 아니라 '난도'이다. '난도'가 '어려움의 정도'라는 의미를 지니므로 이는 높거나 낮을 수가 있다. "난도가 높다."는 어려운 문제가 출제되었다는 것을 뜻하고, "난도가 낮다."는 쉬운 문제가 출제되었다는 것을 뜻한다.

5) 일체(一體)와 일절(一切)

일체: 문법적으로 명사로서 '모든 것'을 의미한다. "우리 학교는 공부에 일체의 책임을 진다.", "나의 재산 일체를 학교에 기부하겠다." 등과 같이 사용할 수 있다.

일절: 문법적으로 부사이며 '아주', '전혀', '절대로'라는 뜻으로 쓰인다. '일절' 뒤에는 반드시 부정적인 표현이 온다. 예를 들어, "일절 모른다.", "일절 아니다.", "일절 하지 말라."와 같이 쓰이는데, 상황을 부정하거나 금지하는 말과 어울리는 특징이 있다.

6) 곤욕(困辱)과 곤혹(困惑)

곤욕: '심한 모욕' 주로 '치르다'와 어울려 상황을 나타낸다. '곤욕을 치르다'로 쓰인다.

곤혹: '곤란한 일을 당해 어찌할 바를 모름'의 뜻이다. 당하는 것은 '곤욕'

이고, 느끼는 것은 '곤혹'이다.

예: "언론에 '곤혹'을 당하고 아내에게까지 추궁을 당하니 아주 '곤욕'스러웠다." (×) → "언론에 '곤욕'을 당하고 아내에게까지 추궁을 당하니 아주 '곤혹'스러웠다."(○) 당하는 것은 '곤욕'이고 느끼는 것은 '곤혹'이다.

7) 평안과 편안

평안: 걱정이나 탈이 없는 것으로서 '마음의 상태'를 이른다.

편안: 몸이나 마음이 걱정 없이 편하고 좋음을 말하나, 주로 '육체적인 편함'을 지칭한다.

8) 지양(止揚)과 지향(志向)

지양: '피함', '하지 않음', '더 높은 단계로 오르기 위하여 바람직하지 않은 것을 하지 아니함'이라는 의미이다.

지향: '어떤 목표로 뜻이 쏠리어 향함'이라는 뜻이다. 어형이 유사하여 자주 혼동되는 '지양'과 '지향'은 의미가 전혀 다르기 때문에 그 용법을 정확히 알고 바르게 써야 한다.

9) 결재(決裁)와 결제(決濟)

결재: '무엇을 정할 권한이 있는 상관이 부하가 제출한 안건을 검토하여 허가하거나 승인하는 것'을 뜻한다. '결재를 받다', '결재를 올리다' 등과 같이

쓴다. 주로 내부적인 승인을 말한다.

결제: '대금을 주고받은 당사자들 사이에 거래 관계를 끝맺는 일'을 뜻한다. '밀린 대금 결제', '어음 결제' 등과 같이 쓴다. 결재와 결제는 발음이 비슷하여 간혹 혼동할 수 있다. 발음하는 데 있어서 모음 'ㅔ'와 'ㅐ'를 구별하지 못하여 생기는 현상이다. 두 단어의 뜻을 정확히 알고 쓰는 것은 물론이고, 발음도 정확하게 해야 혼란이 없을 것이다. 주로 외부적인 승인을 말한다.

10) 충돌(衝突)과 추돌(追突)

충돌: '서로 맞부딪치거나 맞섬'이라는 뜻이다. 즉, 두 물체가 서로 다른 방향에서 오다가 서로 맞부딪치는 것을 말한다. 자동차의 경우, 앞부분과 앞부분이 서로 부딪히는 경우가 되겠다. 자동차의 경우 추돌사고라 하면 경미한 접촉사고가 많지만, 충돌사고는 대형사고가 많은 편이다.

추돌: '자동차나 기차 따위가 뒤에서 들이받음'이라는 뜻이다. 한 방향으로 가던 앞차가 갑자기 멈춰서면서 뒤차가 앞차의 꽁무니를 들이받는 것이 '추돌'이다. 앞서 말한 바와 같이, 자동차 사고의 경우 충돌사고는 대형사고이고, 일반적인 사고에는 추돌사고가 많다.

11) 부인(夫人)과 부군(夫君)

부인: '남의 아내를 높여 이르는 말'이다. 너무도 의식 없이 실수하는 어휘 중 하나이다. 자기 아내를 다른 사람에게 언급할 때는 '집사람, 안사람, 아내, 처(妻), 마누라' 등을 쓰면 된다. 이 가운데 '마누라'는 어느 정도 나이

든 연배에서 사용하는 것이 무난하다. 가끔 젊은 세대 중에 사용하는 경우를 보게 되는데, 이것은 호방해 보이는 것이 아니라 무례하게 보일 뿐이다.

부군: '남의 남편을 높여 지칭하는 말'이다. 남편보다 격이 높다. '부군'은 선생님이나 스승의 배우자에게는 쓸 수 없다. 제자가 여선생님의 남편을 위해 '사부(師夫)님'이라는 명칭을 별도로 만들어 놓고 있다. 그러나 '사부(師父)님'과 혼동해서 그런지 잘 쓰이지 않는다. 나이 드신 분의 남편을 지칭할 때에는 '바깥 선생님'이나 '김 사장님'과 같은 호칭이 무난하다.

12) 반증(反證)과 방증(傍證)

반증: '반대가 되는 증거' 또는 '반대되는 근거를 들어 증명함'이라는 뜻이다.

방증: '증거가 되는 상황'이라고 말할 수 있다. 사실을 직접 증명할 수 있는 증거가 되지는 않지만, 주변 상황을 밝힘으로써 증명에 도움을 주는 증거를 이르는 말이다(예: 방증 자료). '방증'과 '증거'는 다르다. '증거'는 어떤 사실을 증명할 수 있는 근거를 말한다.

13) 임대(賃貸)와 임차(賃借)

임대: '돈을 받고 자기 물건을 남에게 빌려줌'이라는 뜻이다. 그러므로 '임대아파트'라고 하면 주택공사나 토지개발공사 등에서 서민에게 빌려준 아파트라는 뜻이 된다. 아파트를 지어 빌려준 입장에서 그렇게 표현한 것이다. 건물이나 가게를 '임대'해준 쪽에서는 일정 기간별로 빌려준 대가를 받게 된다.

그것이 '임대료'이다.

임차: '돈을 내고 남의 물건을 빌려 씀'이라는 뜻이다. 이를 '세냄'으로 순화하여 쓰고 있다. 건물이나 가게를 빌려 쓰는 것을 '임차'라고 하는 것이다. 그리고 '임차'한 대가로 내는 돈이 '임차료'이다. 그러므로 입주자 입장에서는 임대아파트라 말하는 것은 맞지 않는다. 단지, 일반적인 소통을 위하여 임대아파트라 상용하고 있으나, 정확한 개념은 알고 사용하는 것이 좋다.

14) 개발과 계발

개발: 명사로서 계발보다는 폭넓은 개념이다.

(1) 천연자원을 개척하는 것을 말한다. 예) 토지 개발, 자원 개발

(2) 지식, 재능발달을 지칭. 예) 자신의 능력개발

(3) 산업, 경제 등을 발전. 예) 유전개발, 기술개발

(4) 신제품을 만들거나 새로운 생각을 내어놓는 것

예) 신제품 개발, 반도체 개발, 프로그램 개발

계발: 명사로서 슬기, 재능, 사상 등을 일깨워 줌을 뜻한다. 주로 사람의 능력, 잠재력, 재능 등을 향상시키는 것을 의미한다.

예) 자기계발, 인력계발, 외국어능력계발

15) 환난(患難)과 환란(患亂)

환난: 근심과 재난을 통틀어 이르는 말

발음) [환:난]　　　　예) 환난을 겪다. 환난에 빠지다.

환란: 근심과 재앙을 통틀어 이르는 말

발음) [활:란]　　　　예) 전염병의 환란 속이다.

둘의 차이는 재난과 재앙이다. 재난은 뜻밖에 일어난 재앙과 고난이고, 재앙은 뜻하지 않게 생긴 불행한 변고 또는 천재지변으로 인한 불행한 사고이다. 환난이 환란보다는 더 넓은 의미를 지니고 있다.

16) 되, 돼

: **되** → 하

'되' 글자가 들어가는 부분에 '하'를 넣었을 때 말이 자연스러운지를 보면 된다.

예) "오늘 공부 잘 돼네."(오늘 공부 잘 해네.) (×)

"오늘 공부 잘 되네."(오늘 공부 잘 하네.) (◯)

: **돼** → 해

'돼' 글자가 들어가는 부분에 '해'를 넣었을 때 말이 자연스러운지를 보면 된다.

예) "오늘 공부를 해야 되"(오늘 공부를 해야 하) (×)

"오늘 공부를 해야 돼"(오늘 공부를 해야 해) (◯)

17) ~로서, ~로써

: **~로서**

자격(지위, 신분)을 나타내는 격 조사이며, 대부분 앞에 사람이 올 때 쓰는 경우가 많다. 사람이 아닐 때는 '로서' 대신 '~이다. 그래서'를 넣어 봤을 때 자연스러우면 맞게 표기한 것이다.

예) "학생으로서 무엇보다 공부를 열심히 해야 한다.", "자녀로서 부모에게 효도하는 것은 당연한 일이다."

: ~로써

도구(수단, 물건의 재료)를 나타내는 격 조사이며, '로'를 조금 더 강조할 때 쓰이는 말이다.

예) "이 논문은 연구대상으로써 가치가 있다.", "최선을 다하여 연구함으로써 이루어낸 결과물이다."

18) 어떻게, 어떡해

: 어떻게

부사어로 어떤 방식이나 방법을 의미한다. '어떻게'는 부사이기 때문에 무언가를 수식하는 기능을 가지므로, 단독으로 문장을 마치는 위치에는 올 수가 없고, 뒤에 말이 이어진다.

예) "내 이름을 어떻게 알아?", "어떻게 갈 수 있을까?"

: 어떡해

'어떡해'는 '어떻게 해'의 줄임말로 단독으로 쓰이거나 문장의 마지막 부분에 오게 된다. 고로 뒤에 말을 붙일 수 없다.

예) "어떡해.", "어떡해. 사무실에 핸드폰을 두고 나왔어.", "시험성적이 나빠서 엄마한테 혼날 것 같아. 어떡해."

19) 부딪히다, 부딪치다

: 부딪히다

'부딪다'의 피동형태로서, 내가 직접 행하는 것이 아닌 어떤 사물 또는 사람 등의 대상이 나에게 와서 충돌했을 때 '히다'라고 표현한다. 즉, 피동적으로 당할 때 사용하는 표현이다.

예) "길에서 자동차에 부딪혔다.", "사업을 구상하던 중 난관에 부딪혔다."

: 부딪치다

'부딪다'의 강조형태로서, 어떤 대상들에 내가 충돌을 일으키는 것을 의미한다. 이는 서로가 능동적이거나 의도적으로 마주칠 때도 사용한다.

예) '휴대폰을 보며 운전을 하다 앞차를 부딪쳤다.'

20) 든지, 던지

: 든지

어미 '든지'는 무엇이나 가리지 아니함을 나타낸다. 실제로 일어날 수 있는 여러 가지 중에서 어느 것이 일어나도 뒤 절의 내용이 성립하는 데 아무런 상관이 없음을 나타내는 연결 어미이다.

예) 커피든지 홍차든지 다 좋다.

: 던지

과거에 경험한 사실에 대해 막연한 의문이 있는 채로 그것을 뒤 절의 사실이나 판단과 관련시키는 연결 어미이다.

예) 어찌나 재미있던지 시간 가는 줄 몰랐다.

21) 가르치다, 가리키다

: 가르치다

일깨워서 알게 하다.

예) 교사는 학교에서 학생들을 가르친다.

: 가리키다

방향을 알리다.

예) 손가락으로 동쪽을 가리키다.

22) 하므로, 함으로

: 하므로

~ 때문에

예) 남녀가 사랑하므로 결혼한다.

: 함으로

~하는 것으로

예) 나의 실력은 부단히 노력함으로써 이루어진 것이다.

23) '~정도'와 '~만큼'

~정도: 최소한의 수치 또는 한계를 말한다.

예) "프로가 되려면 이 정도는 해야 합니다.", "합격하려면 80점 정도는 되어야 합니다."

~만큼: 원하는 기대치를 지칭한다.

예) "이만큼 주세요.", "내가 당신을 사랑하는 만큼 당신도 나를 사랑해 주세요."

24) 삐지다와 삐치다

삐지다: '칼 따위로 물건을 얇고 비스듬하게 잘라내다'의 뜻이다.

예) "국에 무를 삐져 넣다."

삐치다: '성이 나서 마음이 토라지다'의 뜻이다. 우리가 흔히 쓰는 일상용어 가운데 "또 삐졌어?"는 "또 삐쳤어?"가 맞다.

예) "너는 만날 그렇게 삐치느냐?"

25) '알아서 해'와 '마음대로 해'

'알아서 해'와 '마음대로 해'는 화자의 언어에 담긴 심리로 볼 때, 대상이 되는 본인이 직접 감당하라는 의미이나 자율과 방임의 코드로 그 개념의 차이가 있다.

알아서 해: 자율성을 내포하고 있으며, 그 결과에 대한 기대가 있다.

마음대로 해: 자율이 아닌 방임이며, 그 결과에 대한 기대가 없다.

26) '견디다'와 '버티다'

견디다: 심리적인 인내를 표현할 때 주로 사용한다.

예) 시험을 앞두고 심리적 압박감을 '견디어' 내고 열심히 공부하여 좋은 결과를 내었다.

버티다: 상황적인 인내를 표현할 때 주로 사용한다.

예) 이번 겨울의 혹한을 난방도 하지 않고 내복 한 벌로 '버티어' 내었다.

27) '우연하다'와 '우연찮다'

우연하다: '뜻하지 않다', '예기치 않다'의 뜻이다.

우연찮다: '필연하다', '우연하지 아니하다'의 준말이다.

28) 자제(子弟), 자녀(子女), 자식(子息)

자제: '남을 높여 그의 아들을 이르는 말'이다. 상대를 존대하여 그의 아들과 딸 또한 높여 불러야 한다. '아들'을 '아드님', '딸'은 '따님'으로 불러야 한다. 이것은 상대를 높이는 것이지 그 아들과 딸을 높이는 것이 아니다.

자녀: 남의 아들과 딸을 묶어서 말할 때 '자녀(子女)'라고 한다.

자식: 자기의 아들·딸에게 쓸 수 있다. 자식이라는 말을 남의 아들·딸에게 쓰면 곤란하다. 어휘의 정서상으로 볼 때 '욕'으로 쓰일 경우가 있기 때문이다.

29) 창피하다, 부끄럽다, 쑥스럽다

서로의 뜻을 내포하고 있지만 조금씩 다른 표현이다. 사전적 의미보다는 개념적 의미이므로 실생활에서 적절히 사용하면 도움이 된다.

창피하다: 대외적으로 나타난 상황에 집중된 표현.
예) 넘어져서 창피하다.

부끄럽다: 스스로에게 느끼는 감정에 집중된 표현.
예) 처음 만나는 이성이라 부끄럽다.

쑥스럽다: 자연스럽지 못하고 어색한 상황에 대한 표현.
예) 면전에서 칭찬을 들으니 쑥스럽다.

30) 두루뭉술, 두리뭉실, 두루뭉실

두루뭉술: 말이나 행동 따위가 분명하지 않다.

두리뭉실: 특별히 모나거나 튀지 않고 둥그스름하다.

두루뭉실: '두루뭉술'의 잘못된 표기

표준어 규정을 보면 '두루뭉술하다'의 의미로 '두루뭉실하다'를 쓰는 경우가 있으나 '두루뭉술하다'만 표준어로 삼고 '두루뭉실하다'는 버린다고 표기되어 있다. 또한 원래는 '두루뭉술하다'만 표준어였으나, 2011년 국립국어원에서 '현재 표준어로 규정된 말과는 뜻이나 어감 차이가 있어 별도의 표준어로 25 항목을 인정한다.'라고 하여 표준어를 확대했는데, 여기에 두루뭉실이 포함되어 '두리뭉실'도 표준어가 되었다. 별도의 표준어로 인정한다고 했지만, 뜻이거의 같기 때문에 '두루뭉술, 두리뭉실'은 비슷한 표현, 거의 같은 표현이라고 알고 있는 것이 좋다.

아래와 같이 생각하면 헷갈리지 않고 사용할 수 있다.

2번째, 4번째 글자의 모음이 같으면 맞는 표현

: 두루뭉술=ㅜ, ㅜ / 두리뭉실=ㅣ, ㅣ

2번째 4번째 글자의 모음이 다르면 틀린 표현

: 두루뭉실=ㅜ, ㅣ / 두리뭉술=ㅣ, ㅜ

3. 띄어쓰기

띄어쓰기의 기본은 단어와 단어를 띄어 쓴다는 규칙에서 바라보면 된다.

1) 안하다, 안 하다

: 안하다(×) → 안 하다(O)

'안'은 '아니' 의 준말로서 품사는 부사이다. '하다'는 행동이나 작용을 이루는 의미로서 동사이다. 그러니까 부사 '안'과 동사 '하다'가 합쳐진 말로 띄어쓰기를 하는 것이 맞다.

2) 못하다, 못 하다

'못하다'와 '못 하다'는 둘 다 쓰인다.

못하다: 할 수 없다는 뜻이 아니라 잘하지 못 하다는 뜻일 경우에는 붙여서 쓴다. 이때의 '못하다'는 한 단어이다. (bad at)

예) '나는 음치라서 노래를 못한다.', '옷맵시가 전보다 못하다.'

형용사로 '못해도 100개는 족히 될 듯하다.' / 보조형용사로 '참다못해 화를 내었다.'

못 하다: '무엇을 못 하다'라고 할 때는 '안 하다'와 같은 이유로 띄어 쓰면 맞다. 할 수 있는데 어떤 이유 때문에 못 하는 경우에 사용한다. 할 수 있는데 거기에 부정 표현의 부사 '못'을 붙인 것으로 띄어 쓰는 경우이다. (I can't)

예) "오늘 기분이 좋지 않아 노래를 못 한다.", "지금 감기 때문에 노래를 못 한다."

▸ '못 하다' 대신 '하려고 해도 할 수가 없다'를 넣어서 말이 되면 띄어 쓰고, 말이 안 되면 붙여 쓴다.

3) 띄어쓰다, 띄어 쓰다

: 띄어쓰다(×) → 띄어 쓰다(O)

'띄어 쓰다'에서 '띄다'와 '쓰다'는 다른 말이니 띄어 쓰면 된다. 그러나 '띄어쓰기'는 언어 관련 전문용어로 한 단어이므로 붙여 쓰는 것이 맞다. '붙여 쓰기'라고 할 때는 띄어 쓴다. 왜냐하면 '붙여쓰기'라는 용어는 없기 때문이다.

: 띄어 쓰기(×) → 띄어쓰기(O)

4) 잘 안 되다, 잘 안되다

: 띄어쓰기 간소화를 위해 '잘 안되다'로 띄어 쓰는 것이 맞다.

띄어쓰기 규정

'조사'는 체언[1]이나 부사, 어미 등에 붙어 그 말과 다른 말과의 문법적 관계를 표시하거나 그 말의 뜻을 도와주는 품사이므로 앞말과 반드시 붙여 써야 한다.

1. 조사는 앞말에 붙여 쓴다.

1) 조사가 여러 개 겹칠 경우에도 모두 붙여 쓴다.

– 집**에서처럼**, 학교**에서만이라도**

2) 어미 뒤에 붙는 경우에도 붙여 쓴다.

– 나가면서**까지**, 들어가기는**커녕**

2. 의존 명사는 앞말과 띄어 쓴다.

– 집 오는**데** 비가 왔다. (문장을 이어주는 연결 어미)
머리 아픈 **데** 먹는 약 ('경우'의 뜻이 있는 의존 명사)

– 서류를 검토**한바** 오류가 발견되었다. (앞말에 대하여 뒷말이 보충 설명의 관계에 있음을 나타내는 어미)
평소에 느낀 **바**를 말해라. ('방법' 또는 '일'의 뜻을 나타내는 의존 명사)

– 왜 내 곁을 떠났는**지** 모르겠다. (막연한 의문을 나타내는 어미)
내 곁을 떠난 **지** 5년이 되었다. ('어떤 일이 있었던 때로부터 지금까지의 동안'을 의미하는 의존 명사)

1) 문장에서 주어 따위의 기능을 하는 명사, 대명사, 수사를 통틀어 이르는 말.

– **접미사** / 한 달**간**, 십 년**간** ('동안'을 나타내는 접미사로 붙여 쓴다.)
의존 명사 / 서울 부산 **간**, 부모 자식 **간** ('거리'와 '둘의 사이'를 나타내는 의존 명사로 띄어 쓴다.)

– **조사** / 온종일 책**만** 읽었다. 주먹**만** 한 자두 (조사로 앞 명사에 붙여 쓴다.)
의존 명사 / 너무 아름다워 사랑할 **만**도 하다. (타당한 이유가 있음을 나타내는 말)
보조용언(補助用言)[2] / 가볼 **만한** 장소, 믿을 **만한** 소식

3. 단위를 나타내는 명사는 앞말과 띄어 쓴다.
– 한 **개**, 차 한 **대**, 금 한 **돈**, 개 한 **마리**

단, 다음과 같은 경우는 붙여 쓸 수 있다.
1) 순서를 나타내는 경우: 한**시** 십**분** 오**초**, 일**학년**, 오**층**
2) 숫자와 함께 쓰이는 경우: 1958**년** 9**월** 26**일**, 105**동** 501**호**, 100**원**, 10**개**

4. 두 말을 이어주거나 열거할 적에 쓰이는 다음의 말들은 띄어 쓴다.
: 청군 **대** 백군 / 말을 이어 주는 말– 이사장 **및** 이사들 / 열거할 때 쓰는 말– 의자, 책상 **등**이 있다.

---

2) 독자적으로 문장의 서술어가 되지 못하고, 본용언 뒤에 붙어서 본용언의 뜻을 도와주는 용언. 본용언과 보조용언의 구별은, 본용언은 문장 중에서 제거하면 그 문장이 성립하지 않으나, 보조용언은 그것을 제거해도 문장은 성립한다. 보조용언은 보조동사와 보조형용사를 아울러 일컫는다.
* 보조동사: 하다(그림을 그리게 하다), 오다(무사히 지내오다), 내다(견디어 내다), 주다(도와주다)
* 보조형용사: 싶다(보고 싶다), 있다(눈이 쌓여 있다), 보다(추운가 보다), 아니하다(높지 아니하다)

5. 단음절로 된 단어가 연이어 나타날 때에는 붙여 쓸 수 있다.

이 말 저 말 – 이말 저말 / 한 개 두 개 – 한개 두개

6. 보조용언은 띄어 쓰는 것이 원칙이지만, 경우에 따라 붙여 쓸 수 있다.

: 안개가 **사라져**(용언) **간다**(보조용언/보조동사). → 안개가 사라져간다.

내 힘으로 이루어 **낸다.** → 내 힘으로 이루어낸다.

어머니를 도와 **드린다.** → 어머니를 도와드린다.

7. 성과 이름, 성과 호는 붙여 쓰고, 호칭어, 관직명은 띄어 쓴다.

: 정성숙(이름), 이율곡(호), 유영은 씨(호칭), 김성경 선생(호칭), 이순신 장군(관직)

: 성과 이름을 구분할 필요가 있을 경우에는 띄어 쓸 수 있다.

– 남궁 억, 독고 준

8. 고유명사(固有名詞)[3]는 단어별로 띄어 쓰는 것이 원칙이지만, 단위별로 띄어 쓸 수 있다.

– 경희 대학교 언론정보 학과 → 경희대학교 언론정보학과

9. 전문 용어는 단어별로 띄어 씀을 원칙으로 하되, 붙여 쓸 수 있다.

: 만성 골수성 백혈병 → 만성골수성백혈병

3) 특정한 사물이나 사람을 다른 것들과 구별하여 부르기 위하여 고유의 기호를 붙인 이름. 유영은, 경희대학교 등

문장낭독 스피치

예문 1) **서문**

글을 쓴다는 것, 나의 속사람을 나눈다는 것은 참으로 쑥스럽기도 하고 부담스러운 일이기도 하다. 그러나 보람 있는 일이기도 하다.

심리개선을 돕고, 스피치 교육을 하며 교육생들의 문제를 해결해 나가는 것이 나의 사명이라 생각하고 살아왔다. 심리와 언어를 다루는 것, 어찌 보면 하나의 현상을 다루는 과정이다. 그러나 글 쓰는 작업은 생각하며 아파하며 자신의 속사람을 알아가는 작업이다. 지금까지 나의 인생이 그러했듯이 부족함을 드러내고 있는 그대로의 내 모습을 직시할 때에 함께 나눌 것이 많아진다는 것을 알고 있다. 그러기에 이번에도 용기를 내어 나의 치부를 드러내고자 한다.

이 글을 읽는 독자들이 공감하게 될 것을 기대한다. 우리의 연약함을, 우리의 고독을, 우리의 원하는 사랑을, 그리고 소망을 이루어감을….

– 『그녀가 살아가는 법』 prologue.

예문 2) **긍정메시지**

그동안 부단히도 강조하며 교육해 온 긍정메시지를 실었다. 인생은 믿는 만큼 이루어진다고 강조했듯이, 이 글을 읽는 독자 역시 긍정메시지를 통하여 긍정의 힘을 얻었으면 좋겠다. 삶 가운데 다양한 만남과 상황을 통하여, 그리고 어느 날의 깨달음을 통하여 옮겨진 메시지이다. 어떠한 프레임 없이 그저 잔잔한 일상의 일들을 옮겨 적었다. 변화는 사건이 아닌 일상에서 온다고 생각하기에 나는 오늘도 교육생들에게 일상에 최선을 다하고 일상에 집중하라고 교육한다.

– 『그녀가 살아가는 법』 prologue.

예문 3) **지금 당신은 무엇을 하고 있습니까?**

밖에는 아침부터 비가 내리고 있습니다. 빗줄기를 바라보며 인생을 생각할 수 있는 이 여유가 감사합니다. "닳아 없어지는 것이 녹슬어 없어지는 것보다 낫다."라는 말이 있습니다. 스스로 인생의 연륜을 생각해 볼 때 지금의 세상 위치가 아닌, 내 속사람을 들여다보고자 합니다.

나는 선생입니다. 공부하는 시간이, 공부할 때의 나의 모습이 가장 나답다고 생각하곤 합니다. 엄마와 아내로서 낙제점인 자신이기에 반듯하게 잘 자라준 아들과 딸을 "저절로 잘 커 주었다."라고 바보 같은 자랑을 하곤 합니다. 공부하고 가르치며 보낸 나의 인생이 행복하고 감사할 수 있었던 것도 자신에게 솔직한 시간이었기 때문입니다. 가진 것과 상관없고 세상의 직위와 상관없이 단순해서 행복합니다. 그저 최선을 다하여 공부하고 열정으로 가르쳐온 나의 인생이 명쾌해서 또한 감사합니다.

인생은 편도티켓입니다. 반복 없는 이 귀한 시간을 어찌 열정 없이 살 수 있겠습니까? 내 속사람에게 물어봅니다. 어디를 향해 나아가길 원하느냐고, 그리고 지금 최선을 다하고 있는 것 맞느냐고.

주어진 시간에 내가 할 수 있는 것은 '최선'입니다. 세월을 아끼세요. 너무도 귀한 시간을 그냥 흘려보내지 말기 바랍니다. 조심스럽게 묻겠습니다.

“지금 당신은 무엇을 하고 있습니까?”

-『그녀가 살아가는 법』 p.103

예문 4) **언어는 품격이다**

일과를 정리할 때 묵상 가운데 늘 하는 습관이 있습니다. 오늘 내가 했던 말들을 되짚어 보는 것입니다. 무심코 내뱉은 말은 없는지, 남의 마음을 아프게 할 만한 말은 없었는지.

이러한 습관을 통하여 오히려 침묵의 지혜를 배우게 되었습니다. 사람들은 ‘스피치 교육’ 하면 말을 잘할 수 있도록 배우는 곳이라고 상식적으로 생각합니다. 그런데 그 말 잘한다는 의미를 잘못 아는 경우를 자주 보게 됩니다. 말의 논쟁에서 절대 지지 않는 것, 말을 청산유수로 하는 것도 아닙니다. 말은 그렇게 가볍게 다루어서는 진정한 개선이 이루어지지 않습니다.

말은 사람의 생명을 살리기도, 죽이기도 하는 참으로 귀한 행위입니다. 그래서 저는 스피치 교육에 앞서 심리를 통한 인성교육을 강조합니다. 이 교육을 받고 나면 학생들은 한결같이 “여태껏 언어생활을 얼마나 경박하고 무례하게 사용하며 살았는지 절감한다.”라고 말합니다.

상대의 말 중에 양해 없이 가로채서 말하기, 공격적인 언어로 대응하기, 일방적인 자신의 표현과 경청의 미숙함, 감정조절이 안 되어서 성대에 무리가 느껴지는 발성(이것은 교육에 의해 분별이 가능합니다.), 그리고 뒷이야기…. 남의 말을 함부로 하는 행위는 상대에 앞서 자신의 영혼을 죽이는 행위입니다. 그러기에 덕담이 아닌 바에야 남의 말을 하지 않는 것이 인격자임을 강조합니다.

말은 경박하거나 헤프지 않고 품격 있게 하여야 합니다. 겸허하고 분별 있는 진솔한 언어를 사용하십시오. 유쾌하고 명쾌한 말을 사용할 수 있다면 더욱 좋겠지요. 사랑의 언어는 나를 살리고 남을 살리는 보약입니다. 그러나 경솔하고 편견에 찬 위선의 말은 나도 죽이고 남도 죽이는 독약입니다.

문제 있는 사람은 자신이 무엇이 문제인지 깨닫지 못합니다. 이러한 안타까운 사람이 되지 않으려면 우리는 자신을 부단히 성찰하며 개선해 나아가야 합니다. 이 세상에는 자신의 문제는 깨닫지 못한 채 남의 문제를 지적하고 가르치려는 사람들로 넘쳐 납니다. 개선의 시작은 '자신의 문제점을 깨닫는 것'에서부터 출발합니다. 자신의 성찰이 된 사람만이 타인의 모습이 바로 분별되는 것입니다.

결국, 많은 사람이 스피치 교육을 받고자 하는 것은 그리고 그 개선의 목적은 더욱 나은 자신의 이미지화 더 나아가 더욱더 효율적인 사회생활을 위해서입니다. 그렇다면 본질개선 없는 현상의 개선 즉 인격의 변화 없는 언어의 개선은 불가능하며 잠시 이루어진다 해도 그것은 위선일 뿐입니다.

'정스피치교육센터'에서는 심리개선을 통한 자신감 향상과 정확한 발음, 논리적인 언어구사와 품격 있는 어휘력을 목적으로 하고 있습니다. 그러기 위해서는 말은 감정이 아닌 인격으로 다스려져야 합니다.

기억하시기 바랍니다. "언어는 품격입니다!"

–『그녀가 살아가는 법』 p.138

예문 5) **감사**

우리 교육의 첫 만남은 보통 긴장으로 시작됩니다. 도전에 실패하고, 목표가 두려워서, 바라는 것들에 자신감이 없어서, 또는 자신의 업그레이드를 위해서….

이렇게 대부분 교육생은 자신들의 비전에 힘을 실어 달라고, 방법과 열정에 불을 붙여 달라고 긴장된 얼굴로 다가옵니다. 그러나 함께하는 시간을 통하여, 방법보다 본질을, 현상보다 마음을 나눕니다. 서로에 대한 신뢰는 교육의 절대성을 인정하고 그것은 자연히 열정을 가져오게 합니다. 비전의 올바른 방향 설정과 개선된 자신감을 통한 열정은 무엇보다 중요합니다. 선생이 문제점을 분석하고 개선을 돕는 것은 당연하지만, 교육생들은 이를 통해 인생의 업그레이드를 경험하게 됩니다. 그래서 요즘 우리 교육센터에서는 '감사'라는 말이 유행입니다. 교육이 감사, 배우는 것이 감사, 깨닫는 것이 감사, 변화가 감사, 만남이 감사, 대화가 감사, 사랑이 감사….

감사가 입에서 떠나지 않습니다. 그러다 보니 얼굴에 감사의 꽃이 피었습니다. 이제는 손거울을 들여다보며 웃는 훈련을 하지 않아도 모두 자연스레 미소를 머금고 삽니다. 이러한 변화가 또한 너무나 감사합니다. 신념을 지니고 비전에 도전하는 가운데 감사를 품고 성공을 바라보게 되었습니다.

– 『그녀가 살아가는 법』 p.190

말하는 데 있어서 주의할 점

1. 말을 할 때는 이성적이고 논리적인 사고를 하라.
2. 말을 시작하기 전에 먼저 3초간 요점을 가다듬고 정리하라.
3. 불만이나 푸념, 또는 부정적인 말을 가급적 자제하라.
4. 목소리의 속도와 높이, 크기를 잘 조절해서 변화 있게 말하라.
5. 간결하고 명확한 문장을 구사하라.
6. 상대방의 반응에 적절히 대응하면서 말하라.
7. 평소에 대중 앞에 서는 연습을 자주 하라.
8. 보다 넓고 깊은 안목으로 세상을 관찰하여 이야깃거리를 많이 만들어두라.
9. 심각한 이야기에도 때로는 유머를 섞어 긴장을 없애는 여유를 가지라.
10. 친한 사이일수록 예의를 갖추고 말하라.

삶의 목적

당신은 무엇을 배우고, 무엇을 이루려고 여기 있습니까?
당신의 가슴은, 당신의 영혼은 무엇을 갈망하고 있습니까?

지나치게 남을 의식하는 것에서 벗어나십시오.
나의 목표가 아니라고 생각하면 내려놓으십시오.
그러나 그 길이 내 길이라면 올인하십시오.

가보지도 않은 길을 평가하지 마십시오.
갔다가 되돌아오는 것도 의미 있는 일입니다.
더욱이 이루어내는 것은 그 또한 의미 있는 일입니다.

제2부 목차

제2부

언어와 심리의 상호작용

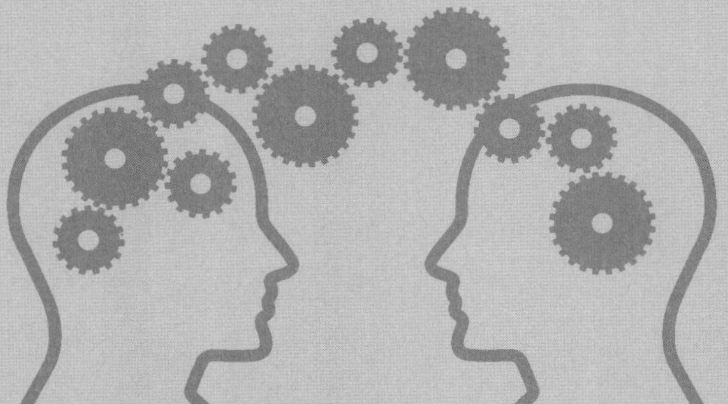

말로 받은 상처, 말로 치유된다.

음성과 언어의 관계

언어에는 말하는 면Speak과 쓰는 면Write이 있다. 전자를 음성언어, 후자를 문자언어라고 한다. 이들은 넓은 의미로 모두 언어라고 말하는데 일반적으로 일상생활에 필요한 것은 음성언어로서 목소리가 중요한 부분을 차지하고 있다.

같은 글을 읽어도 마치 말하듯이 자연스럽게 전달하는 사람이 있는 반면에, 초등학생이 국어책 읽듯이 어색하게 읽는 사람이 있다. 말의 속도, 강약, 고저, 톤에서 차이가 나기 때문이다. 글을 효과적으로 읽거나 발표의 메시지를 효과적으로 전달하기 위해서는 '속도'가 중요하다. 대개 강조해야 할 내용일 때는 느리게, 평범한 내용일 때는 빨리 읽는다. 가장 이상적인 것은 속도의 완급조절을 통해 경쾌한 느낌을 주는 것이다.

[말의 속도 조절]

빠르게	느리게
· 쉬운 내용을 말할 때 · 사건을 단순히 나열할 때 · 인과관계로 구성된 내용일 때 · 누구나 알고 있는 사실을 말할 때 · 별로 중요하지 않은 내용일 때 · 청중이 잘 이해하는 듯한 내용일 때 · 예문을 읽을 때	· 어려운 내용을 말할 때 · 숫자, 인명, 지명, 연대 등을 말할 때 · 결과를 먼저 말하고 원인을 나중에 말할 때 · 분명한 사실을 말할 때 · 추리 과정이 필요한 이야기를 할 때 · 감정을 억제할 때 · 의혹을 일으킬 만한 내용을 말할 때 · 강조하고 싶은 내용일 때

목소리와 인격

1. 목소리 훈련

1) 발성훈련

앞서 말한 바와 같이 목소리는 단순한 소리가 아니다, 인격이다. 목소리에는 감정이 묻어나며 심리의 발현이라 볼 수 있다. 그러기에 목소리를 바꾸는 과정은 인생을 바꾸는 과정이다. 목소리에는 그 사람의 지나온 삶이 그대로 투영되기 때문이다.

사람은 자신을 객관화할 수 없다. 자신을 분석한다 해도 주관적인 관점일 수밖에 없기 때문에 정확한 판단은 어렵다. 그러기에 우리는 도구를 통하여 타인이 보는 시각, 타인의 입장에서 보는 방법을 택해야 한다. 그 방법은 아래와 같다.

* 객관적인 분석방법: 녹음하기, 캠코더, 설문 등을 통하여 어떤 점을 고쳐야 하는지 확실한 방향을 설정할 수 있다.

2) 자세 교정

① 발을 어깨너비만큼 벌리고 오른손잡이는 왼발을, 왼손잡이는 오른발을 약간 앞으로 내밀고 서는 것이 좋다.
② 모든 자세의 기본은 허리를 꼿꼿하게 펴는 것이다.
③ 가슴을 펴고, 턱을 가슴 쪽으로 약간만 당긴다.
④ 신체의 어느 한 부위에도 힘이 들어가지 않는 것이 좋다.

3) 호흡 훈련

발성하는 데 있어서 호흡은 상당히 중요하다. 호흡법은 늘 일정하고 안정적인 호흡을 유지해야 한다. 감정에 따라 호흡이 빨라질 수도, 느려질 수도 있는데 불쾌할 때에는 호흡이 빨라지고, 평정심을 유지할 때에는 호흡 또한 편안하게 유지된다. 긴장과도 연관이 있는 호흡은 심한 긴장 속에서 띄어 말하기에도 영향을 주기 때문에 평상시 읽기 연습에 의한 호흡조절이 필요하다. 효과적인 훈련방법으로는 윗몸 일으키기, 풍선 불어 터뜨리기 등이 있다. 복식훈련과 아울러 꾸준한 연습이 필요하다.

2. 심리적 요인

목소리는 무엇보다 마음이다. 같은 사람이라도 마음이 불편할 때와 편안한 마음을 유지할 때의 발성과 음색이 다르다는 것을 알 수 있다. 성대도 마음의 상태에 따라 영향을 받기 때문이다. 사람의 모든 신체구조는 심리의 영향을 받는데, 이를 심리학적으로 '신체화 현상'이라 한다. 아름다운 목소리를 원한다면 아름다운 마음을 가져야 한다. 평정심을 유지하며 인생의 긴 여정에서 만나는 많은 인생들을 사랑하라. 나를 사랑하고 상대를 사랑하라. 상처받지 않고 행복한 삶을 추구한다면 힘들어도 사랑해야 한다. 그것이 때로는 너무 어렵다는 것을 우리가 알아도 답은 '사랑'밖에 없다는 것을 깨달아야 한다. 이러할 때 모든 것을 진정으로 사랑할 수 있는 목소리를 낼 수 있다.

3. 잠재의식의 실현

지금의 내 모습은 지나온 시간의 결과이다. 결국, 나를 만든 것은 바로 나 자신이다. 그러므로 나를 바꾸는 것도 나 자신이어야 한다. 지금 나의 인생에서 일어나는 것은 모두 내 마음에 그려진 그림에 따라 만들어진 것에 불과하다. 내가 생각하고 있는 것, 받아들이고 있는 신념, 마음속 깊은 곳에서 되풀이하고 있는 장면이 자신의 인생 설계도이다. 다시 말해서, 시시각각 보이지 않는 자신의 마음을 보이는 형체로 건설하고 있는 것이다. 그러므로 새롭고 좋은 설계도를 만들라. 그리고 이 설계도를 잠재의식에 보내라. 잠재의식은 스스로의 설계도를 받아들여 모조리 실현할 것이다. 인격의 재구성은 인생의 재구성을 가져온다.

4. 열정

레오나르도 다빈치Leonardo da vinci는 정신이 신체와 함께 움직이지 않는다면 예술이 태어날 수 없다고 말했다. 예술은 생각이 행동으로 이어질 때

탄생한다는 것이다. 그러므로 열정은 행동이다. 만일 당신이 무언가에 열정을 품고 있다면 당신은 그 자체만으로도 행복을 느낄 것이다. 물론 열정을 품고 있는 것에서 성공을 거두거나 인정을 받는다면 좋을 것이다. 그러나 그렇지 않다고 해서 낙심할 필요는 없다. 열정을 품고 살아가는 것만으로도 충분하기 때문이다. 성공을 통하여 성취감을 얻는 것도 중요하지만, 과정을 통하여 행복을 느끼게 되는 것 또한 중요하다.

목소리와 자신감 & 친근감

1. 목소리와 자신감

1) 필요 이상으로 큰 목소리는 주위 사람들에게 민폐를 끼치게 된다. 목소리가 크다고 자신감이 있는 것은 아니다. 자신감은 목소리의 크기가 아니라 정확한 발음과 명쾌한 표현력으로 나타나야 한다. 발음은 언어의 90%를 차지할 정도로 중요한 요소인데, 자신감을 위해서도 발음을 충분히 훈련해야 한다. 우물거리거나 불확실한 발음, 발성으로 자신감을 나타낸다는 것은 불가능하다.

목소리는 단순한 소리가 아니다. 인격이다. 즉, 심리적 안정감이 자신감을 가져오고 그러한 상태의 발성에 의해 자신감 있는 목소리가 가능한 것이다. 그러기에 위축된 심리적 문제가 있다면 그 문제부터 분석하고 개선한 후 보다 효과적이고 기술적인 방법으로 훈련해야 요요현상이 없는 나만의 자신감 있는 목소리가 가능한 것이다.

2) 표현의 단조로움에서 벗어나야 한다. 한국어는 세계 어느 나라보다 풍부한 단어를 가지고 있다. 그런데 단순한 표현방법으로 인하여 그 풍부한 단어의

가치를 발휘하지 못하는 안타까움이 있다. 대화법과 아울러 다양한 표현방법을 익혀나가는 부단한 노력이 필요하다.

2. 친근감

1) 친근감을 느끼도록 하는 비결

① 행동하라

다른 사람이 나에게 호의를 갖게 하고 싶으면 내가 먼저 호의를 베풀어야 한다. 기다리지 말고 즉시 행동하라. 상대에게 원하는 것을 내가 먼저 상대에게 행동해야 한다.

한 여직원이 건강상의 문제로 결근을 하게 되었다. 며칠 후, 출근한 그녀는 기분이 언짢았다. 아픈 몸으로 집에 머무는 동안 주위의 동료 그 누구도 전화 한 통화 없었기 때문이다. 출근해서도 그녀의 병 차도를 묻는 사람은 없었다. 무엇이 문제일까? 아마도 그녀가 다른 사람에 대하여 그렇게 냉랭하게 행동했을 확률이 높다. 관계성에서 중요한 것은 마음을 품는 것이 아니라, 그 마음을 표현하고 행동하는 것이다.

② 공감대를 형성하라

공감대는 관계성에 중요한 요소이다. 함께 웃고, 함께 울어주는 것만큼 관계성을 돈독히 해주는 것은 없다.

취미나 관심사가 같은 사람을 만나면 확실한 공감대가 형성된다. 그러나 꼭 그렇지 않을지라도 상대가 가지고 있는 취미와 관심사에 호응해주고 흥미를 나타내는 모습도 공감대 형성을 위해 좋은 태도이다.

③ 이성이 아닌 감정으로 접근하라

관계성은 공적인 업무보다 사적인 감정으로 결정된다. 공적인 관계는 그 업무가 종결되는 시점에 함께 끝난다. 그러나 감정으로 엮인 관계는 평생 유지되는 법이다. 그러기에 공적인 관계로 시작되었다 할지라도 감정으로 공감하고 지지하는 관계는 계속 이어지는 것을 볼 수 있다. 상대의 감정에 적극적으로 반응하고 마음으로 함께 한다는 것이 서로에게 힘이 되는 관계이다.

2) 긍정적인 언어사용

① 긍정적인 언어를 사용하라. 말투는 그 사람의 성품을 나타낸다.
② 유쾌한 말투로 말하라. 쾌적한 말투를 쓰는 사람은 인간성도 쾌적하다.
③ 주변 사람을 초조하게 만들거나 불안하게 만드는 화법을 삼가라.

예) 작은 목소리로 소곤거린다. 갑자기 큰소리로 웃음을 터뜨리거나 자기주장을 일방적으로 내세운다. 감정을 불쑥 드러내거나 자신의 존재를 지나치게 어필하는 듯한 목소리를 낸다.

자기소개 시 유의할 점

1. 자기소개 내용

1) 자기소개는 만남의 목적과 대상을 생각해보고 그에 알맞게 행해져야 한다. 만나는 대상과 목적에 따라 자기를 소개할 내용, 길이, 깊이, 방법 등을 조절해야 한다. 그뿐만 아니라 만나는 대상의 성격과 취향에 따라서 자기소개를 조절할 필요가 있다. 따라서 만남이 예상되는 상황이라면 만날 대상에 대해 가능한 많은 사전지식을 갖는 것이 유익하다.

2) 자신의 특성을 잘 알릴 수 있는 자기소개를 한다.

3) 첫 만남에서의 자기소개 역시 상호작용적이어야 한다. 개인적 만남에서는 일방적이고 장황한 소개보다 상대방에게 자기를 소개할 기회를 주면서 좀 더 깊이 있고 상세한 자기소개를 교환하는 것이 바람직하다.

4) 자기소개는 언어적 표현을 통해서 이루어질 뿐만 아니라 외모, 옷차림새, 자세, 몸짓 등의 비언어적 수단을 통해서도 이루어진다.

5) 자신의 특성을 잘 알릴 수 있는 자기소개 방법을 깊이 생각하고 준비하는 것이 필요하다.

2. 자기소개에 필요한 항목

1) 배경: 출생, 성장배경, 가족사항, 거주지

2) 장점과 단점: 장점은 구체적으로, 단점은 간략하게

3) 특기, 취미, 선호하는 것, 정신적, 신체적 특징 등

3. 표현력을 높이는 방법

1) 표현력은 언어적, 비언어적으로 자신을 효과적으로 나타내는 능력이다.

2) 자신의 매력을 극대화하는 자기 브랜드화 작업이 중요하다.

3) 자신의 언어, 비언어를 적절히 사용하는 것은 물론이고, 상대의 비언어적 단서를 잘 파악해 상황에 맞게 대처하는 것도 중요하다.

오늘은 당신에게 어떤 의미였습니까?

인생은 뿌린 대로 거두어집니다.
당신은 마음 밭에 무엇을 뿌렸습니까?

뿌린 씨앗은 삶의 방향을 좌우합니다.
긍정적인 사고는 긍정적인 말을,
긍정적인 말은 긍정적인 행동을 하게 합니다.
또한, 긍정적인 행동은 긍정적인 인간관계를 가져오니
곧 긍정적인 인생이 이루어지는 것입니다.

더하여, 적극적인 사고를 하십시오.
힘든 시간일수록 자신 있게 행동하십시오.
때로는 형식이 내용을 채우기도 합니다.
가슴을 펴고 힘찬 걸음으로 신나게 걸어보십시오.
말씨는 분명하게, 말은 구체적으로 하십시오.

사고(思考)가 정리된 사람은 말이 정리되고,
말이 정리된 사람은 인생이 정리됩니다.
오늘 여러분은 시간을 흘려보냈습니까, 세워나갔습니까?
흘러가는 인생이 아닌, 세워가는 인생이 되시기를 바랍니다.

대화의 기본법

인간에게 있어 가장 중요한 능력은 자기 표현력이다. 인간은 상황적으로 언어를 통해 전달되는 정보를 지속적으로 받아들인다. 즉, 인간은 언어를 수용하며 끊임없이 타인에게 전달한다. 인간의 상황적인 언어생산이라는 측면에서 언어는 매우 일상적인 것이라 할 수 있다. 그러므로 우리는 언어에 나름 전문가라 생각하며 언어능력과 지식이 충분하지 않은 데 대하여 그리 큰 문제로 인식하지 않는다.

한국 사람은 한국어를, 시간이 지남에 따라 그 구조와 활용법을 습득했고, 또한 일정한 언어숙달, 언어감각과 언어직감을 가지고 있다. 경험적으로 우리는 우리가 가지고 있는 간단한 언어지식만으로도 우리의 일상생활을 아무런 문제의식 없이 살아가고 있다. 언어 활용의 무한한 다양성이 존재함에도 불구하고 대부분의 사람은 언어의 기능과 문제점, 즉 상황적으로 사용하는 특정한 말의 기능이라든지, 어떤 맥락에서 어떠한 말이 사용되는가 하는 의문에 대하여 심각하게 고민하지 않는다.

사람들의 언어에 대한 무관심은 두 가지 이유로 정리할 수 있다.

첫째, 언어는 일차적으로 목적을 위한 수단이다. 언어활동은 일상생활 가운데 매우 다양한 상황과 다양한 대인관계 등을 통해 이루어진다. 언어는 자신이 설정한 목적을 달성하려는 상황에서 사용되는 매체이다. 상대방에게 정보를 전달하거나 설득하고자 할 때, 특정한 행동을 유발하고자 할 때, 즐거움과 슬픔의 감정교환 혹은 단순한 소통을 위해 언어를 사용한다. 이러한 언어의 매체적 특징은 언어의 본질과 작용방식에 대해서는 간과하게 한다. 언어를 사용하는 우리는 목적에 집중한 나머지 수단으로서의 언어는 깊이 고민하지 않게 되는 것이다.

둘째, 우리는 복잡한 사용설명서를 이해하거나 외국어로 의사전달을 할 때 언어 자체에 대해 고민하는 경우가 있다. 그러나 그러한 것조차도 언어현상의 일부만을 인식할 뿐 완전한 이해는 불가하다. 왜냐하면, 언어는 그 자체가 본질인 심리에 의해 나타나는 현상의 일부분이기 때문이다. 표면적으로 지각되는 발화된 낱말, 억양, 텍스트와 함께 수반되는 비언어 역시 언어라는 현상의 일부만을 보여줄 뿐이다.

언어는 무의식적으로 사용된다. 일반적인 관찰능력으로는 언어의 기능과 효율을 따져보고 분석하기에는 한계를 드러내게 된다. 항상 언어를 사용하는 사람들로서도 이에 대한 일부분의 지식만을 갖게 된다. 그러나 너무나 익숙한 매체로서의 언어, 너무나 목적에 집중한 수단으로써의 언어이기에 점차 무감각해지는 현상이라고 볼 수 있다. 인간이 평생 사용하는 언어에 대해 좀 더 과학적으로 분석할 필요가 있다. 그러기 위해서는 이론과 실제가 함께 진행되어야 하고, 어느 영역에 치우침 없이 병행되어야 한다.

다음은 생활 현장에서 사용하는 언어의 기술skill적인 면에 대해 알아보고, 효율적인 방법으로 훈련하고자 한다.

1. 대화법을 공부하는 이유

언어: 가장 기초적인 미디어

1) 말과 외모는 다르다.

2) 말은 성공의 비결이다(모든 성공의 기본).

3) 말을 잘하면 원만한 사회관계를 형성할 수 있다.

언어는 가장 기초적인 미디어라 말할 수 있다. 말은 모든 성공의 기본이며 비결이기도 하다. 품격 있는 말을 통하여 상대에게 호감을 줄 수 있으며 원만한 사회관계를 형성할 수 있다.

'언어교육' 하면 말을 잘할 수 있도록 배우는 것이라고 상식적으로 생각하기 쉽다. 실제 그러한 면도 있으나, 그 말 잘한다는 의미를 잘못 아는 경우를 자주 보게 된다. 말의 논쟁에서 지지 않는 것, 말을 청산유수같이 하는 것, 진솔함에 앞서 기술적인 설득력 등? 아니다. 말은 그렇게 가볍게 다루어서는 진정한 개선이 이루어지지 않는다. 말은 양이 아니라 질이며, 기술이 아니라 진솔함이 앞서야 하는 것이다.

말은 사람의 생명을 살리기도, 죽이기도 하는 참으로 귀한 행위이다. 그러기에 언어교육에 앞서 심리를 통한 인성교육이 선제돼야 하는 이유이기도 하다. 현장교육에서의 교육 후, 교육생들은 한결같이 "여태껏 언어생활을 얼마나 경박하고 무례하게 사용하며 살았는지 절감한다."라고 말한다. 사실, 한국인의 언어생활을 들여다보면 동방예의지국과는 거리가 먼, 무례하기 그지없는 경우가 많이 있다. 남의 말 중간에 끊고 들어가기, 대화가 아닌 자기주장, 공격적인 언어대응, 지나치게 큰 목소리, 경청의 미숙함 등 이러한 모습은 상대에게 불쾌감을 주게 된다.

최근 한국은 「인성교육진흥법」이 2014년 12월 29일 국회를 통과하여 2015년 7월 21일부터 시행되고 있다. 인성교육진흥법은 건전하고 올바른 인성을 갖춘 시민 육성을 목적으로 하며, 이 법에 명시된 인성교육의 정의는 "자신의 내면을 바르고 건전하게 가꾸며 타인, 공동체, 자연과 더불어 사는 데 필요한 인간다운 성품과 역량을 기르는 것을 목적으로 하는 교육"이라고 되어 있다. 뒤늦은 감이 없지 않지만, 교육자의 한 사람으로서 반가운 소식이다. 그러나 중요한 것은 법 이전에 그것을 통한 사회의 변화에 의미가 있는 것이다.

2. 대화의 기회포착

대화의 기회포착을 위하여 유념해야 할 사항은 아래와 같다.

첫째, 우연한 만남이라도 상대방에게 관심을 표현하는 것이 중요하다.

사람에게는 인정욕구가 강하다. 그러므로 누군가가 나에게 관심을 가져준다는 사실은 마음 문을 여는 지름길이 된다.

둘째, 대화는 상황에 따라 적절한 시기를 포착하는 것이 중요하다.

상대 말의 맥을 끊고 들어가는 행위는 무례한 행동이다. 대화의 전환점이나 누군가 주제에 대한 답을 해주기를 바라는 시점에 준비된 생각을 표현하는 절제된 자세가 중요하다.

셋째, 대화를 나눌 적절한 장소를 알아두는 것도 중요하다.

공공장소나 대화에 집중하기 힘든 열린 장소는 대화의 장소가 아니라, 발표나 대중연설의 장소로 적합하다는 사실에 유념해야 한다.

넷째, 대화는 주제선정이 중요하다.

삶의 같은 맥락을 이어온 사이가 아니라면 처음에는 가볍고 편안한 대화가 좋다. 편안한 대화를 위해서 자연스럽고 부담 없는 화제를 준비하는 것이 필요한 것이다.

다섯째, 방해요인을 제거하라.

친밀한 관계로 발전할 수 있는 대화의 기회를 차단하는 여러 가지 요인을 제거하라. 즉, 인간관계에 대한 무관심, 여유 없이 바쁘게 사는 사람(생활), 인간관계에서 지나치게 소극적이고 수동적인 태도 등이 이에 속한다.

3. 대화 시 핵심 포인트

1) 잠재의식을 긍정화하라

사람의 잠재의식은 그가 표현하는 말에 큰 영향을 미친다. 자신에게 부정적 트라우마가 있다면 반드시 긍정적 잠재의식으로 개선해야 한다. 누군가를 평가하거나 판단할 때 가장 기본적으로 표현되는 것이 말인데, 말은 심리의 영향을 크게 받기 때문이다. 말은 일생생활에서의 소통만이 아니라 결정적인 순간에도 매우 중요하다.

잠재의식을 지배하는 대표적인 심리 중의 하나는, 자기 내면의 마음을 남에게 알리지 않으려는 경계심이다. 믿었던 사람에게 큰 상처를 받은 경험이 있는 사람들의 행동에는 자신을 보호하고자 하는 경계심이 잠재의식 속에 강하게 깔려있다. 이 경우, 상처부터 치유하여 부정적 트라우마에서 벗어나는 것이 가장 먼저 해야 할 일이다.

현상적으로, 말에 자신이 없는 사람은 다른 사람 앞에서 말하는 것을 힘겨워한다. 이는 말로 인해 다른 사람들에게 창피를 당한 경험이 잠재의식에 깔려 있기 때문이다. 말하는 것이 어눌한 사람은 말에 대한 콤플렉스를 가지고 있어 대화를 꺼리게 된다. 따라서 타인에게는 과묵한 사람으로 비치기도 하지만, 본인의 마음이 편할 리 없다. 왜냐하면, 그 과묵함이 성격이 아니라 콤플렉스로 인함이기 때문이다. 또한, 이러한 사람은 부정적인 생각으로 자신을 책망하기도 한다. '나는 왜 사람들 앞에서 말을 똑 부러지게 못하는 거야. 정말 한심해!', '저 사람 표정 봐. 좀 전에 내 말을 비웃고 있는 거야.' 하지만 이러한 부정적 의식이 깊어질수록 사람을 대할 때 긴장은 더해지고 말문은 더욱 막히게 된다. 그러므로 다른 사람과 대화를 나눌 때 자신의 말에만 지나치게 신경을 쓰는 것은 올바른 태도가 아니다. 자신을 긍정적으로 인식하는 습관이 무엇보다 중요하다.

이를 위해 다음 사항을 기억하고 실천하라.

첫째, 대화 시, 제일 중요한 것은 말하기가 아니라 경청이다.

경청하며 상대의 말에 긍정적인 반응을 하라. 대화의 목적이 건강한 소통이라고 할 때, 이를 위해 제일 중요한 것은 공감인데, 공감의 제일 중요한 것은 말에 앞서 경청이다. 더욱 효율적인 대화를 위해서는 서로에 대한 호감이 선제조건이다. 사람들은 말 잘하는 사람보다 자신의 메시지를 잘 들어주는 사람을 좋아한다.

둘째, 눌변이 반드시 나쁜 것은 아니다.

대부분의 사람들은 상대의 질문에 서둘러 답하려는 심리적 현상이 있다. 늦게 대답을 하면 자신이 성의가 없는 것으로 보일까 하는 불안감과 지식부족이라 인식될까 하는 두려움이 있기 때문이다. 그러나 이것은 어디까지나 대화에 대한 인식부족이며 일종의 콤플렉스이다. 오히려 말을 천천히 하면 깊이 생각하고 말을 한다는 긍정적 인상을 주어 상대방에게 신뢰감을 줄 수 있다. 그러나 눌변이라도 핵심 메시지는 반드시 전달되어야 한다. 정리된 한 마디가 상대를 압도할 수 있다.

셋째, 복사기법을 사용하라.

상대방이 한 말 중 일부를 활용하는 것이다. 예를 들어 "오늘 회의에 임원 선출이 있는데 후보자인 저는 참석하지 않는 것이 좋다고 생각합니다."라고 했을 때 "네, 회의에 참석하지 않는 것이 좋다고 생각하고 있군요. 많이 긴장되시나요?"라고 말하는 것이다. 그러면 상대방은 당신이 자신의 말을 집중하여 듣고 있다고 생각하여 호감을 가지고 대화를 이어 나갈 것이다.

넷째, 정확한 아이컨텍을 하라.

많은 사람들은 대화를 나눌 때 시선 처리가 자연스럽지 못하다. 시선이 안정적이지 못하면 상대방도 불편함을 느끼게 되고 소통이 원활하지 못하게 된다. 눈을 바라본다고 의식하는 순간 부담을 느끼게 되므로, 눈 안의 마음을 나눈다는 의식을 가지고 접근해보라. 훨씬 자유로워지는 자신의 심리를 경험할 것이다.

2) 감성표현을 하라

사람은 감성과 이성이 7:3이다. 그러므로 우리가 일반적인 생활에서 감성으로 관계성을 맺어가는 것이 훨씬 효율적이다. 사람은 누구나 차가운 감성보다는 따뜻한 감성, 무미건조한 말보다는 마음이 전해지는 말을 선호한다. 일상에서 지적인 말보다 감성적 대화가 친밀도를 높이는 데 더 효과적이며, 이것이 우리가 가지고 있는 인간의 속성이기도 하다.

3) 공감대를 형성하라

대화에 있어서 공감대를 형성하는 것은 무엇보다 중요하다. 사람들은 관계를 맺는 데 있어서 상대와 내가 일치하는 무언가를 발견할 때 마음을 활짝 연다. 마음을 연 상태에서는 공감대를 더해가는 것이 수월해진다. 일단 상대방과의 공감대가 형성되고 나면 어떤 내용이든 상대는 그것을 쉽게 받아들이게 된다.

반대로, 닫힌 마음은 상대의 메시지를 받아들이지 않는다. 그러므로 열심히 대화하려는 시도는 좋지만, 상대방의 마음 문을 열게 하는 것이 더 중요하다. 일상의 대화라도 마음의 문을 열게 하는 공감대를 형성할 때, 대화는 힘이 있고 설득력이 있다. 이것은 막무가내로 화자(話者)를 따라오라 해서도 불가능하고, 기술로 접근하는 것은 더더욱 어리석은 것이다. 마음이다. 상대를 이해하고 배려하려는 마음이다. 화자가 상대방과 공감대를 만들려고 부단히 노력해야 하며, 진솔한 마음으로 접근해야 한다.

상대방과의 공감대를 이루지 못하였는가? 다음 사항을 유념하라.

첫째, 일방적 대화는 상대의 마음을 열지 못한다. 상대방에게 내 생각을 주입하려고 하는 이기적인 마음을 버려라. 우선은 그들의 마음을 열어 놓아야 한다. 둘째, 부정적 대화는 상대방의 마음을 열지 못한다. 부정을 부정적인 측면에서 이야기하지 말고 부정을 긍정적으로 이야기해야 한다. 어떠한 상황에서도 상대를 인신공격하거나 매도하는 말은 삼가라. 셋째, 뒷담화를 하지 말라. 뒷담화는 말하는 사람, 듣는 사람 모두에게 결과적으로 좋지 않은 결과를 가져온다. 좋은 마음으로 뒷담화 하는 경우가 드물기에, 이는 말하는 사람의 인성이 피폐해지는 지름길이며, 그 말을 듣는 사람 역시 전하는 사람의 인격을 좋지 않게 기억하게 된다.

공감대 형성을 위해서 화자는 끊임없이 상대의 삶의 정황을 이해하고 보살피며, 품고자 하는 넓은 마음을 가져야 하고, 그것을 말이 아닌 행동으로 보여야 한다. 상대와 하나가 되어 대화 내용을 전하고 듣는 그 순간들이 만들어질 때 공감대 형성이 이루어지는 것이다.

4. 보다 능숙한 대화를 위하여

1) 정확한 표현을 하라

에둘러 말하거나 불분명한 표현은 상대로 하여금 오해하게 만들고, 엉뚱한 결과를 가져올 수도 있다. 정확한 표현을 위해 유념할 사항은 다음과 같다.

① 정확한 발음

언어는 품격이다. 발음은 언어의 90%를 차지할 정도로 중요한 부분이다. 아무리 내용이 훌륭하다 해도 발음이 정확하지 않으면 그 내용의 품격이 떨어지는 것은 당연하다.

② 쉬운 말 사용

대화는 눈높이 대화가 중요하다. 대화는 말하는 사람이 중심이 아니라, 듣는 사람 중심으로 진행될 때 건강한 소통이 일어난다. 나의 지적 수준이 아닌, 듣는 사람의 지적 수준에 맞추어 표현해야 한다. 유아에게는 단순어법을, 청소년에게는 공감대 형성을 위한 그들의 화법을 어느 정도 사용할 수 있어야 하며, 전문가에게는 전문 용어를 편하게 사용하면 된다.

③ 자기표현법을 사용

너무 유행어를 남용하면 가벼워 보인다. 때로는 자기만의 특징적인 어법을 사용하되 상황과 대상을 고려하여 소통에 무리가 없어야 한다.

④ 단정한 품행

여성일 경우, 너무 화려한 색상이나 현란한 액세서리, 짧은 치마는 피한다. 남성의 경우, 검정으로 일관된 단색 복장과 노란 넥타이 등 강한 색상보다는 선명하되 은은한 색상의 재킷이 시각적으로 무리가 없다.

⑤ 겸손한 자세

초심을 잃지 말라는 말은 늘 겸손함을 간직하라는 메시지다. 직분이 격상되거나 그 상황에 익숙해지면 준비를 소홀히 하거나 무례함이 나타날 수 있다. 늘 자신이 하는 말을 스스로 의식하며 상대를 나보다 존귀하게 여기는 낮은 마음이 필요하다.

2) 분명한 목적을 가지고 이야기하라

목적에 의해 대화와 수다가 구별된다. 많은 시간 이야기했다고 해서 수다가 아니며, 짧은 나눔이 대화가 아니다. 긴 시간 이야기를 나누어도 대화의 목적이 있고 논리성을 가지고 나누고 있다면 그것은 수다가 아닌 대화이다. 자신이 지금 이야기를 왜 하는지, 무엇을 이루고자 대화를 나누고 있는지, 상대와 소통이 잘 이루어지고 있는지 점검하며 진행한다면 의미 있는 대화가 될 것이다. 이처럼, 대화 가운데 말의 주제가 있으면 대화이고, 주제가 없으면 수다이다. 한국은 보편적으로 수다 문화라 볼 수 있다. 우리는 주로 시간으로 대화와 수다를 구별해 왔다. 이제, 이러한 관점은 시정해야 한다. 대화와 수다는 시간적 개념이 아니라 주제 또는 목적으로 구별하는 것이다. 말하는 목적을 가지고 이야기한다면 1시간을 이야기해도 대화이고, 목적이 없다면 10분을 이야기해도 수다이다.

3) 말하기 전에 상대를 파악하라

말하기 전에 상대를 파악하라는 것은 대화 상대의 형편과 상황적 분별이다. 대화하기 마땅한 컨디션인지, 시간적인 여유는 있는지 등을 살펴보는 배려가 필요하다. 대화는 일방통행이 아니다. 어떠한 주제를 가지고 나눌 때 상대가 이 주제에 적합한 대상인지 확인하고, 공감대를 형성할 수 있는지, 상대가 대화할 상황이 되는지를 살펴보아야 서로 간의 무리 없는 소통이 이루어질 수 있다.

많은 사람들이 점심시간에 통화를 시도하는 경우가 있다. 그러나 상대는 식사 중이거나 식사를 위해 준비 중일 수 있다. 식사 중에 통화도 어렵거니와 식사하기 위해 이동 중이거나 준비 중일 때에는 허겁지겁 통화를 하게 된다. 서로 간에 진지한 이야기는 어렵다. 또 하나, 화장실 앞이나 연구실 앞, 급한 일로 지나가다 만날 때는 반가워 붙잡기 전에 잠시 약속을 하고 다시 시간을 정하는 것이 좋다. 서로에 대한 에티켓은 작은 일에서부터 시작하라.

5. 대화 기법

1) 칭찬 기법

(1) 칭찬은 구체적으로 하라

상대의 사기를 높여주기 위해서 칭찬보다 좋은 것은 없다. "칭찬은 고래도 춤추게 한다."고 한다. 그러나 두리뭉실한 칭찬은 형식적으로 느껴지거나 가식적으로 느껴져 오히려 불쾌하거나 기대했던 만큼의 효과를 거두기는 어렵다. 따라서 칭찬은 가능한 구체적으로 해야 한다. "자네, 오늘 프레젠테이션은 정말 훌륭했어. 특히 올해 통계지표는 귀한 자료가 될 거야. 수집하고 분석하느라 수고가 많았네."와 같이 어떤 점이 좋았는지 구체적으로 꼭 집어서 말할 필요가 있다.

(2) 칭찬은 적절한 타이밍이 중요하다

가장 효과적인 칭찬은 그 자리에서 바로 칭찬하는 것이다. 시간이 한참 지난 후에는 같은 칭찬을 하더라도 듣는 사람으로 하여금 칭찬의 의미가 옅어지며, 때로는 뜬금없다는 인상을 주어 오히려 역효과가 날 수도 있다.

(3) 상대방에 따라 칭찬 방법을 바꿔라

칭찬은 각자의 개성과 특징에 따라 최적의 칭찬 방법을 선택하는 것이 좋다. 원칙적으로 칭찬하는 말은 구체적일수록 좋지만, 칭찬할 구석이 별로 없는 대상에게는 보편적인 부분, 즉 성격이나 인간성 등을 칭찬하는 것도 하나의 방법이 될 수 있다.

(4) 상대방의 이름을 거명하면서 칭찬하라

사람들이 타인의 칭찬을 기뻐하는 것은 자신이 상대로부터 인정받았다는 인정욕구의 충족 때문이다. 그러므로 "잘했어요."보다는 "○○ 씨, 정말 잘했어요."라고 구체적으로 당사자의 이름을 거명하며 칭찬하면 그 효과가 훨씬 배가된다. 직장에서의 경우, 사람들이 직장생활을 하는 이유가 경제적인 목적이 우선이라고 할 수 있지만, 그 가운데 자기실현의 욕구도 내재하여 있다. 그러므로 회사 내에서 자신에 대한 평가도 중요한 관심사이다. 어떠한 환경과 조건에 의한 성과가 아닌, 그 사람의 능력 자체를 평가하여 칭찬해 줄 때 훨씬 마음에 와 닿게 된다. "○○ 씨는 해외에 오래 파견된 경험 때문인지 역시 보는 식견이 남달라."보다는 "○○ 씨의 발상은 글로벌해. 그래서 해외파견도 가능했던 거라 생각해."라고 말한다면 칭찬의 효과가 더할 것이다.

(5) 공개적으로 칭찬하라

공동체에서 숨은 공로자일수록 공개적으로 칭찬하라. 남이 알아주지 않는 일을 한다는 것은 힘든 일이다. 그러므로 기회를 잡아 숨겨진 그들의 공로를 말해주어야 한다. 소중하지 않은 사람은 없다. 모든 일이 중요하듯이 모든 사람은 더욱 중요하다. 드러나는 일을 하는 사람은 그 일로 인하여 바로 공적이 드러난다. 그러나 보이지 않는 곳에서 드러나지 않는 일을 하는 사람일수록 리더가 드러내 주고 칭찬해 주어야 한다. 이러할 때 더욱 건강한 관계, 건강한 공동체가 될 수 있다.

(6) 평소 관심 있게 관찰하라

칭찬은 잘못하면 모욕감을 줄 수도 있다. 피부가 가무잡잡한 사람에게 우유 빛깔 피부라든지, 키가 작은 사람에게 늘씬하다는 표현, 쌍꺼풀 수술을 한 여성에게 눈 쌍꺼풀이 어쩌면 그렇게 예쁘냐는 식의 칭찬은 오히려 상대의 마음을 불편하게 한다. 칭찬이란, 사실에 근거한 적극적 표현이다. 전혀 엉뚱한 말로 무조건 칭찬하는 사람이 있는데, 그러한 칭찬은 오히려 상대방에게 모욕감을 느끼게 할 수 있다. 칭찬하는 본인은 자신의 성격이 남을 좋게 보고 칭찬할 정도로 너그럽고 좋다고 생각하지만, 상대는 전혀 그렇게 생각하지 않을 수도 있다.

2) 질책기법

(1) 이성적으로 질책하라

감정적으로 화내지 말고 이성적으로 질책하라. 질책하는 일은 칭찬하는 거보다 더 어렵다. 상대를 생각해서 질책하는 것임에도 불구하고 상대가 그것을 이해해주지 않기 때문이다. 질책하는 방법에 문제가 있는 경우 의도와는 달리 상대의 반발심만 초래하고 오히려 관계성이 멀어지는 결과를 초래하게 된다.

질책한다는 것은 냉정하게 상대방의 잘못을 지적하고, 상대로 하여금 납득하게 하는 것이다. 이때 말하는 사람 자신의 감정을 상대방에게 쏟아붓는 행위는 금물이다. 질책은 상대가 이해할 수 있도록 냉정하게 질책해야 한다.

(2) 질책의 목적을 정확히 하라

질책하는 목적은 개선을 위해서다. 질책하는 목적을 반드시 의식해야 한다. 질책하는 가장 중요한 목적은 같은 실수를 반복하지 않도록 하기 위해서이다. '왜?'가 아니라 '어떻게'에 집중하라. 감정적인 질책이 아닌 개선을 위한 질책이라는 것을 의식하는 한 감정에 치우치는 것을 막을 수 있다.

(3) 기대를 전달하라

기대하기 때문에 질책한다는 마음을 분명히 전달하라. 질책은 기분 좋은 행위는 아니다. 상대가 개선되고 더 잘할 수 있기를 바라기 때문에 질책한다는 것을 인식하고 상대에게도 분명히 기대감을 전달하여야 한다.

3) 격려기법

(1) 질책할 때는 격려의 말을 덧붙여라

어떤 공동체든 실패를 반복하거나 지시대로 움직이지 않는 문제 있는 사람은 있기 마련이다. 이런 사람에게 "대체 몇 번을 말해야 알아들을 거야?"라는 식의 낙인찍는 듯한 말투로 질책하는 것은 주의해야 한다. 칭찬하기보다 질책하는 일이 더 어렵다. 잘못하면 상대방의 자존심에 상처를 줄 수 있고 의욕을 빼어버릴 수도 있기 때문이다. 그렇다고 그냥 넘어가서도 안 된다. 공동체에 피해가 될 수 있기 때문이다. 그래서 주의를 주거나 질책을 하되, 중요한 것은 어떻게 질책하는가 하는 방법이 중요하다. '기대가 있기 때문에 질책하는 것'임을 반드시 상대에게 주지시켜야 한다. 그래야 상대가 질책의 의미를 바로 깨닫고 겸허히 받아들일 수 있다.

(2) 스스로 생각하도록 하라

지시와 명령보다는 스스로 생각하도록 하라. 너무 세세히 질책하다 보면 상대는 위축되고 적극성이 말살될 수 있다. “이렇게 하라.”가 아닌 “이렇게 해 보는 것이 어떨까?”라는 제안이나 질문형식으로 전하는 것이 좋다. 스스로 생각하도록 함으로써 상대의 적극성을 끌어낼 수 있기 때문이다.

(3) 상대를 도발하라

상대에 따라서는 좀 더 강력한 방법을 써야 할 때도 있다. 능력은 있으나 좀체 의욕이 없는 상대에게 “이 일을 꼭 맡기고 싶은데, 자네에게 좀 무리일까?”라며 강한 압력을 가해 그 일을 할 수밖에 없도록 상황을 만들 필요도 있다.

6. 리더를 위한 대화기술

1) 목표의 근거를 설명하라

상대의 사기를 높이고 능력을 키워주려고 할 때는 목표를 설정하는 것이 효과적이다. 사람은 명확한 목표가 제시되었을 때 비로소 효율적으로 노력할 수 있다. 효율적인 결과를 위해서는 목표를 제시할 때 근거를 설명하라. 모호한 설명이 아니라, 구체적이고 정확한 목표를 제시해야 한다. 목표를 설정할 때 중요한 것은 목표의 근거이다. 개개인의 능력과 경력, 그리고 잘하는 것과 못하는 것 등을 파악하여 제시하여야 한다. 목표에 대한 근거를 설명함으로써 항상 관심을 가지고 상대의 일하는 모습을 지켜보고 있다는 사실을 알려 줄 수 있다.

2) 기한을 명확히 하여 긴장감을 갖게 하라

의욕을 증진시키고 유지하기 위해서는 기한을 명확히 하는 것이 바람직하다. 기한을 설정하는 것은 게으르거나 안일한 사고방식을 가지고 있는 사람에게 효과적이다. 긴장감이 잘 풀어지는 상대에게는 기한을 세부적으로 설정하고 그 기일을 반드시 지키도록 체크해야 한다. 늦어지는 것을 한번 허용할 경우, 습관이 되어 공동체의 분위기를 해이하게 하는 결과를 가져올 수도 있다. '가능하면~', '빨리~'라는 막연한 표현은 "일 끝냈나?"라고 물었을 때 "네? 오늘 필요하신 거였어요?"라는 답과 함께 피차 당황스러운 결과를 초래하게 된다.

3) 그 사람만이 할 수 있음을 강조하라

사람은 인정욕구가 강하다. 그러므로 누군가가 자신을 믿어주고 신뢰의 메시지를 보낼 때 거절하기 어렵다. '당신만 할 수 있는 일이다.'라는 메시지를 받는다면 '나만 할 수 있다는데….'라는 심정에서 기꺼이 그 일을 맡게 될 뿐만 아니라 기대에 부응하고자 더욱 열심히 일하게 될 것이다. 부하직원이라면 그 사람밖에 못 한다는 점을 강조함으로써 상대로 하여금 기분 좋게 업무를 추진할 수 있게 한다. '만', '뿐', '밖에'라는 표현은 상대의 자존심을 한껏 고양시켜 기분 좋게 일을 받아들이게 한다.

4) 칭찬부터 하고 나서 질책하라

질책하는 것은 화내는 것이 아니다. 감정이 아닌 이성으로 냉정하게 상대의 잘못을 지적하고 그것을 상대가 납득하도록 하는 것이다. 다만, 냉정하게 질책하더라도 그 방법에 문제가 있다면 도리어 상대가 의욕을 상실할 수도 있다.

그렇다면 잘하는 질책이란 어떠한 것인가? 답은, 칭찬이 먼저이다. 질책하는 사람도 당하는 사람도 일단 좋은 기분으로 그 상황을 맞이할 필요가 있다. 칭찬 기법 또한 조심해야 한다. 칭찬받는 것은 누구에게나 기쁘고 신나는 일이다. 그러나 잘못된 칭찬은 상대에게 오해를 받거나 반감을 살 수도 있다. 칭찬은 사례를 들어 구체적으로 하되 관심을 전달해야 한다. 이렇게 바른 칭찬으로 하여 상대의 마음 문을 열게 한 후 질책을 한다면 질책하기 전의 이 같은 사전 작업으로 인해 부하직원의 사기를 효과적으로 고무할 수 있다.

5) 팀워크를 키워라

대부분의 현대인은 개인주의적이다. 이러한 개인주의적 사고로는 결코 바람직한 공동체를 이룰 수 없다. 이러한 개인플레이를 지향하는 사람으로 인하여 조직 전체의 유대감과 사기에 문제가 일어날 수 있다. 이러할 때, 리더는 그가 조직 안에서 어떤 위상을 가지고 있으며, 어떤 역할을 해주어야 하는지 분명히 가르쳐주고 팀워크를 가질 수 있도록 유도해야 한다. “○○ 씨가 열심히 해준 덕분에 이번 달에는 우리 회사가 목표달성을 할 수 있었어.”라는 격려의 한마디로 자신이 팀의 일원임을 실감할 수 있게 해주어야 한다. 이렇게 팀워크를 키워나가는 것이 부서 전체에 활력으로 이어질 수 있는 것이다.

6) 좀 더 성장할 수 있는 일을 맡겨라

경력이 쌓여가면서 업무에 익숙해지면 기존에 해오던 자기 일에 더 이상 만족감을 얻을 수 없게 된다. 따라서 상대를 좀 더 발전시키고 싶다면 조금은 어려운 업무를 맡겨보는 것이 효율적이다. 어려운 업무를 맡은 직원은 처음에는 부담스럽기도 하고 두려움 때문에 불안할 수도 있다. 그러나 다시 생각하면 새로운 업무는 리더의 기대감이 들어있다는 뜻을 알게 된다. 이럴 때 상대는 리더의 기대에 부응하기 위해서라도 필사적으로 노력하는 모습을 보이게 된다. 이렇게 하여 기존의 일보다 한 단계 업그레이드된 새로운 업무를 완수해냈을 때 이전보다 한 단계 더 발전한 상태가 된다. 다만, 주의해야 할 점은 '한 단계'이다. 도저히 해내기 힘든 업무를 맡긴다면 그것은 후배를 키우는 것이 아니라, 압박 그 자체로 끝난다는 점을 주의해야 한다.

7) 역경이 닥쳤을 때일수록 전향적인 자세를 보이라

공동체가 항상 의욕에 차고 좋은 결과만을 낼 것이라는 상상은 금물이다. 인생이 그러하듯 공동체 역시 좋을 때가 있으면 어려울 때도 있기 마련이다. 사람은 위기에 닥쳤을 때 본연의 모습이 나오게 된다. 공동체도 마찬가지다. 좋은 성과를 낼 때는 누구나 여유로운 모습을 유지하게 된다. 그러나 곤경에 처하게 되면 서로를 불평하고 불신감을 드러내기도 할 것이다. 이러할 때 리더의 역할은, 당당하고 긍정적으로 부하직원을 리드해 나가는 것이다. 힘든 때일수록 기존의 상식을 뒤엎는 새로운 아이디어는 창출된다. 리더가 위축되지 않고 역경에 맞서는 의연한 자세를 보여주지 않는다면 그 공동체의 누구도 전향적인 자세를 갖지 못한다.

8) 설득은 이성이 아니라 감성이다

설득할 때는 이성이 아니라 감성에 호소하라. 사람의 정신영역에서 이성과 감성의 비율은 3:7이다. 그만큼 감성 영역이 우리를 지배한다. 우리가 살아가며 무엇을 결정할 때 이성보다는 감성의 지배를 더 많이 받는다. 감사, 행복, 호감, 성취감, 분노, 불쾌, 거절감, 우울감 등 우리의 많은 정서는 모두 감성 영역이다. 잠시 생각해 보라. 소통함에 있어 감사한 상대, 호감 가는 상대의 의견을 받아들이는가? 아니면 불쾌하고 비호감인 상대의 의견을 받아들이는가?

9) 지시보다 제안을 하라

"이렇게 하면 어떨까?" 지시가 아닌 제안을 함으로써 상대가 자신을 존중해주고 있다고 느끼게 하라. 사람은 자신이 존중받고 있다고 생각할 때 그 존중감을 유지하고 싶어 한다. 그러나 반대로 리더가 지시를 하면 상대는 심리적 방어기제가 발동하며 불쾌감을 드러낸다. 이것은 효율적인 결과를 위해 결코 바람직하지 않다. 그러므로 리더가 제안함으로써 부하직원으로 하여금 긍정적으로 받아들이고, 더욱 긍정적인 방향으로 생각하게 하라.

10) 설득이 아닌 납득이다

설득하지 말고 납득시켜라. 말은 기술이 아닌 인격으로 해야 한다. 말로 설복시키려 하면 상대는 더 자신의 생각이 완고해지게 된다. 설득과 납득의 공통점은 이성–감성–이성으로 진행된다는 점이다. 그러나 납득은 상대에게 중점을 두고, 보다 논리적으로 자세히 설명할 필요가 있다. 설득은 상대의 마음을 변화시키는 작업이라면 납득은 상대의 생각을 변화시키는 것이다. 상대를 납득시키기 위해서는 우선 리더가 말하고자 하는 내용을 숙지하고 있어야 하며 리더 스스로 그 내용을 충분히 납득하고 있어야 한다. 내가 납득되지 않은 사항을 상대에게 납득시킬 수는 없는 법이다.

11) '우리'를 강조하라

한국 사람은 유독 '우리'라는 공동체 의식이 강하다. 연대감을 가지고 함께

함을 즐기는 민족성이 있다. 이러한 특징을 살리면 공동체의 구심점이 더욱 강해지고 하나 된 공동체를 이루어 갈 수 있다. 대화 가운데 '나'라는 화법은 때로 '일방적'이라는 느낌을 준다. '내 생각에는~', '내가 말한 대로~'라고 할 때 상대도 '저는 이렇게 생각했기 때문에~'라며 의견 대립을 일으킬 여지가 있다. '내가'가 아닌 '우리가', '나의 목표'가 아닌 '우리의 목표'로 재설정하라. 그러면 보다 일체감이 생기고 상대와의 공감대도 훨씬 강해진다는 것을 경험하게 될 것이다.

7. 대화 시 유의할 점– 여성과 남성의 차이

1) 여성

① 대화 시, 여성은 내용보다는 재미를 추구한다.

② 여성은 이야기의 결과나 목적보다 과정을 중시한다.

③ 여성은 능력 있는 남성보다 유쾌하고 유머 있는 남성을 좋아한다.

④ 여성은 이야기 그 자체를 즐긴다. 대화의 내용이 아무리 고상하고 유익하더라도 재미없는 이야기에는 금방 싫증을 느끼며 귀를 기울이지 않는다.

⑤ 여성은 남성보다 새로운 뉴스나 새로운 이야깃거리에 관심이 많다.

⑥ 여성에게는 깊이 있는 이야기보다는 다양한 화제가 중요하다.

⑦ 여성은 일방적인 대화를 싫어한다. 이에 반해, 남성의 대화는 일방적인 경우가 많다. 남성은 자신의 가치관을 중심으로 이야기하고, 자신의 가치관을 여성에게 이해시키려 하고, 그를 위해서 자신의 가치관을 여성에게 강요하는 경향마저 보인다. 남성은 정치·경제·스포츠 등 무엇이든지 상관없이 그에 대한 자신의 의견, 흥미를 중심으로 대화하고 싶어

한다. 남성은 대화를 나누는 것이 아니라 주장이나 연설을 하고 싶어 한다. 그러나 일방적인 대화는 자신만이 만족하거나 즐거워하는 대화법이다.

여성은 쌍방향적 대화를 좋아한다. 여성은 장시간 전화통화를 전혀 힘들이지 않고 하는 사실에서 알 수 있듯이 두 사람만의 1:1 대화에 능하다. 그러므로 남성은 여성과의 대화에서 자기주장을 버려야 한다. 6:4 또는 7:3의 비율이 적당하다. 대화 시, 여성에게 이야기 주도권을 주고 남성은 맞장구치는 화법을 사용해야 한다.

⑧ 웃음을 부르는 화법으로 실수담을 나눌 때는 자신의 경험을 활용하라. 남이 저지른 실수를 드러내는 것은 인격적으로 좋게 볼 수 없다. 그 당시는 분위기가 업 되고 웃음의 소재로 가볍게 넘어갔을지라도 당사자가 알게 되었을 때 불쾌할 수 있고, 심리적으로 여성들은 이러한 상황을 자신을 깎아내리는 행위라고 여겨 싫어한다. 여성은 언제나 자기중심적으로 사물을 판단하는 경우가 많다.

2) 남성

① 대화 시, 남성은 목적달성의 관점으로 내용을 판단한다.
② 남성은 모든 상황과 사물을 선악으로 판단하며 선에 가치를 둔다.
③ 남성은 대화의 재미보다는 내용에 집중한다.
④ 남성은 사회활동, 대인관계에서 독립심, 경쟁심이 강하다.

▶ 다양한 대화를 준비하는 데 유익한 것: 신문, 책, 영화, SNS 등.

남자들이 좋아하는 여성상

1) 분위기 있는 여자

2) 긴 머리 여자

3) 잘 웃는 여자

여자들이 좋아하는 남성상

1) 분위기를 자연스럽게 리드하는 남자

2) 유머 감각이 있는 남자

3) 이미지가 순수한 남자

대화 능력 향상

1. 분명하고 정확한 발음
2. 다양하고 적절한 화제
3. 적절한 속도와 명쾌한 목소리
4. 알기 쉬운 말 사용 - 눈높이 언어구사
5. 상대 입장을 생각할 것- 배려언어
6. 진실하고 구체적인 이야기
7. 이야기 목적이 분명할 것

☾ 성공하고 싶은 사람이 극복해야 할 10가지 약점

1) 무엇이건 내일로 미룬다.

2) 자기가 무엇을 바라고 있는지 알지 못한다.

3) 우유부단하여 정면으로 일과 대결하고자 하지 않고 회피하며, 모든 것을 책임 전가한다.

4) 자기만족처럼 불행한 것은 없다. 이것만은 구제할 방법도 없거니와 가능성도 없다.

5) 남의 잘못이나 실수에는 예민하나 자기 잘못은 여간해서 인정하려 하지 않는다.

6) 소망에 대한 성취욕이 약하고 게으르며 안일한 타성에 젖어있다.

7) 실패의 부정적 경험에 싸여 다시 시도하려고 하지 않는다.

8) 기회포착을 하지 못한다. 기회를 알지 못하고, 붙잡지 못한다.

9) 꿈을 품고만 있고 실행하려고 하지 않는다.

10) 타인의 생각과 관점, 비난받을 것이 두려워 결국은 아무 일도 하지 않는다. 이것은 이 10가지 약점 중에서 가장 큰 약점이다. 인생에서 우리가 경계해야 할 것은 실패가 아니라 '시도하지 않음'이다.

명확한 목적이 있는 사람은 험난한 길을 하나의 과정으로 받아들이지만, 아무런 목적이 없는 사람은 가장 순탄한 길조차 앞으로 나아가지 못한다.

효과적인 Speech

√ 이야기를 할 때 기억해야 할 점

1. 진정성을 담는다. 자신의 이야기를 할 경우에는 경험한 것을 작위적이지 않고 솔직히 말하는 것이 최고의 기술이다.
2. 감정이입을 한다. 자기자랑은 사람들의 마음을 얻지 못한다. 고난, 좌절, 아픔 같은 이야기로 자기를 노출할 때 청자의 공감을 얻을 수 있다.
3. 정성을 다하여 말한다. 대중 앞에서도 한 사람, 한 사람에게 말하듯이 이야기한다. 즉 눈을 맞추고 진심을 보여야 한다. 원고를 보며 이야기를 하는 것은 성의 없는 행동이다.
4. 청자가 원하는 이야기를 말한다. 내가 하고 싶은 이야기가 아니라 청중이 듣고 싶어 할 이슈를 말하는 것이다.

🎙 그 무엇이든 늦지 않다

지금 힘든 시간 가운데 있습니까?
만약 그것이 당신의 꿈 때문이라면 당신은 행운아입니다.
수많은 사람들이 편안한 삶을 바라볼 때
당신은 꿈을 위한 고난을 선택했기 때문입니다.

꿈이 없는 사람에게는 시련도 없습니다.
그들은 적당히 즐기고 적당히 처신할 뿐입니다.
당신이 지금은 비록 외롭고 곤고할지라도
당신의 가는 길에 집중하십시오, 스스로 기회를 만드십시오.
그러기 위해서는 과거의 상처에서 벗어나야 합니다.

꿈은 생명입니다.
사람은 나이를 먹으며 늙어가는 것이 아니라
꿈을 잃어버리기 때문에 늙는다는 것을 아십니까?
그 꿈을, 그 생명을 앗아가는 주위의 부정적 유혹에 귀 기울이지 마십시오.
나아가는 길을 만류하는 대부분 사람은
그것을 해보지 않은 사람일 경우가 많습니다.

말을 말로 반응하지 마십시오, 부정을 부정으로 대응하지 마십시오.
당신 인생에 대하여 가장 진지한 사람은 당신 자신일 뿐입니다.
그러므로 주위의 시선과 사람을 너무 의식하지 마십시오.

별 뜻 없이, 별 무게감 없이 하는 말에 당신의 인생을 걸지 마시기 바랍니다.
사람들은 자기 입장에서 이야기할 뿐입니다.

모든 것은 자신의 마음먹기에 달렸습니다.
마음으로 결단하셨습니까?
행동으로 실행하십시오, 결코 뒤를 돌아보지 마십시오.
소망은 앞에 있지 뒤에 있는 것이 아닙니다.
기억하십시오, '그 무엇이든 늦지 않았습니다.'

눌변인 사람의 트라우마 퇴치법

1. 자신감을 가지고 정확한 표현법을 익힌다.

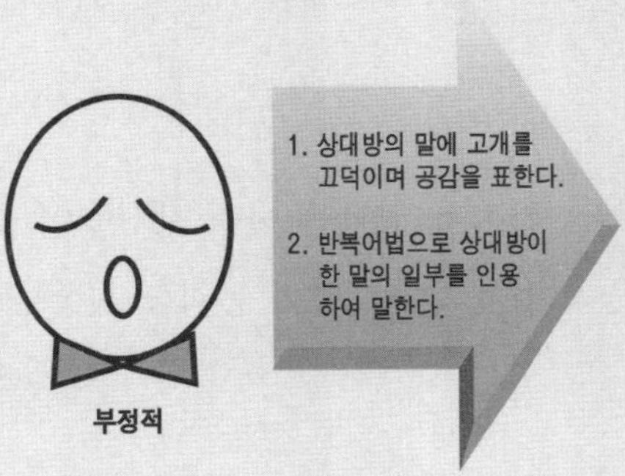

2. 말을 할 때 제스처를 적절히 사용한다.

적당한 제스처는 잠재의식 속에 내재된 공포감을 조금씩 사라지게 한다.

자신이 말주변이 없다는 사실에 너무 신경을 쓰면 오히려 더 긴장할 수 있다. 말을 할 때 손이나 팔을 사용하면 잠재의식에 자리 잡은 공포심을 없애는 데 도움이 된다.

대화를 통한 능력개발

대화는 농담보다는 구체적인 목적이 있어야 하며 생산성이 있어야 효과적이라고 할 수 있다. 상대방을 인정하고 상대방의 능력을 신장시키는 대화법의 공부가 필요하다.

1. 호칭의 명확한 사용법

1) 명확한 호칭을 정해두는 것이 조직적으로 효율적인 업무를 수행할 수 있게 된다. 호칭은 집단의 크기, 업종의 차이, 연령의 차이라는 잣대에 따라 적절하게 사용해야 한다.

2) 호칭의 적절한 사용에 따라 일하는 태도에 엄청난 차이가 생긴다. 가장 좋은 방법은 직함을 부르는 것이다. '군'은 부르기 쉬운 상하관계를 나타낸다. '씨'는 정중하고 평등함은 느껴지나 격식 차린 말로 여겨진다. '야'는 친근함이 담겨져 있으나, 너무 허물없어 보인다.

2. 칭찬과 반복

로젠탈 효과 Rosenthal Effect

: 하버드대 심리학과 교수였던 로버트 로젠탈 교수가 발표한 이론으로, '피그말리온 효과'와 일맥상통하는 용어다. 로젠탈 교수는 샌프란시스코의 한 초등학교에서 20%의 학생들을 무작위로 뽑아 그 명단을 교사에게 주면서 지능지수가 높은 학생들이라고 말했다. 8개월 후 그 명단의 학생들은 다른 학생들보다 평균 점수가 높게 나왔다. 교사의 격려가 큰 힘이 되었으며, 칭찬의 긍정적 효과를 나타내는 결과라 할 수 있다.

1) 칭찬 기법

칭찬에는 직접 하는 칭찬과 전달하는 칭찬이 있다. 칭찬은 하는 것도 중요하지만, 전달하는 것도 중요하다. 내가 상대의 긍정적인 면을 지지해주고 격려해 준다는 차원에서의 칭찬도 의미가 있지만, 때로는 남이 한 칭찬을 전달해 주는 것도 긍정적인 효과를 가져온다. 이것은 칭찬 듣는 사람의 입장에서는 여러 명으로부터 칭찬을 받는다는 심리적 효과를 얻기 때문이다. 그래서 제삼자의 입으로 칭찬이 전달되는 것이 더 효과적일 때도 많다.

여러 공동체를 이끌며 저자가 주로 사용하는 칭찬 기법은 전달로서의 칭찬이다. 학생과 학생들 간의 칭찬과 좋은 이야기를 전해주며 공감을 표현해준다. 그래서인지 저자가 관여하고 있는 모든 공동체는 타 공동체에 비해 잡음도 없고, 웃음과 사랑이 충만한 것을 늘 경험하며 살아가고 있다.

2) 칭찬 대상

(1) 노력

재능이 아닌 노력을 칭찬해야 한다. 재능은 타고난 것이기에 의지와 상관없이 이루어질 수 있다. 재능을 칭찬받게 되면 교만해지거나 안일해질 위험이 있다. 그러나 노력을 인정받게 되면 그것을 유지하기 위해 더 노력하게 된다. 우리가 무엇을 성취했을 때, 그것이 주어진 것일 때보다는 이루어낸 것일 때의 기쁨이 더 크듯이, 노력을 인정받았을 때의 기쁨은 인간의 가장 강한 욕구인 인정욕구가 충족되는 순간이 되는 것이다.

(2) 과정

결과가 아닌 과정을 칭찬해야 한다. 최선을 다했는데 한 번에 좋은 결과가 나오지 않을 때도 있다. 이러할 때 결과만을 가지고 평가한다면 최선을 다한 그 사람은 낙심하게 되고 좌절하게 될 것이다. "최선을 다했으니 이번 일은 좋은 경험이 될 걸세. 이 경험으로 다시 시작하는 거야. 수고했네."라는 격려와 칭찬은 재기하는 데 강한 동기부여가 된다. 인생이라는 큰 그림으로 볼 때 모든 결과도 결국은 과정일 뿐이라는 것을 기억해야 한다.

(3) 인격

앞서 말한 바와 같이 사람에게 가장 강한 욕구는 인정욕구다. 더욱이 자신이 중요하다고 생각하는 대상이 인정해주는 것이야말로 살아가는 데 큰 에너지가 된다. 그러한 대상이 일에 집중하는 것보다 자신에게 집중하여 인정해주는 칭찬은 큰 동기부여가 된다. 그러니 결과가 아닌 인격 자체를 칭찬해야 한다. 그저 단순히 "잘했어."보다 "영은아, 잘했어."가 더 마음에 와 닿는다. 이름은 그 사람의 인격을 상징하는 것이기 때문이다.

3) 칭찬 교육

1) 칭찬으로 마음의 벽을 허문다. 칭찬은 가장 좋은 교육 방법이다.

2) 칭찬할 때에는 가까운 거리에서 하는 것이 효과적이다. 보통 70cm의 대인

거리는 상대방에게 불쾌감을 주지 않고 친근감을 자아내는 심리적 기회를 섬세하게 배려하는 거리이다.

3) 여성과 남성의 결정적인 성차는 '확인' 행위의 경중에 있다. 남성은 일회성으로 확인하는 반면, 여성은 여러 번 반복·확인을 원한다.

3. 설득 스피치

1) 설득을 위한 원칙

설득은 다른 사람의 신념을 변화시키고 행동하게 만드는 일이다. 강요나 위협이 아니라 다양한 방법으로 상대가 자발적으로 변화하도록 유도하는 것이다. 그러기 위해 설득은 적극적이어야 하며, 상대의 필요를 파악할 수 있어야 한다. 그러려면 상대가 다가오기를 기다리지 말고 상대에게 다가가야 하며, 상대의 마음과 상황을 읽을 수 있어야 하고, 상대가 원하는 것을 수용할 수 있어야 한다.

(1) 자기 확신

상대에게 나의 신념을 전하여 그의 사고나 행동을 변화시키는 것이 설득이라면 나의 신념이 얼마나 타당한지부터 고민해야 한다. 무작정 내 생각을 일방적으로 주장한다면 그것은 설득이 아니라 강요이다. 나의 주장이 얼마나 타당한지, 문제는 무엇인지 객관화할 필요가 있다. 그러한 과정을 통해 그 상황에 대하여 자신부터 명료하게 이해되어야 하고 확신이 서야 한다. 자기 확신 없이 상대를 설득시킨다는 것은 불가능하기 때문이다. 이렇듯, 남을 설득하기 전에 우선 사건과 상황에 대한 객관화 작업이 이루어져야 하고, 이를 통한 명료화가 필요한 것이다. 자기 확신 위에서 이루어지는 설득은 더 강력한 힘을 가지게 된다.

(2) 상대 파악

상대를 정확히 파악하라. 상대의 신념과 가치관, 욕구 등을 다각적으로 분석해야 한다. 설득에서는 관계성의 영향을 많이 받기 때문에 되도록 상대에게 호감을 주도록 노력해야 한다. 호감은 전하는 메시지에 시너지 효과가 있다. 같은 메시지라도 호감도에 따라 받아들이는 수위의 차이가 크기 마련이다. 호감이 형성되었다면 다음으로 공감대를 형성한다. 공감대 형성을 위해서는 취미, 식성, 스포츠, 여행지 등 다양한 정보와 지식이 필요하다.

상대가 중립적 태도를 가졌다면 우선 흥미를 불러일으켜야 한다. 그런 후 사례, 경험, 비교 등을 통해 이 주제가 왜 중요한지를 인식시켜야 한다. 상대가 우호적이라면 이성적으로 접근하기보다 감성적으로 접근하는 것이 좋다. 모든 설득은 상대의 욕구에 대한 분석이 전제되어야 한다. 매슬로의 '욕구이론'에 의하면 하위 욕구가 충족되어야 상위 욕구가 작동한다. 따라서 상대의 가장 절실하고 기본적인 욕구가 무엇인지부터 알아야 한다.

(3) 이성과 감성의 조화

이성과 감성의 조화를 이루라. 사람의 감성과 이성은 7:3임을 기억하라. 일반적인 관계성에서는 감성적 접근법이 효과적이지만, 일이나 자신의 직업영역에서는 이성적으로 설명하는 것이 가장 효과적이다. 논리적인 설명을 할 때는 보편타당한 논리적 근거를 제시해야 한다. 머리로 이해하고, 가슴으로 느껴지도록 해야 한다.

어떠한 제품에 대한 프레젠테이션을 한다고 가정을 할 때, 감성-이성-감성의 구조로, 처음에는 사람들이 마음을 열고 집중하도록 만든 후 이성적으로 제품을 설명한다. 직접적인 연출을 적절히 사용하여 제품의 우수성을 논리적으로 전달하는 것이다. 그리고 보편타당한 논리적 근거를 제시한다. 끝으로, 그 제품을 사용하면 어떤 느낌이 들고 어떤 변화가 생길지 상상하게 한다. 음악, 동영상 등을 활용해 사람들의 감성을 움직이는 것이다. 이렇듯 누군가를 설득하려면 머리와 가슴 모든 영역이 필요한 것이다.

(4) 시작과 끝을 분명히 하라

모든 설득은 상황 의존적이다. 설득은 나로 시작해 상대에서 끝난다. 설득은 상대에 의해 종결되는 것이므로, 욕심을 부리지 말고 상대에게 맡겨야 한다. 나에게 호의적인 상대가 갑자기 불쾌감을 표시하기도 하고, 나에게 반감을 가진 상대가 긍정적인 신호를 보내기도 한다. 그러기에 이렇다 할 정형화된 설득의 로드맵이란 없다. 진정성을 가지고 자신의 신념을 피력하며 상대의 의견을 존중하는 태도로 접근해야 한다. 때로는 상대의 이야기를 진심 어린 마음으로 들어주는 것만으로도 좋은 설득이 될 수 있다.

(5) 서두르지 말라

사람들 대부분은 당장 어떠한 결과를 원한다. 하지만 상대가 마음을 열고 신념과 행동을 변화시킬 때까지 인내할 수 있어야 한다. 지금 당장 상대를 설득하려 들면 조급해지고, 그러다 보면 강요를 하게 된다. 조급한 마음은 상대에게 반감을 불러일으킬 수 있다. 따라서 관계를 형성하고 적절한 질문을 던져 상대로 하여금 스스로 생각하고 변화하도록 해야 한다. 설득은 신뢰의 관계라는 씨앗을 뿌린 후 충분히 기다리는 것이 최고의 설득 기술이다. 강요나 강압적 상황에 의한 설득은 상대로 하여금 결과에 대한 번복을 가져올 수도 있다. 설득은 기술이 아니라 인격에 대한 신뢰로부터 출발한다는 것을 기억해야 한다.

(6) 사람을 얻어라

관계성에서 가장 중요한 요소는 공감대이다. 상대를 설득하는 과정은 공감대를 형성하는 과정이며, 이 과정을 통해 상대와 마음이 통하게 되고, 한 번 마음이 통한 사람과는 오래도록 좋은 관계를 유지할 수 있다. 작은 유익에 집중하는 설득보다는 조금은 더디더라도 사람의 마음을 얻는 것이 가장 큰 유익이다. 목적을 이루기 위해 급급한 설득보다는 당장은 이루지 못하더라도 호감 가는 이미지를 남기는 것이 장기적인 설득을 가져온다.

2) 설득의 원칙

(1) 여론 주도층을 공략하라

먼저 여론 주도층을 파악하라. 메시지가 사람들에게 바로 전달되는 것이 아니라 중간에 있는 의견 전달자를 거치게 된다. 그런데 이 오피니언 리더는 미디어 접촉도가 높고 다른 사람과의 접촉량이 많은 사람들이기 때문에 일단 그들에게 영향력이 미치면 그들 주변에 있는 사람들에게까지 영향력이 미치게 된다. 사람은 사회적 관계 속에서 영향을 받기 때문이다. 따라서 집단을 대상으로 설득할 때는 그 집단의 의견을 이끌어 가는 사람들이 누구인지를 알아내고, 분석한 다음 그들부터 공략해야 한다.

(2) 양면적 메시지를 활용하라

때로는 나의 주장만이 아니라 다른 주장도 보여주는 것이 필요하다. 특히, 상대방이 논리적이거나 다른 의견을 접할 확률이 높을 때는 꼭 필요한 방법이다. 이 경우, 나의 주장이 다른 주장보다 우월함을 입증할 수 있어야 한다. 나의 주장을 받아들여야만 하는 확실한 이유를 제시할 수 있어야 하기 때문에 더 철저한 준비와 확실한 논거가 필요하다.

(3) 다수의 의견임을 강조하라

사람을 사회적 동물이라 말하듯이, 관계성 가운데 살아가며 스스로 사회성을 추구한다. 그러기에 사람들이 가장 두려워하는 것은 소외이다. 그래서 소외되지 않기 위해 때로는 자신의 의견이 있음에도 불구하고 이를 무시하고 다수의 의견에 따른다. 이것이 바로 '침묵의 나선이론'이다. 이 이론을 주장한 노엘 노이먼에 따르면, 인간은 다수 의견인지를 파악하는 능력을 가지고 있는데, 주로 미디어를 통해 이를 감지한다고 한다. 그러므로 설득 상황에서는 '다수의 의견'이라거나 '다수가 사용하는 제품'이라거나 '대세'라고 주장해야 한다. 게다가 공신력 있는 미디어의 정보를 활용하면 더 효과적이다.

(4) 상식을 활용하라

커피가 몸에 좋다고 믿으며 즐겨 마시는 사람이 있다고 하자. 나는 그에게 커피에는 카페인이 들어있어 몸에 해로울 수도 있다고 이야기한다. 그는 상당히 충격을 받은 상태에서 나의 이야기에 집중한다. 인지적 일관성을 유지하고 싶기 때문이다. 그러므로 설득을 할 때는 상식을 공략하되, 반드시 타당하고 합리적인 근거를 제시해야 한다. 이때에는 감성이 아닌, 이성으로 접근하라. 그리고 논리적인 언어구사를 활용하라.

(5) 이슈화하라

미디어는 대중들에게 '생각한 것what to think'을 알리는 게 아니라 '생각할 거리what to think about'를 제공한다. 즉, 미디어에서 반복적으로 언급한 이슈들은 결국 대중의 이슈가 되며, 대중에게 얼마나 큰 이슈가 되는지는 기사의 위치와 길이에 달려 있다고 볼 수 있다. 문제의 중요성을 인지하지 못하고 있다가 그 문제의 중요성을 강조하면 그동안의 잠재되어 있던 생각과 필요성이 극대화된다. 예를 들어, 뉴스에서 교육문제를 제기하고 미디어가 이를 계속 보도하면 이 문제는 사회적 이슈가 된다. 설득할 때도 이슈가 있어야 한다. 그리고 의미를 부여해야 한다. 그 이슈가 왜 중요한지 이야기하는 것이다.

(6) 상황에 따라 접근방법을 달리하라

사람은 몇 개의 메시지만 취하고 다른 것은 상당히 비이성적이고 주관적으로 판단한다(사람은 감성과 이성이 7:3임을 기억하라). 어떤 메시지에 관심이 가고, 그럴 만한 동기가 있고, 메시지의 옳고 그름을 판단할 능력이 있으면 메시지를 중심 경로로 이해하고, 그렇지 않으면 주변 경로로 이해한다. 중심 경로란 청중이 메시지를 능동적으로 받아들이고 이를 이성적이고 논리적으로 처리하는 것이고, 주변 경로란 말하는 사람에 대한 신뢰감과 말하는 사람의 스타일, 청중의 상태에 따라 감성적으로 받아들이는 것을 말한다.

누군가를 설득해야 할 때, 상대방이 어떤 문제에 관심이 깊으면 근거나 증거, 통계자료 등을 이용해 이성적으로 접근하는 것이 효과적이지만, 그렇지 않으면 사례나 경험 등을 이용해 감성적으로 접근하는 것이 더 효과적이다.

(7) 유사성을 활용하라

동질감을 느끼는 대상에게는 호감을 느끼게 된다. 고향이나 출신 학교, 취미, 외모, 성격 등에 끌리는 것이다. 서로 이질적이기 때문에 보완하는 부분도 있지만, 유사성이 클수록 공감대를 형성하기가 쉽다. 따라서 설득을 하려면 상대와 같은 부분을 찾아 극대화해야 한다. 본격적으로 설득하기 전에 스몰토크를 통해 유사한 부분을 찾는 것이다. 단, 인위적이거나 작위적으로 접근하면 부작용이 생길 수 있으므로 주의해야 한다. 그리고 상대방의 말하는 속도와 톤 등에 맞추어 말하는 것이 좋다. 너무 조급한 마음에 서두르듯 질문하면 상대가 불편해진다.

(8) 작은 호응부터 얻어라

작은 부분에서 yes를 하면 다른 큰 것도 yes를 할 확률이 높다. 특히 교육 정도가 높은 사람일수록 자신의 신념에 따라 계속 일관되게 yes를 할 확률이 높기 때문에 작은 부분부터 승낙을 받아 나가는 것이 효과적이다.

4. 효과적인 대화법

1) 나-메시지

'나-메시지'는 문장의 주어로 '나'를 사용하는 것을 뜻한다. 감정의 주체를 '나'라고 표현함으로써 자신의 감정에 책임을 지는 표현이다. 상대를 공격하거나 비난하지 않으면서 자신의 감정을 적절하게 표현할 수 있다.

친구와의 대화 가운데 불쾌한 말을 들었을 때 "너는 어떻게 그렇게 말할 수가 있어?"보다는 "그 말을 들으니 내 마음이 힘들어."라고 함으로써 서로의 감정이 부딪히지 않고 잠시 생각할 수 있는 마음을 가질 수 있다. 자칫, '나-메시지' 가 아닌 '너-메시지'를 사용해 화를 내면 상대방은 내가 정말로 전달하고 싶은 감정은 전혀 알아채지 못한다. 대신 자기를 변호하고 다시 반격할 기회만 찾게 되며 그로 인해 관계는 소원해지게 된다.

이처럼, '나-메시지'와 '너-메시지'는 큰 차이가 있다. '나-메시지'는 자신뿐 아니라 상대를 존중하는 태도로서 자신의 감정에 영향을 미친 사람에게 이 사실을 알려주는 것이다. '너-메시지'는 상대로 하여금 지적받고, 감정에 공격받는다는 생각을 들게 하여 말의 내용에 집중하기보다는 방어하고자 하는 마음이 앞서게 된다.

한국 부모들이 자녀를 양육하며 저지르는 과오 중 하나가 자녀와의 잘못된 대화법이다. 때로는 잘못을 저지른 자녀에게 사랑으로 훈계했다고 생각하지만, 자녀 입장에서는 잔소리로 들릴 때가 많다. 자녀 입장에서는 같은 소리를 반복해서 듣다 보니 생기는 선입관이고, 부모 입장에서는 고쳐지지 않으니 반복해서 말하게 된다고 하소연한다. 왜 그럴까? 바로 '너-메시지' 때문이다. "너 이번 시험성적 이게 뭐야?", "너 학원에서 뭐한 거야?", "너 왜 엄마 말을 안 듣는 거야?" 이러한 '너-메시지'는 마음을 닫게 하고 방어하게 하는 바람직하지 못한 대화 기법이다. 또는, 아침에 늦잠 자는 자녀에게 "너 지금 시간이 몇 시인데 아직 자는 거야. 학교 안 가?"라고 말하기보다는 "몇 시까지 등교지? 엄마 마음이 불안해지네."라고 자신의 감정을 표현하면 상대를 자극하지 않고도 행동변화를 가져오는 데 훨씬 효과적이다.

상대에게 내 감정을 이야기하는 이유는 상대에게 나의 마음을 전달하고 상대와의 관계를 더 좋게 만들어 바람직한 목적을 이루기 위해서다. 강요는 올바른 목적을 이룰 수 없다. 상대방의 행동에 초점을 맞추지 말고, 그 행동이 당신의 감정에 미친 결과를 중점적으로 말해야 한다. 화가 났을 때도 '나-메시지'로 표현하면 화가 난 상황에서도 상대를 존중하는 태도를 갖출 수 있다. 또한, 상대방의 인격이 아니라 그 행동의 문제를 이야기하면 논쟁으로 번지는 것을 막아준다.

실 습

1. 상대에게 전하고 싶은 감정을 적어본다.

- 상대: ______________________

  ____

- 감정: ______________________

  ____

- 상황: ______________________

  ____

2. '나-메시지'를 아래 빈칸에 직접 적어본다.

- 상황: 내 감정에 영향을 끼친 상황을 적는다.

____

____

- 감정: 상대방의 행동으로 인한 나의 기분을 적는다.

____

____

- 이유: 상대방의 행동이 내게 어떤 의미였는지 설명한다.

____

____

2) 공감하기

(1) 경청: 경청은 'hearing'이 아니라 'listening'이다. 단순히 소리를 듣는 것이 아니라, 주의를 집중하여 마음을 듣는 것이다. 대부분 사람들은 상대방이 자신의 이야기에 귀 기울여 듣기를 원하고 또 확인하고 싶어 한다. 그러기에 듣는 사람 입장에서는 좀 더 적극적으로 반응할 필요가 있다. 상대방이 하고 싶은 말을 다할 때까지 기다렸다가 말을 마치면 들은 이야기를 요약해서 말하면 좋다. 이때 상대방의 감정을 해석하려 하지 말고, 단지 그의 마음에 공감하는 모습을 보이도록 한다.

(2) 침묵: 대화가 상대방과 말을 주고받는 행위인 것은 분명하지만, 때로는 내 말을 들어줄 사람이 있다는 자체만으로도 위로가 될 때가 있다. 듣는 행위만으로도 모든 것을 이해한다는 마음을 전할 수 있다. 조용히 상대방의 말을 듣고만 있어도 그 사람을 격려하는 효과가 있는 것이다. 이렇듯 침묵이 최선의 방법일 때가 있다.

(3) 비언어: 눈빛, 표정, 몸짓 등을 우리는 비언어라 칭한다. 언어는 이중언어가 있지만, 비언어는 언어보다 더 솔직한 반응이라 할 수 있다. 상대의 표정과 자세만이 아니라, 자신의 신체언어에도 주의해야 한다. 말과 표정이 일치하지 않을 때는 표정에서 나타나는 감정이 그 사람의 솔직한 감정이다. 그러기에 대화 시에는 말로 표현되는 언어 외에 비언어에 주의 집중할 필요가 있다.

(4) 어조: 목소리의 음높이와 억양, 크기를 살핀다. 음높이가 너무 높으면 듣는 사람에게 불안감을 조성하며, 억양이 강하고 목소리가 지나치게 클 경

우 공격적으로 들리기 쉽다. 목소리는 차분한 톤으로 무지개 화법을 연상하며 말하면 메시지를 전달하는 데 보다 효과적이다.

(5) 속단: 속단은 대화 시 많은 실수를 가져온다. 미루어 짐작하면 안 된다. 상대의 말을 듣다가 끝까지 듣지 않고 상대의 말을 중간에 끊고 서둘러 대답하는 경우를 보게 된다. 상대방 말의 내용을 미루어 짐작하고 대답하는 것이다. 참으로 어리석은 행위다. 상대방의 말을 끝까지 듣고 신중하게 말하는 것이 가장 좋은 태도라 하겠다.

설득 스피치의 실제

1. 명확한 설득 목표

· 화자가 명확히 하지 않으면 청자가 혼란스럽다.

2. 화자의 콘텐츠를 청자의 태도에 맞춰라.

· **호의적인 대상**: 이성적인 표현보다는 감정적인 호소가 청자의 지지를 강화한다. 따라서 감정적 호소를 통한 자극이 필요하다. 몇 가지 대안을 제공하여 행동하도록 한다. 한 가지 행동만을 촉구하는 것은 청자를 부담스럽게 한다.

· **중립적인 대상**: 집중을 유도, 강화하기 위해 유머 등을 사용한다. 주장을 정확하고 쉽게 설명하여 청자가 이를 명확히 이해하도록 돕는다. 말은 늘 화자가 정리해서 말해야 한다. 청자는 들을 때 정리하며 듣지 않음을 유념하라. 설득하고자 하는 핵심내용은 마지막에 한다.

· **적대적 대상**: 가장 까다로운 대상이라 할 수 있다. 그러기에 처음부터 많은 것을 시도하지 말고, 서서히 변화를 유도하라. 현실적인 목표를 세우고 공감대를 형성할 수 있는 이야기로 시작한다. 날씨 등의 시사적인 이야기 또는 자신의 경험 등 부담 없이 들을 수 있는 것으로 시작한다. 화자에 대한 인격적 신뢰감이 중요한데, 이때 진솔함이 가장 큰 무기임을 기억해야 한다. 반대 입장이더라도 화자에게 호감이 생길 수 있다는 확신을 가지고 더욱 상대에게 인격적으로 접근해 간다.

3. 상황에 따라 말과 태도를 수정하라.

· 설득하는 도중 청자가 반감을 표시한다면 즉각 표현방법을 수정하라. 한 번의 스피치로 사람의 태도나 마음을 완전히 변화시킬 수는 없다. 자기주장만 계속하는 것은 화자에 대한 인격적 신뢰감만 떨어뜨릴 뿐이다.

* 청자를 설득하고자 할 때 꼭 유념할 사항

: 상대를 늘 나보다 존귀하게 여기라. 말속에는 자신도 모르게 마음의 생각들이 표현된다. 그러므로 기술적인 언어가 아니라 마음부터 호의를 가지고 접근하라.

파워메시지 6

변화를 원하십니까?

사람들은 자신의 사고와 행동이 변화되고 개선되길 원합니다.
그럼에도 그것이 삶에 나타나지 않는 이유는
여전히 과거의 습관에 메여 있기 때문입니다.

과거의 습관에서 벗어나지 못하는 것은 안일함, 두려움, 타성 때문입니다.
사람은 생각하는 대로 살지 않으면 사는 대로 생각하게 됩니다.
그러므로 당신의 생각이 삶의 방향을 결정하는 것입니다.
삶의 가치와 열정은 환경과 조건이 아닌, 스스로 부여하는 것입니다.

삶의 확실한 목표를 정하십시오.
그 목표가 당신에게 에너지를 부여하고 상황을 반전시킬 것입니다.
목표가 있는 사람은 집중해야 할 것과 일의 우선순위가 정확해집니다.

현재가 과거의 결과이듯이, 미래는 현재 선택한 것들의 결과입니다.
아는 것은 중요합니다, 그러나 더 중요한 것은 실현하는 것입니다.
미루지 마십시오, 적당한 때는 자신이 정하는 것입니다.
인생은 참고 기다림을 반복할 만큼 그리 길지만은 않습니다.

지금 시작하십시오.
나이가 들며 후회하게 되는 것은 '실패'가 아니라, '하지 않은 것'입니다.

대화를 통한 이미지 메이킹

1. 대화 능력 향상

1) 분명한 발음

대화에서 가장 중요한 것은 '발음'이다. 가장 기초적인 것이 가장 중요하다. 아무리 지식적이고, 아무리 유용한 내용이라도 발음이 정확하지 않으면 전달력이 떨어지고, 설득력이 그만큼 낮아지는 것이다. 우리가 통칭 지식인이라고 하는 사람들을 떠올려보면 그들은 대부분 정확한 발음을 구사하고 있다. 발음이 어눌한 사람을 신뢰하거나 따르기 힘든 이유도 발음이 말하는 사람의 지식력이라고 생각하기 때문이다.

2) 적절한 화제

대화할 때 대화거리가 많아야 함은 중요한 사실이다. 이를 위해서는 독서와 신문, 뉴스, 그 시대의 이슈 등 다양한 정보와 지식은 필수라 할 수 있다. 사람과 사람 간의 나눔에 있어서 여러 영역을 나누다 보면 그중에서 공감대를 발견하게 된다. 교육현장에서 많은 사람이 대화를 잘하고 싶다는 말들을 한다. 대화에서 발음, 발성, 발화법 등 기술적인 면은 전문가의 도움을 받아야 한다. 그 외 교양과 상식을 쌓아가고 정보의 영역을 넓혀가는 것은 개인의 노력이 필요하다.

3) 알기 쉬운 말 사용

말은 자신의 지식과 교양을 뽐내기 위해서 하는 것이 아니다. 내가 하고자 하는 말도 상대의 눈높이에 맞춰서 해야 한다. 일례로, 한 공동체에 다양한 지식층이 어우러져 있다면 가장 낮은 지식층에 맞춰서 말해야 한다. 그래야 모든 사람이 이해할 수 있고 이질감을 느끼지 않으며 공감대를 형성할 수 있다. 어려운 말도 쉽게 표현할 수 있는 사람이 진정한 지식인이라 하겠다.

4) 쓸데없는 이야기 금물

대화를 할 때는 목적이 확실해야 한다. 대화와 수다는 시간의 차이가 아닌, 주제 또는 목적이 있고 없음에 따라 결정되는 것이다. 대화를 잘 풀어간다는 것은 공감대가 형성되어 함께 나눈다는 말이다. 그런데 상대가 불쾌해 하거나 지루해할 만한 자기만의 흥미를 말하는 것은 실례이다. 그러기에 대화는 상대의 필요성과 공감대를 확인하며 해야 한다.

5) 적절한 속도와 목소리

말이 너무 빠르면 듣는 사람이 불안해지고, 말이 너무 느리면 상대가 딴생각을 하게 되거나 지루해진다. 목소리 또한 너무 작은 소리는 힘이 없어 보이고, 너무 큰 목소리는 공격적으로 느껴져 상대를 긴장하게 한다. 적절한 속도와 적절한 목소리는 전달력만이 아니라 상대의 평정심을 위해서도 중요한 부분이다.

6) 상대 입장을 생각할 것

대화에서 중요한 것은 '배려'이다. 배려는 행동만이 아니라 대화에서도 중요한 목록 중의 하나이다. 자신의 주장만을 펼쳐나가는 것은 이미 대화가 아니다. 상대의 기분 상태를 살피고, 상대의 환경과 조건 등을 잘 살펴서 그에 맞는 시간적 배려와 상황적 배려가 중요하다.

7) 이야기 목적이 분명할 것

앞서 대화와 수다의 차이는 목적이 있고 없음에 있다고 했다. 대화하다 보면 상대가 무슨 말을 하는지, '그래서 어찌 되었다는 말인가?'라는 생각을 하게 되는 경우가 있다. 또한, "내가 무슨 말을 하다가 이 말이 나왔지?" 하는 황당한 말을 듣게 되는 경우가 있는데, 대화의 곁가지를 너무 펼쳐나가다 대화의 처음 주제와 목적을 놓치고 잊어버린 결과이다. 너무 장황한 설정과 진행은 실없는 사람처럼 보이게 되고 대화의 유익함보다 "저 사람 대화해보니 깊이가 없어."라는 평가를 받게 된다. 대화의 처음 출발점을 잘 인지하고 이어나가야 한다. 대화의 궁극적인 목적은 호의를 가지고 서로에 대한 '호감'을 더해가는 것이다.

8) 진실하고 구체적인 이야기

진실함은 '대화의 기술'을 앞선다. 아무리 대화의 기술에 능하고 정보와 지식이 출중해 보여도 진실함이 느껴지지 않는다면 그 대화는 성공적이라 할 수 없다. 우리가 대화법을 공부하는 목적이 '진실함을 잘 전달하는 방법'임을 기억해야 한다. 또한, 그 방법이 구체적이어야 한다. "여보, 이 미역국이 참 맛있네."라고 남편이 말했다. 아내가 "어떻게 맛있어요?"라고 물었고, 곧이어

남편이 "구수한 게 아주 좋은데." 문제를 발견하였는가? 그렇다. 남편이 "여보, 이 미역국이 구수한 게 참 맛있네."라고 말했다면 아내는 "아, 그래요. 성공했네."라고 바로 기쁨을 표현할 수 있었을 것이다. 이처럼 꼬리 질문이 나오는 대화는 처음 전달자의 표현이 조금은 두루뭉술하였다는 증표이다.

2. 성공을 위한 12가지 지침

1) 공부하는 자세를 일관하라

공부가 삶이 되어야 한다. 목적이 있는 공부도 있지만, 더 중요한 것은 삶 중심에 공부가 있어야 한다. 공부에는 성장 과정에서의 시험을 위한 공부, 청년기의 취업을 위한 공부, 사회인으로서 자격증을 위한 공부 등이 있다. 그것을 다 이룬 다음에는 끝난 것인가? 결코, 그렇지 않다. 우리 자신의 발전을 위한 자기계발은 성실한 자세와 멈추지 않는 공부로 이루어지는 것이다. 성공에도 이러한 자격이 있는 것이다.

2) 계획한 것은 즉시 실행하라

미루는 사람의 인생은 미루다 끝난다. 또한, 성공은 생각이 아닌 행동으로 이루어진다. 그러니 계획한 것을 지식으로 품지 말고 실행하여야 한다. 심리적으로 볼 때, 미루는 이유는 두려움 때문이다. 실패에 대한 두려움은 성공을 막는 장애물이다. 장애물은 넘어가야 할 대상이지 그 앞에 멈추라고 있는 것이 아니다. 그러기에 실행에는 결단과 용기가 필요하다.

3) 타인의 비난을 두려워 말라

타인은 결과만을 기억한다. 그러니 일의 진행과정에서 듣게 되는 타인의 평가를 너무 의식하고 두려워한다면 그는 이미 성공할 자격이 없는 것이다. 때로는 쓴소리를 약으로 삼되, 전진하여 결과로 보여주어야 한다. 그러한 소신과 추진력이 성공을 가져오는 것이다.

4) 늘 메모하는 습관을 소유하라

기억에는 한계가 있다. 그러기에 중요한 것은 되풀이하여 습관을 만들어 소유한다. '아는 것이 아니라, 익숙한 것이 내 것'이 되기 때문이다. 즉흥적인 발상, 아이디어 등은 즉시 기록하는 습관을 가져야 한다. 저자의 경우, 잠자리 옆 탁자 위에 메모지와 펜을 늘 두고 있는데, 편안한 시간에 좋은 아이디어들이 많이 떠오르는 경험에 의한 습관이다.

5) 지금의 내 모습에 안주하지 말라

꿈은 환경과 조건을 뛰어넘는 것이다. 오래전 지인이 "꿈은 환경과 조건에 맞춰야 한다."라고 하는 말을 듣고 그 사람의 인생관에 안타까운 마음을 가진 적이 있다. 환경과 조건에 맞추는 것은 이미 꿈이 아니다. 성공한 사람들 대부분은 그 시절 상상할 수 없었던 것을 이루어낸 사람들이다. 꿈은 그런 것이다. 지금의 나로서는 도저히 불가능할 것 같은, 가당치 않다는 말을 들을지라도 그것을 이루고 싶은 열망을 가지고 끝내 이루어내는 것이다.

6) 요행이 아니라 노력으로 성취하라

내 인생을 그려나가는 것은 나 자신이다. 남이 도와주는 것을 바라거나 우연히 얻어지는 행운은 완전하지 않다. 아니, 오히려 위험하다. 일확천금 한 사람들의 결과가 오히려 그전보다 불행해졌다는 통계가 이를 말해주고 있다. 성공은 땀으로 이룰 때 의미가 있는 것이다. 행복한 성공을 원한다면 땀으로 인생을 그려나가라.

7) 유지는 퇴보이다, 앞으로 전진하라

내가 쉴 때도 세상은 전진한다. 그렇다고 강박증에 빠질 필요는 없다. 꾸준한 열정을 가지고 있다면 이미 그러한 사람은 부단히 나아가고 있는 것이다. 시간에 충실하며 나에게 주어진 역할에 집중하는 사람, 그는 이미 전진하고 있는 것이다.

8) 일과 그에 따른 책임을 회피하지 말라

건강한 사회인은 '선택'과 '책임'이 확실해야 한다. 인생은 선택의 연속이다. 그러나 선택이 늘 옳을 수도 없고, 그 결과가 늘 좋을 수도 없다. 때로는 의도치 않은 결과를 가져오고, 실패의 쓴맛도 봐야 한다. 실패는 끝이 아니라 경험이다. 그러니 자신이 선택한 일에 대한 책임을 회피해서는 안 된다. 책임을 지고 다시 시작하는 용기를 가져야 한다. 그러한 사람만이 성공에 도달할 수 있다.

9) 기회라 생각되면 적극적으로 대응하라

기회는 준비된 자에게 온다. 그리고 그 기회를 잘 활용하는 사람만이 성공할 수 있다. 기회를 기회인 줄 모르고 놓친다면 그것은 실력부족이다. 기회를 기회로 잡을 줄 아는 것도 실력이기 때문이다. 성공이란 결국, 기회를 잘 활용하고 적극적으로 대응한 사람의 몫이다.

10) 꿈은 품는 것이 아니라 이루는 것이다

꿈은 중요하다고, 꿈을 품으라고 인생의 선배들은 말한다. 그러나 꿈을 품고만 있는 것은 의미가 없다. 꿈은 이룰 때 그 의미가 부여되고 가치가 인정되는 것이다.

11) 남의 허물은 관대하게, 자신에게는 철저하게

자신에게 철저한 사람은 남에게 관대하게 된다. 철저함이 얼마나 어려움을 알기 때문이다. 하나의 예로 자녀를 키워본 사람들은 경험해 보았겠지만, 공부를 열심히 해온 부모들은 자녀들에게 공부하라고 쉽게 말하기 어렵다. 공부가 얼마나 어려운 일인지 알기 때문이다. 조금은 공부 안 한 부모들이 자녀에게 공부를 닦달하는 경우를 많이 보게 된다. 그들은 대리만족을 원하는 것이다. 공부의 어려움을 경험해 보지 않았기 때문이다. 반면, 자신에게 관대한 사람은 남의 허물에 철저하다. 철저함을 경험해 보지 않았기 때문이다.

12) 자기가 무엇을 바라고 있는지 설명할 수 있어야 한다

저자는 교육현장에서 늘 강조하는 것이 있다. '자존감'과 '비전'이다. 모든 교육이 자존감에서 시작해서 비전으로 마무리한다고 해도 과언이 아닐 정도이다. 그만큼 인간에게 자존감은 중요하고, 성공과 행복을 가져오는 원천이라고 생각하기 때문이다. 이에 못지않게 중요한 것이 '비전'이다. 비전이 있고 없고에 따라 인생의 격이 달라진다. 자신이 어디를 향하여 나아가고 있는지, 어디쯤 왔는지를 알고 있는지는 삶의 질을 결정한다. 하루를 살아도 비전을 이루어가는 과정으로 살아가는 사람은 최선을 다하게 된다. 흘러가는 시간이 아닌, 세워가는 시간이 되려면 비전은 반드시 있어야 한다. 그리고 그 비전을 설명할 수 있어야 한다. 의미와 가치를 구체적으로 설명할 수 있어야 한다. 기억하라, 명확한 목적이 있는 사람은 어떠한 시련 앞에서도 꿋꿋이 전진하지만, 아무런 목적이 없는 사람은 순탄한 길에서조차 앞으로 나아가지 못한다.

대화가 인간관계에 미치는 영향

1. 인간관계의 기본조건

1) 인간은 살아가는 동안 지속적인 사회관계를 형성한다.

2) 인간은 사회관계 형성과정에서 사회성을 학습하게 된다.

3) 사회관계를 잘 형성하지 못하면 사회생활은 결코 쉬워지지 않는다.

우리의 인생에서 가장 중요한 것은 인간관계이다. 인간은 관계를 통해 성장하고 관계를 통해 행복을 경험한다. 관계를 통해 아픔과 상처를 받기도 하지만, 관계를 통해 위로를 얻고 용기를 얻는다. 세상에서 성공한 사람들은 대부분 관계에서 성공한 사람들이다. 좋은 관계, 신뢰의 관계, 행복한 관계를 유지하려면 자신의 수고와 노력이 필요하다.

2. 인간관계 100%

1) **인간관계:** 성공, 실패의 주된 요인은 인간관계가 90% 이상을 차지한다.

2) 배려: 배려와 생색을 분별하라. 배려의 출발은 '사랑'이지만 생색은 과시하려는 '행위'에 불과하다.

3) 우리: 한국의 민족성 가운데 가장 강한 것 중 하나가 '우리'라는 의식이다. 한국은 역사적으로 고난 때마다 이 '우리'라는 하나 됨의 감성으로 뭉쳐 이겨 나온 위대한 민족이다.

4) 미소: "복은 입꼬리에서 온다."라는 말이 있다. 좋은 일이 있어야만 미소 짓는 것이 아니라 미소 지음으로 근육 이완이라는 과학적 근거 외에, 평안이라는 심리적 보너스도 함께 얻게 되는 것이다.

5) 경청: 대화의 기본은 말하기가 아니라 듣기이다. 사람의 욕구 중 가장 강한 것이 인정욕구라 한다. 자신이 인정받고자 하는 욕구로 인해 자신의 의견을 발화할 때 그것을 집중하여 들어주는 대상을 싫어할 사람이 어디 있는가? 모든 사람이 말하기를 원할 때 내가 먼저 들어주는 역할을 하는 것은 성숙한 사람만이 할 수 있다.

6) 질문: 대화 가운데 말하는 상대에게 적절한 질문을 하는 것은 '내가 당신의 이야기에 집중하고 있다.'는 증표이다. 말하는 사람 입장에서는 질문하는 사람에게 더욱 성심껏 대답하게 될 것이고 이로 인해 상호 간의 호감은 높아지게 된다.

7) 칭찬: 칭찬은 어떤 대상에 대한 장점을 말해주는 것이다. 그러나 경우에 따라 잘못된 칭찬은 오히려 역효과를 가져온다. 예를 들어 키가 작은 사람에게 "늘씬하다."라든가, 까무잡잡한 피부의 여성에게 백옥 같은 피부라고 말한다면 오히려 상대가 불쾌해질 수 있다. 이러한 때에는 "밸런스가 좋다.", "건강한 피부를 가지셨군요."라고 말하는 것이 진솔함을 전달할 수 있다. 한국사람은 칭찬에 인색하다. 그러나 인간에게 있어 칭찬은 심리적으로 대단한 위력을 발휘한다. 인간은 자신이 칭찬받은 부분이 집중적으로 발달한다

는 연구결과가 있다. 이러한 면으로 볼 때 서로의 칭찬으로 인한 시너지 효과는 기대해 볼 만하다.

Q & A

① 단순히 사람을 자주 접촉하는 것이 그 사람에 대한 호감을 증가시키는가?
: 그렇다. 친숙성은 대인 매력에서 매우 중요한 요소이다.

② 사회적으로 친밀한 관계를 유지하는 것이 신체적 건강과 관계가 있는가?
: 그렇다. 최근에 의학적으로 관심을 모으고 있는 연구결과는 타인과의 친밀한 정서적 유대가 환자의 면역기능을 강화시키고, 수명을 연장시킨다는 점이다.

③ 사람들은 왜 자신과 태도가 비슷한 사람들을 좋아하는가?
: 태도가 유사한 사람들은 자신의 판단에 대한 확증을 주기 때문에 좋아한다.

④ 왜 사람들은 잘생긴 사람들을 좋아할까?
: 심미적 요인이다(시각적 쾌락).

⑤ 우리 사회에서 잘생긴 사람들이 과연 유리한가?
: 대부분 그렇다. 그러나 반드시 그렇다고 볼 수는 없다.

⑥ 친밀한 관계에서 상대방의 자존심 유지는 어떤 역할을 하는가?
: 인간관계에서 서로의 자존심을 존중해 주는 것은 인간관계를 유지하는 가장 중요한 요인 중의 하나이다. 그러나 특이한 것은 사람들은 개인의 자존심을 그대로 유지시켜 주는 사람보다는 점점 증가시켜주는 사람을 더 좋아하게 된다. 이와 마찬가지로 자존심을 처음부터 일관성 있게 깎아내리는 사람보다는 처음에는 별로 나쁘게 보지 않다가 시간이 지날수록 점차로 깎아내리는 사람을 가장 싫어한다.

3. 부정적 인간관계의 모티브motive

1) 공주병(메조키즘) Masochism

남에게 신체적·정신적 학대와 고통을 받음으로 성적만족을 얻는 이상성욕을 갈망하는 성도착증. 수동적·여성적.

2) 왕자병(새디즘) Sadism

남에게 신체적·정신적 학대와 고통을 주는 것으로 성적만족을 얻는 이상성욕을 갈망하는 성도착증. 능동적·남성적.

* 둘 다 모든 사람들에게 조금씩 내재되어 있다.

4. 갈등해결 대화법

갈등이란 서로 다른 욕구의 충돌이다. 심리학자 알버트 해리슨은『사회과학으로서의 심리학 Psychology as a Social Science』에서 갈등을 이렇게 정의한다. "갈등은 상호 의존적 관계를 형성하고 있는 최소한 두 명 이상의 당사자들이 서로 양립할 수 없는 목표를 가지고 각자의 목표를 추구하는 과정에서 발생하는 충돌이다."

갈등을 관리하는 것은 상황을 통제하는 것이다. 갈등 상황을 통제하지 않고서는 소통이 원활할 수 없기 때문이다. 인간은 감정의 동물이다. 인간의 감정과 이성의 비율이 7:3이라는 이론에 의하면 인간은 삶 가운데 이성보다는 감정의 영향을 더 많이 받는다고 보고 있다. 생활 가운데에서도 이성보다는 감성적으로 접근하는 것이 설득의 힘이 더 크다. 그런데 감정은 극히 주관적인 영역이기 때문에 인간의 마음을 이해하지 않고서는 원활한 소통을 이루기 힘들기 마련이다. 갈등 또한 감정영역의 하나이기 때문에 갈등에 대한 이해와 분석이 필요하다. 관계 속에서 소통하기 위해 아무리 선의를 가지고 접근해도 갈등을 겪기가 쉽다. 감정은 지식과 이론으로 커버할 수 없으며, 이를 알고는 있지만, 뜻대로 되지 않는 부분이다. 매일같이 보도되는 뉴스를 보라. 가정과 사회 속에서 정도의 차이만 있을 뿐 많은 이들이 갈등 속에 산다. 이 같은 갈등을 해결하려면 먼저 갈등에 대해 객관적으로 살펴볼 필요가 있다.

1) 갈등이 발생하는 원인

(1) 갈등은 상호의존적 관계에서 발생한다

관계가 없다면 갈등도 없다. 갈등은 오히려 가까운 관계에서 일어나기 때문에 그리 쉽게 단절할 수도 없고 외면할 수도 없으므로 반드시 해결해 나가야 할 문제이다.

(2) 갈등은 양립 불가능한 목표에서 야기된다

관계 속에서 상황적으로 어떠한 일을 결정하는 데 있어서 일의 적절성보다는 자존심 싸움으로 번지게 되는 양상을 많이 보게 된다. 자신의 목표와 판단, 아이디어 안에는 내 자존심까지 포함되어 있기 때문에 갈등 해결이 쉽지 않다.

(3) 갈등은 소통 방식이 다를 때 발생한다

불만을 마음에 담고 있으면 스트레스가 되고, 언어나 비언어로 표출하면 갈등이 된다. 따라서 불만을 어떤 방식으로 전달하는가가 중요하다. 갈등 상황에서 한 사람은 대화로 해결하려 하고, 다른 한 사람은 휴지기를 가지기를 바라는 경우에는 처음의 갈등이 소통 방식의 갈등으로 이어진다. 사람은 각자 받아들이는 정보와 관점이 다르기 때문에 어떠한 상황과 사건을 정리하고 이루어 나아가는 데 있어서 합의점에 도달하기가 어렵기 마련이다. 따라서 문제를 푸는 도구로서 소통 방식만큼은 서로 합의하고 통일해야 한다. 그래야 어떠한 결과를 도출해 나아가는 데 있어서 소모적인 시간과 에너지를 절약할 수 있게 된다.

2) 갈등의 4단계

갈등의 단계를 이해하면 갈등을 해결하는 데 많은 도움이 된다.

(1) 갈등의 촉발

의견 차이를 확인하는 순간이다. 상대가 나와 다르다는 것을 파악하고 그것이 나의 이익과 상반된다는 것을 느끼게 된다. 한 번 갈등이 촉발되면 더 이상 예전의 편안한 관계로 돌아갈 수 없고 심리적 압박감을 느끼게 된다.

(2) 논쟁

문제를 의식하고 대화로 시작하지만, 시간이 흐를수록 논쟁으로 비약된다. 문제를 제기하고 논리적 근거를 제시하고자 하는 두뇌 영역의 사고와는 달리 상처받고, 열세에 몰리면 열등감을 초래하며 감정으로 치닫게 된다. 이 단계에서 소통으로 해결해 나아가는 것이 가장 이상적이지만, 자칫 문제의 본질이 아닌 자존심 싸움이 되기 쉽다.

(3) 세력화

상대가 미워지면서 다른 사람들에게 그의 험담을 퍼뜨리기 시작한다. 그리고 상대의 약점을 찾기 위해 노력한다. 아이들 경우에는 자신과 의견이 다른 아이를 집단으로 따돌리기 위해 사실을 부풀리거나 왜곡하는데, 이것이 바로 세력화 단계이다. 다른 사람들도 그를 미워하고 폄하하도록 유도하는 단계로 다른 사람도 그를 싫어한다는 것을 확인받고 싶어 하는 것이다.

(4) 피해 주기

갈등이 깊어져 더 이상 회복이 어려운 단계로 진입

5. 정중하게 질문하기

상대가 나에게 의견을 물어볼 때 정중하게 질문해야 내 속마음을 말하기가 편해진다. 때로는 침묵과 함께 의견 자체를 내지 않는 사람도 있을 수 있다. 이러한 의견 없음 또한 중요한 의견이다. 무언가를 더 설명하고 알아야 함을 의미하기 때문이다. 만약 '의견 없음'이 상당수 있을 때는 진지한 고민을 해야 한다. 그리고 의견이 없는 것에 대한 이유를 분석하고 그다음 그에 대한 이유를 물어야 한다. 그러할 때 불필요한 갈등과 오해를 줄일 수 있다. '모른다'와 '의견 없다'는 다른 것이다. 이러한 의견의 격차를 줄이지 못하면 상대방의 마음을 진정으로 읽지 못했다고 볼 수 있다.

토의, 토론 전문기법

1. 토론의 개념

1) 공적 대화로서의 토론

대화에는 크게 사적 대화와 공적 대화가 있다. 사적 대화는 친구나 가족, 또는 가까운 선후배 등과 같이 친밀한 사이에서 이루어진다. 주로 정서적으로 교감을 나눈다거나 사교적 목적으로 말하는 방식이다. 반면 공적 대화는 학교생활이나 사회생활 대부분을 차지한다. 강의, 학급회의, 조회와 종례, 회의, 업무보고, 협상, 프레젠테이션 등은 모두 공적인 업무를 수행하기 위해 이루어지는 대화이다. 일정한 형식과 격식이 없는 사적 대화와 달리 공적 대화는 형식과 규칙이 요구된다. 제한된 시간 안에 청자나 청중을 설득해야 하기 때문에 정당한 주장과 주장을 지지하는 근거를 바탕으로 체계적인 구성을 갖추어야 한다. 또 격식에 맞는 언어와 바른 자세로 말해야 한다.

대부분의 사람들은 사적인 자리에서는 즐겁게 말을 잘하다가도 많은 사람 앞에 서면 떨리고 긴장되어 말을 잘 못한다고 하소연한다. 물론 사람들의 시선이 자신에게 집중되는 상황 자체가 긴장의 원인이 되기도 하지만, 앞서 말한 요건들을 두루 갖추어야 하기 때문에 공적 대화는 아무래도 어려운 것이 사실이다. 그래서 공적 대화를 잘하기 위해서는 노력과 훈련이 더욱 필요하다.

토론은 공적 대화의 대표적인 유형에 해당한다. 자신의 주장을 일방적으로 강요하지 않고 제한된 시간 내에 타당한 근거를 바탕으로 상대방과 청중들이 모두 이해하기 쉽도록 차근차근 진술하는 대화의 방식인 토론은 공적 대화의 모든 요건을 갖추고 있다.

토론은 어떤 문제에 대하여 찬성과 반대의 의견을 가진 이들이 모여서 하는 논쟁이다. 어떤 사상이나 문제에 대하여 입장이 다른 사람들이 모여 어느 쪽이 더 타당한 주장인가를 가리기 위해서 이루어지는 말하기 형식이다. 여기서 문제라는 말은 잘못된 일, 사고, 장애 등과 같이 부정적인 사안에만 한정되는 것이 아니라 한 집단에 부가된 모든 일task을 포괄하는 것이다.

2) 토론은 토의나 논쟁과 다르다

우리말에서 토론이란 '말로 상대방을 치다.'는 뜻과 '상대방과 조리를 내세워 논의하다.'는 뜻이 합쳐진 것이다. 즉 토론은 '어떤 문제에 대하여 여러 사람이 모여 조리를 내세워 논의하다.'는 의미로 널리 사용되고 있다. 그런데 일상적으로 토론은 꽤 넓은 범주로 사용되고 있다. 토론이란 말을 아주 느슨하게 적용할 때에는 어떤 문제를 합리적이고 타당한 방법으로 해결하기 위해 의견을 모으는 대화 방식을 말한다. 이런 대화는 엄밀히 말하면 토의에 해당하는 것이다. 또 아주 극단적으로는 어떤 문제나 정책, 사안 등을 놓고 서로 의견을 대립하여 치열하게 벌이는 언쟁을 말하기도 한다. 이는 토론이라기보다는 논쟁에 해당한다.

이러한 현상은 서구에서도 비슷하게 일어나고 있다. 토론에 해당하는 'debate'는 'discussion(토의)'이나 'contention(논쟁)'과 서로 혼용되고 있다. 그리스 시대부터 지금까지 오랜 시간에 걸쳐 전해져 오는 동안 서로 섞이고 중첩됨에 따라 토론, 토의, 논쟁은 마치 사촌 형제들처럼 서로 비슷한 모습을 지니게 되어 종종 우리를 헷갈리게 한다. '토의식 토론'이나 '논쟁식 토론'이란 용어는 일상적으로 헷갈리게 사용하는 개념들을 엄밀하게 규명해보려는 노력의 결과물들이다.

이처럼 일상적으로는 토의, 논쟁, 토론 이 세 가지 개념이 혼란스럽게 사용될지라도, 교육적으로는 엄밀하게 개념을 규정하고 있다. 우선 토의discus-sion의 어원은 '검토하다', 또는 '주의 깊게 검사하다', '검증하다'는 뜻을 지닌 그리스어 'dischos'이다. 토의는 이미 확정된 대상이나 사실의 진위를 검토하고 증명한다는 의미에서 파생된 것으로, 어떤 사안에 관해 각자의 의견을 내어 검토하고 협의하는 의사소통의 형식을 가리킨다. 최선의 해결책이나 합의를 도출하기 위해 상호 협력적으로 대화를 나누는 토의에서는 참가자들이 서로 자유롭게 의견을 교환할 수 있으며 형식이 있다 해도 대체적인 규범만 있을 뿐 엄격하게 적용되지 않는다.

이에 비해 논쟁contention은 서로 대적하고 있는 상대를 대상을 자기의 주장을 적극적으로 펼침으로써 대립적인 의견에 대해 공격하거나 비판하는 대화의 방식을 말한다. 상대방을 비판하고 공격하는 데 치중하기 때문에 때론 감정이 격해지는 경향이 있다. 또한, 일정한 형식이나 규칙이 적용되지도 않는다. 쇼펜하우어는 논쟁을, 검과 방패를 무기 삼아 수단과 방법을 가리지 않고 싸우는 전투에 비유하였다. 그는 이 싸움에서 이기는 전투적인 공격과 방어의 논쟁 기술 38가지를 제시하면서, 맨 마지막에 "가장 좋은 대화는 여기서 제시한 논쟁술 따위를 사용할 필요가 없이 상대와 말하는 것이다."라는 충고를 통해 역설적으로 건전한 토론을 강조했다.

이에 비해 토론debate의 어원은 라틴어의 'debattuere'에서 유래된 것이다 '나누다', '제거하다'를 뜻하는 'de'와 '겨루다', '전쟁', '시합', '싸움'을 뜻하는 battuere(battle의 어원)의 합성어이다. 그리하여 'debate'의 원뜻은 '나누어 겨루다', '말싸움'이란 의미를 지닌다. 어원에 충실하여 'debate'를 '토론'이 아니라 '논쟁'으로 번역해야 한다고 주장하는 학자들도 있다. 그러나 아리스토텔레스의 분류나 사회적 약속으로서의 언어적 특성을 고려할 때 논쟁과 토론은 엄밀하게 구분해야 할 필요가 있다.

토론debate은 갈등과 문제를 해결하기 위해 논의한다는 점에서 토의와 유사하다. 다른 한편 토론은 상대방을 비판하고 자신의 주장이 옳다는 것을 내세우는 대립적 태도가 요구된다는 점에서는 논쟁과 비슷하다.

그러나 토론은 다음과 같은 점에서 토의나 논쟁과 다른 특성이 있다.

① 하나의 논제를 둘러싸고 이루어진다.
② 찬성과 반대의 대립을 이룬다.
③ 주장이나 타당함을 입증하고 설득한다.
④ 일정한 규칙이 있다.

토론, 토의, 논쟁의 관계를 도표로 설명하면 다음과 같다.

토 의	← 토 론 →	논 쟁
·의견 교환을 통한 최선의 방안을 모색한다. ·상호 협력적이다. ·의견 교환의 과정이다. ·대체적인 형식이 있다.	·자기주장을 설득한다. ·상호 대립적이다. ·주장/반박과 질의/응답의 과정으로 구성되어 있다. ·교육 토론에서는 규칙이 엄격하지만, 자유토론에서는 덜 엄격하다.	·자기주장만 내세우고, 상대방을 격렬하게 비판한다. ·상호 대립적이다. ·주장과 반박의 과정으로 구성되어 있다. ·규칙이 없다.

아리스토텔레스가 말하는 주장을 펼치는 방법 유형 4가지

1. **논리학:** 이성에 바탕을 두고 진리를 추구하기 위해 주장을 펼치는 것
2. **토론술:** 갈등 상황에서 질문과 답변의 방식으로 상대방의 주장을 반박하거나 자기주장의 정당성을 증명하기 위해 말하는 기술
3. **논쟁술:** 토론술과 흡사한 형태이지만, 주장은 옳을지라도 주장을 지지해주는 근거들이 참이 아니라 참되게 보인다는 점에서 차이가 있음
4. **궤변론:** 외관상으로는 옳은 주장처럼 보이지만 실제로는 거짓 주장을 펼치는 것으로 소피스트들의 궤변론이 대표적인 예에 해당함

3) 토론은 합리적 의사소통의 방식이다

(1) 토론의 기능과 역할

우리는 살아가면서 크고 작은 갈등 상황에 부딪히게 된다. 흔히 갈등은 개인이나 사회에 해악을 미치는 좋지 않은 것으로 여겨진다. 그러나 갈등이 우리에게 부정적 영향을 미치는 것만은 아니다. 오히려 주변 환경이나 인간관계를 새롭게 만들어갈 계기가 되거나, 변화하는 새로운 상황에 창의적으로 대응하는 능력을 기를 수 있게 해 준다. 그뿐만 아니라 갈등은 기존의 가치와 새로운 가치가 충돌하고 긴장하는 과정을 통해 혁신과 개혁을 가져다준다. 이렇게 갈등은 개인과 사회가 새롭게 변화할 수 있는 활력과 원동력을 제공해준다.

토론은 의견의 불일치나 대립이 일어나는 갈등의 지점에서 시작된다. 물리적인 폭력이나 억압적 태도로 갈등을 해결하는 것이 아니라, 토론을 통해 갈등을 해결하려고 노력하면 자신의 생각이나 입장만이

절대적으로 옳다고 우기지 않게 된다. 다른 입장이나 의견을 받아들이는 관용적 태도가 전제되기 때문이다. 그러므로 토론은 갈등을 원만하게 해결하는 방법 중 최선의 방법으로써 사회 통합적인 기능과 역할을 수행한다.

(2) 토론, 문제 해결의 과정

토론은 어떤 문제가 발생했을 때 서로 의견이 엇갈리는 사람들이 모여 가장 합리적으로 문제를 해결하는 과정이다. 서로 다른 견해와 생각, 가치와 믿음을 가진 다양한 사람들로 구성된 다원화된 사회에서 토론은 문제 해결을 위한 사회적 조정 수단이다. 이런 이유로 토론은 가장 민주적이고 합리적인 의사소통 방법이라 할 수 있다.

토론은 문제를 해결하기 위한 논의 과정이다. 그러므로 토론에 임하는 우리의 자세는 논의의 결과에 집착하기보다 논의 과정에서 구성원들이 어떤 관점과 입장을 취하고 있는지, 어떤 입장이 가장 합리적인지, 그 주장을 받쳐주는 타당한 근거는 무엇인지를 살펴보아야 한다. 또 문제를 해결할 실현 가능한 해결책이 무엇이고, 그 이유는 무엇인지 등을 탐구해야 한다.

(3) 토론, 지적대결

토론은 자신의 주장을 말하되 근거와 자료를 가지고 상대방을 설득한다는 점에서 '논쟁'과는 차원이 다르다. 토론에서는 상대방의 주장과 근거를 잘 경청하고 논리적 허점이나 오류를 찾아내어 지적해야 한다. 우리 사회의 갈등과 문제가 무엇인지를 파악하고 그것이 발생한 원인과 배경을 찾고, 어떻게 해결해야 할 것인지 등을 다루면서 자신의 분석능력과 문제 해결 능력 등을 겨룬다는 점에서 토론은 '지적대결'이라 할 수 있다.

토론의 바람직한 '지적대결'이 되려면 상대방의 말을 잘 듣고 대화하는 태도가 요구된다. 미래학자 피터 드러커Peter F. Drucker도 토론에서 가장 중요한 것은 '상대방의 말을 경청하는 태도'라고 강조하였다. 경청하는 태도는 모두 다섯 단계이다. 그럼에도 불구하고 우리는 남의 말을 듣고 이해하고 기억하는 세 번째 단계에서 만족하는 편이다. 여기서 더 나아가 그 말이 지닌 의미를 정확하게 해석하고 그에 대해 알맞은 평가를 내릴 때 완전한 경청이 가능해진다.

경청의 단계

① 듣기listening의 단계
② 이해understanding의 단계
③ 기억remembering의 단계
④ 해석interpreting의 단계
⑤ 평가evaluating의 단계

토론에서의 사회자 역할

토론에서는 리더의 역할이 중요하다. 리더는 토론 참가자들의 행위를 인도하는 역할을 한다. 행동을 통제하며, 토론의 주제 속으로 안내하며, 참여를 유도하고, 때로는 강압을 사용하기도 한다.

☾ 리더가 해야 할 일

1) **토론 준비:** 토론 장소, 토론 참가자의 좌석 선정, 토론 진행

2) **토론 시작:** 토론이 시작되면 문제를 소개, 토론이 궤도에서 이탈하지 않도록 토론의 줄기를 잡아준다.

3) **토론 진행:** 쌍방의 주장이 첨예하게 대립할 경우에는 논점을 간명하게 정리하여 참가자 전원에게 주의를 새롭게 환기한다. 이 과정에서 발언을 정리해 주어야 한다. 참가자의 발언 내용이 어렵거나 분명하지 못한 경우에는 내용을 이해하기 쉽게 제언해준다. 발언이 길면 요약해주고, 의도가 불분명하면 질문을 통하여 분명하게 하고, 내용이 어려우면 리더가 직접 쉽고 간단하게 바꾸어 설명해 주어야 한다.

4) **토론 마침:** 제시된 해결책에 대하여 다른 사람의 평가를 요구한다. 그리고 참여자들이 의견과 해결책을 제시하면 필요한 경우 이를 종합한다.

2. 토론의 절차

1) 논제의 설정

2) 주장의 제시

논제가 결정되면 토론 참가자는 자신의 주장을 편다. 정해진 논제에 관하여 토론 참가자는 사실 자료, 소견 자료, 통계 자료 등 자신의 주장을 논리적인 근거나 합리적인 이유를 들면서 이야기를 해야 한다.

3) 토론 내용의 요약정리

사회자는 지금까지 논의된 사항을 요약 정리하여 청중들에게 들려주어야 한다. 이를 바탕으로 청중들은 어느 쪽 주장이 더 타당한 것인지 나름대로 판단하게 된다. 청중들은 토론자의 설득력, 주장의 일관성, 제시된 자료의 정확성, 발표 태도 등을 판단 기준으로 삼아야 한다.

우리 사회에서 토론이 뿌리내리지 못하는 이유

1. 한국 사람은 인정이 많아 시시비비를 잘 따지지 못한다.
2. 서열의식이 강해 나이나 직위에 상관없이 동등한 입장에서 대화하기 어렵다.
3. 예의와 겸손을 미덕으로 여기기 때문에 자기 생각을 분명하게 말하지 못한다.
4. 집단의식이 강해 다른 사람을 포용하지 못한다.
5. 급속한 경제성장을 추구해 오는 동안 성과주의가 만연하여 합리적인 의사결정에 서투르다.
6. 주입식 교육으로 인해 발표나 토론에 취약하다.

최근 몇 년간 사회 곳곳에서 토론 문화가 활성화되고 더욱이 학교에서 토론 교육을 본격적으로 시도하고 있어서 '한국 사람도 토론을 잘할 수 있다.'는 희망이 싹트고 있는 것도 바람직한 변화의 조짐이다. 이런 변화의 바람은 인터넷의 발달과 함께 민주주의가 발전하는 속도만큼 우리 사회 전체에 강하게 불어오고 있다. 또한, 이런 사회적 변화에 발맞추어 적극적이고 능동적인 방식으로 학생들의 능력과 소질을 개발하는 새로운 교육 방법이 도입되고 있다. 이 같은 추세로 가면 머지않아 한국 사람도 토론을 어려워하지 않게 될 것이다.

정보의 양이 폭발적으로 증가함에 따라 정보의 사이클도 점차 짧아지고 있다. 이런 환경에서는 뛰어난 사람 혼자 일하기보다는 여러 사람이 팀을 이루어서 각자의 능력과 역할에 따라 과제를 나누면 훨씬 높은 성과를 얻을 수 있다. 이런 까닭에 정보화 사회를 살아가는 우리는 필수적으로 정보 처리 능력이나 업무 능력뿐 아니라 의사소통 능력을 함께 갖추어야 한다.

의사소통의 방법에는 대화, 토의, 토론, 논쟁, 회의, 협상, 세미나 등 여러 가지 종류가 있다. 그런데 이 중에서 유독 토론이 강조되는 이유는 무엇일까? 토론의 영향력이 워낙 막강하기 때문이다. 토론을 잘하는 사람은 다른 의사소통 방식에도 능통할 수 있다. 토론능력을 갖추면 다양한 사회적 갈등 속에서 예리한 판단력을 바탕으로 갈등의 원인을 분석하고 문제 해결 방법을 제시할 수 있다. 나아가 합리적으로 의견을 수렴하여 가장 적합한 결정을 이끌어 내는 능력을 발휘할 수 있다. 그러니 토론 능력은 현대 사회를 살아가는 우리에게 선택이 아니라 반드시 갖추어야 할 필수 덕목이다.

토론 훈련과 사고력 향상과의 상관성을 밝힌 연구에 따르면, 토론의 힘은 매우 강한 것으로 나타났다. 우선 토론대회에 참가해 본 경험이 있는 학생들과 참가 경험이 없는 학생들을 비교해보면, 토론대회에 도전해본 경험이 있는 학생들이 분석력, 문제해결능력, 판단력, 종합력 등의 측면에서 훨씬 우세하다는 것이 증명되었다. 또한, 토론은 읽고 쓰는 능력, 말하고 듣는 능력, 자료조사능력을 향상시킨다. 그뿐만 아니라 토론은 스피치 능력과 비판적인 사고력, 논증 구성력, 다양한 지식과 정보를 통합하는 능력, 학술적 연구능력을 길러준다. 더 나아가 토론은 민주사회의 일원으로서 갖추어야 할 건전한 시민의식과 문화적 다원성을 이해하는 성숙한 문화의식, 리더십을 증진시킨다.

파워메시지 7

당신의 가치 수준을 높이세요

당신은 이 세상에 꼭 필요한 사람입니다.
자신의 삶에 기대감을 가지세요.
직위가 아닌, 부의 척도가 아닌, 지식이 아닌,
당신 자체가 이미 존귀한 존재입니다.
이 사실에 집중하세요.
열정으로 매일 아침을 맞이하십시오.
비전을 확장하려면 기대수준을 높여야 합니다.

삶이란 어떠한 일이 생기느냐가 아니라,
내가 어떤 태도를 보이느냐에 따라 결정됩니다.
수많은 사람이 세상을 살아가고 있지만,
자신의 존재가치를 모르고
흘러가는 인생을 사는 사람이 너무나 많습니다.
변화의 시작은 있는 그대로의 자신을 인정하는 것입니다.
본질적인 자신의 존귀함으로 당신의 가치 수준을 높이세요.

연단자세 연출법

1. 자세

1) 등을 바로 펴라.

2) 시선은 정면을 주시하라.

3) 편안한, 조금은 미소 띤 표정을 지어라.

2. 제스처

1) 오버는 금물이다.

2) 꿔다놓은 보릿자루 같아서는 안 된다.

3) 앞에 있는 마이크, 물컵 등 소품의 위치를 기억하라.

3. 시선 처리법

1) 청중을 쭉 훑는 것은 금물이다. 청중을 3등분 하여 한 번에 한 번씩 시선을 주라.

2) 피곤한 듯한 표정을 가진 청중에게 잠시 시선을 머물러 주라. 집중 환기가 된다.

3) 적대적 청중에게 약간의 미소를 보내주라. 이것은 부단한 노력이 필요하다. 또한, 앞 좌석에 앉아 있는 청중들에게도 의욕이 꺾이지 않도록 시선을 주라.

4) 얼굴의 방향과 눈의 방향을 일치시키라.

5) 강한 시선으로 결의가 보이게 하라.

6) 가끔은 한 사람 한 사람에게 집중하라.

7) 눈에 표정을 담아라.

연설 내용 구성

머리말: 설명할 대상이나 설명방법, 말을 하는 이유나 동기·목적 등을 밝힌다.

본문: 설명할 대상을 여러 가지 방법으로 자세하게 구체적으로 설명한다.

맺음말: 설명할 내용을 간략히 요약하고 마무리하여 정리한다.

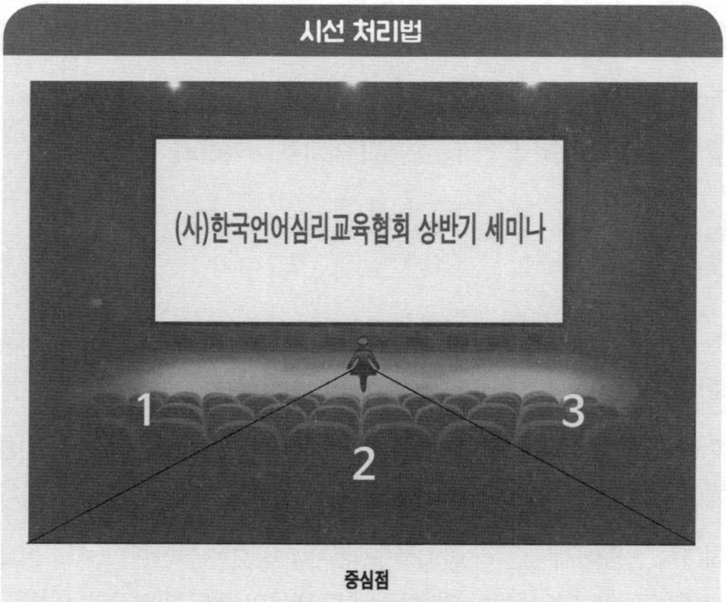

파워 스피치 기법

1. 아이디어 고안하기Invention

발표를 준비할 때 많은 정보와 지식을 습득하기 위해 노력하고 이를 스피치 속에 효과적으로 녹여내는 데 그 의미가 있다. 자신의 생활패턴에 따라 아이디어가 떠오르는 상황이나 시간이 제각각 다를 수 있다. 잠자리 들기 전이나 아침에 막 일어났을 때, 오전 커피 타임 등. 이러한 아이디어를 생활에 접목하기 위해서는 늘 옆에 메모지를 준비하고 떠오를 때마다 '즉시' 기록하는 습관이 중요하다. 나중에 기록하겠다는 생각은 십중팔구 생각으로 그치게 될 뿐이다.

2. 아이디어 배열하기Arrangement

생각한 아이디어들을 논리 흐름에 맞게 편집하는 과정이다. 특히 서론과 결론이 중요하다. 사람들은 선택적으로 지각하기 때문에 먼저 서론에서 사람들의 주변을 환기하고 결론에서 다시금 주제를 집약할 필요가 있다. 청자는 정리하면서 듣지 않는다는 것을 기억해야 한다.

3. 스피치 스타일 정하기Style

효과적인 스피치를 위해 중요한 요소는 '스타일'과 '상황'이다. '스타일'이 모든 것을 말한다 해도 지나친 말이 아니다. 아무리 좋은 내용을 준비했다 하더라도 자신만의 스피치 스타일로 전달하지 못하면 효과적인 스피치라 할 수 없다. 또한, 이에 못지않게 중요한 것이 '상황'에 맞는 스피치이다. 오래전, 방송 쪽에 일을 하던 후배를 교육세미나 강사로 세운 적이 있다. 그 강사는 방송이나 특히 행사 사회에 아주 유능한 사람이었다. 그런데, 황당한 일이 벌어졌다. 교육을 행사처럼 하는 것이다. 그 자리에는 CEO를 비롯하여 공무원, 교육자들이 함께 한 자리였다. 강의실에서 들려오는 연이은 웃음소리에 잠시 참관하게 된 저자는 놀라움을 금치 못하였다. 모두가 귀가 빨개질 정도로 웃느라 정신이 없었다. 분위기는 참으로 최상이었다. 세미나 참석자들은 매우 즐거운 표정으로 돌아갔다. 나는 그 후배를 불러 꾸짖었다. "강의준비를 해와야지 행사준비를 한거냐?"고 상황에 맞춘 준비를 하지 못함에 대해 기억에 남을 정도로 나무란 것이다. 다음 교육시간에 참석자들에게 질문하였다. "지난 교육세미나에서 배운 내용 중 가장 인상 깊었거나 기억에 남는 메시지는 무엇이었습니까?", "글쎄요, 재미는 있었는데 기억에 남는 건 없네요." 예상했던 대답이었다. 발표자 또는 강단에 서는 사람들은 '스타일'과 '상황'을 기억할 일이다. 그래야 그 시간의 의미와 가치가 더해지는 것이다.

4. 암기가 아닌 인지하기Cognition

기계적으로 원고를 외우는 것은 좋은 스피치 방법이 아니다. 개요서를 이용하고, 원고를 볼 때는 흐름이 바뀔 때만 살짝 보라.

☾ 스피치 개요서 작성 시 주의할 점

1) 개요서 작성 전에 충분히 사전 조사를 하고 배열한다.

2) 개요서 작성 전 원고를 구어체로 작성한다.

3) 서론, 본론, 결론의 중요한 키워드만 기록한다.

4) 연습은 개요서를 보고한다.

5) 수치, 통계, 사람 이름, 연도 등은 꼭 적는다.

5. 효과적으로 전달하기Delivery

발표하고 전달하는 모든 순간도 훈련이고 경험이다. 스피치를 많이 할수록 스피치 실력은 향상되게 되어있다. 중요한 것은 가장 효과적인 전달방법을 찾기 위해 수많은 시도와 피드백을 받아야 한다는 것이다. 머리로 이해하고 몸으로 반응해야 한다.

☾ 훈련과정

주제에 관련된 아이디어를 도출 → 서론, 본론, 결론 순으로 배열 → 제반 상황 분석 → 스타일 결정 → 스피치 개요서 작성 → 반복훈련 → 실제 발표 → 피드백

전문성		콘텐츠의 논리성과 적시성	
신뢰성	을 향상시키기 위해서는	콘텐츠의 표현성과 몸짓언어	을 훈련해야 한다.
역동성		콘텐츠의 표현성과 적시성	

정보전달 스피치의 실전 전략

1. 당신의 정보를 청자가 듣도록 배려하라.

- 정보 과잉은 피한다. 많은 정보를 주는 순간 청자는 듣는 것을 포기한다.
- 큰 틀을 먼저 제시한다. 퍼즐을 맞출 때 전체 그림을 먼저 보면 쉬운 것처럼 세부 정보를 주기 전에 전체 정보의 큰 그림을 알려준다.
- 단순한 것에서 복잡한 것으로 정보를 전달한다.
- 익숙한 것에서 덜 익숙한 것으로 정보를 전달한다. 거부감을 줄이기 위해서는 잘 알고 있는 정보부터 전달한다.

2 당신의 정보를 명확히 전달하라.

- 첫째, 둘째 같은 구체적 숫자를 사용한다.
- 강조할 곳을 확실히 한다.
- 실례와 비유를 사용한다.
- 다양한 분야의 정보를 사용한다.
- 핵심 키워드를 반복한다.

대중 스피치

대중 스피치를 할 때는 생각하고, 정리하고, 쓰고, 요약해서 말하라. 생각은 아이디어와 구성에 대한 깊은 고민이고 자료수집이라 말할 수 있다. 정리한다는 것은 생각한 아이디어를 배치하는 과정이고, 쓴다는 것은 머릿속의 생각을 끄집어내어 다시 한 번 정리하는 것이다. 이 과정을 통해 명확한 인지적 틀이 생긴다. 말하기는 쓰기와도 밀접한 관계가 있다. 원고를 구어체로 써보면 스피치의 전반적 흐름이 머릿속에 각인된다. 이를 바탕으로 내용을 종이 한 장으로 요약해 적는다. 이것이 바로 큐 카드, 즉 스피치 개요서다. 이것을 가지고 말하기 연습을 하면 된다. 모니터는 반드시 해야 한다는 것을 기억하라

대중 스피치에 앞서 유의할 점

1) 마이크를 잘 이용한다.

2) 생리적 현상을 사전에 해소하라.

3) 넥타이는 조금 느슨하게, 바지 벨트는 꽉 죄게 한다.

4) 발을 움직인다.

5) 아는 사람의 얼굴을 보지 않는다.

((o)) **능숙한 강연자**- 자기 생각을 피력

((o)) **새내기 강연자**- 남의 자료, 설익은 내용

정보은행에서 받은 원고는 아는 것이지 생각한 것이 아니라는 사실을 기억하라. 남이 만들어준 원고를 읽는 메시지, 과연 누가 듣겠는가? 무언가 그럴 듯한데 알맹이가 없다는 소리를 들을 수밖에 없다. 만일 정보은행을 통해서 설교를 공급받는 설교자가 있다면 다음과 같은 과정을 거치라고 권유하고 싶다. 먼저 그 원고를 한 번 읽어보고 그 주제에 대해 깊이 생각해 보는 것이다. 신문을 보거나, 사람과 만나 이야기를 나누거나, 책을 보아라. 그리고 읽었던 원고와 연관된 사례를 모아라. 성경을 보고 기도도 하면서 그 말씀을 깊이 묵상해 보아라. 아는 것과 생각하는 차이를 느낄 수 있을 것이다.

창조적인 사람이 되기 원한다면 늘 생각하라, 긍정적 고민을 많이 하라.

강의 기법

1. 유능한 교수자

강단에 서는 교수자라면 누구나 능력 있는 교수자가 되기를 소망한다. 그러나 능력 있는 교수자는 어느 한순간에 이루어지는 것이 아니다. 부단한 노력과 지속적인 자기점검이 필수이다. 교수자로서의 조건과 자기계발에 최선을 다하는 자세가 무엇보다 중요하다. 강단에 서는 사람은 누구나 존경받는 교수자로서 훌륭한 강의를 하고자 한다. 훌륭한 강의는 마음만으로 이루어지는 것이 아니다. 오랜 시간 자신의 전문성을 위하여 지식을 쌓고, 그것을 효율적으로 전달하는 강의 기법을 연구하여야 한다. 강단에 서기 전에도 먼저 교수자로서 자신의 준비상태를 점검하고 그 시간 학습자들의 특성을 파악하는 것이 선행되어야 한다.

충족요건으로 다음을 학습하기 바란다.

<table>
<tr><td>전문성</td><td rowspan="3">을 향상시키기
위해서는</td><td>콘텐츠의 논리성과 적시성</td><td rowspan="3">을 훈련해야 한다.</td></tr>
<tr><td>신뢰성</td><td>콘텐츠의 표현성과 몸짓언어</td></tr>
<tr><td>역동성</td><td>콘텐츠의 표현성과 적시성</td></tr>
</table>

1) 유능한 교수자의 조건

(1) 전문지식

아는 것이 아니라 익숙한 것이 내 것이다. 교수자는 강의 내용에 대해서 일반적인 지식이 아닌, '충분한 지식'을 가지고 있어야 한다. 충분한 지식이란, '많은 지식'보다는 '확실한 지식'이다. 자신의 강의내용에 대해서는 독보적이라 할 정도의 전문성을 가지고 있어야 한다. 그러할 때 힘 있는 강의가 가능해진다.

(2) 강의기술

지식이 많은 것과 가르치는 능력은 다르다. 같은 내용을 전달하더라도 교수자의 강의 기술skill에 따라서 학습자들의 이해도는 달라진다. 교수자는 강의내용에 대한 전문지식과 더불어 그것을 정확하게 전달하는 기술적인 능력도 갖추고 있어야 한다. 교수자는 강의 전에 그 시간의 강의 준비를 점검하고 전달방법을 정리한 후 강단에 서야 하며, 강의 후에도 학생들이 잘 이해하지 못했다고 생각될 때는 교수자의 강의 방법, 즉 가르치는 기술을 재점검해볼 필요가 있다. 능력 있는 교수란, '확실한 지식'과 더불어 그 지식을 '정확하게 전달'할 수 있는 능력까지를 포함한다.

(3) 순발력

강의에도 순발력이 필요하다. 강의시간에도 여러 가지 예측하지 못한 일들이 일어날 수 있기 때문이다. 학습자들의 예상치 못한 질문이 있을 수 있고, 강의 보조 기구로써의 기자재에 문제가 일어날 수도 있다. 이러한 상황에서 교수자의 대처능력은 강의 분위기를 결정하는 중요한 요소로 작용한다. 강의 보조 기구인 빔 프로젝터가 고장이 났거나, 스크린이 내려오지 않을 때, 또는 세미나실 강의에서 마이크가 작동하지 않을 때, 교수가 당황하거나 우왕좌왕하게 되면 강의 분위기는 집중이 흐트러지게 된다. 이 분위기를 잡을 수 있는 것은 교수뿐이다. 교수는 이러한 상황에서 당황하지 않아야 한다. 방송실 문제가 아닌 기계의 문제라면 긴 시간이 소요되기 때문에 이러할 때는 바로 육성으로 강의를 진행하는 순발력이 필요하다. 그러기에 교수자는 평상시에 발성훈련이 되어있어야 한다. 작은 목소리가 개선되지 않은 교수자는 이러한 상태에서 강의를 진행하기 어렵기 때문이다. '전문지식'과 '강의기술'이 함께 갖춰진 교수자가 순발력이 가능한 이유이다.

(4) 사명감

강단에서 교수자는 열정을 가지고 임해야 한다. 열정의 근간은 '사명감'이다. 강단에 선다는 것이 직업이기 전에 교육자로서의 사명감이 앞서야 한다. 직업의식을 가지고 임할 때는 의무감으로 감당하게 되지만, 교육자로서의 역할에 대한 사명감을 가지고 임하게 된다면 자신의 한계를 뛰어넘는 열정을 품게 된다. 사람을 가르친다는 일은 숭고한 일이다. 그리고 책임이 막중한 일이다. 이러한 일에 최선을 다하는 자세는 교육자로서 고귀한 행위다. 또한, 직업으로서의 교수자는 조그마한 일에도 자존심을 내세우고 자신의 권위를 앞세우게 되는 반면, 사명감으로 임하는 교수자는 불쾌한 상황에서조차도 경험으로 받아들이고 겸허히 수용할 수 있는 여유를 가질 수 있다. 교수자는 자기 일을 직업의식보다는 역할 즉 사명감으로 받아들일 때 더 성숙한 교수자로서 감당할 수 있게 된다.

(5) 인간관계

교육자로서 강의를 한다는 것은 홀로 하는 작업이다. 그러기에 강의를 진행하면서 교수자로서 놓치기 쉬운 부분이 관계성이다. 교수자로서 관계성이란 학습자와의 관계가 주된 문제라 할 수 있다. 교수자로서 교육내용을 연구하고 강의기술을 연마하는 것은 당연한 일이다. 그러나 교수자가 철저한 강의준비로 강의에 임하였음에도 강의실의 분위기를 결정하는 것은 학습자의 반응이다. 교수자와 학습자 간의 관계성이 강의 현장 분위기를 좌우하는 경우가 많다. 교수자는 학습자와의 심리적 거리감을 좁혀야 할 필요가 있다. 보다 활력 있고 원활한 강의 분위기를 위해서도 교수자와 학습자 사이의 친밀감은 중요하다. 그렇다고 친밀감을 앞세워 너무 허물없이 사사로운 관계가 되는 것도 바람직하지 않다. 교수자와 학습자 간의 인격적인 존중을 토대로 하여 학문을 중심으로 맺어져야 함을 전제로 한다.

(6) 평가

사람이 사람을 평가하는 것이 단편적일 수 있고 어려운 문제이듯이, 학습자의 실력을 정확히 평가한다는 것은 교수자로서 중요한 일인 반면 까다롭고 어려운 일이다. 학습자를 평가하는 것은 교수자의 임무 중 하나다. 평가함에 있어 교수자와 학습자의 친밀도나 관계성에 영향을 받아서는 안 되며 보다 객관적이고 정확한 평가척도를 세워 학습자로서도 타당성과 신뢰성을 가질 수 있어야 한다. 이러할 때 학습자는 평가 또한 배움의 과정으로 받아들일 수 있게 된다. 학습자의 실력을 정확하고 공정하게 평가하는 것은 가르치는 일만큼 중요하다.

(7) 태도

태도가 본질이다. 사람은 태도를 통하여 그 사람의 인성과 인격을 가늠하게 된다. 교수자는 지식만이 아니라 인격의 본이 되어야 한다. 지식은 부러움의 대상이 될 수 있지만, 존경의 대상은 인격에 대해서다. 작금(昨今)에, '선생은 있지만, 스승은 없다.'는 자조 섞인 말을 듣는 경우가 있다. 교육현장의 아쉬운 모습을 반영한 말이라 하겠다. 교수자는 늘 자신을 성찰해야 한다. 교수자의 학문적 깊이와 삶의 관점은 태도로 나타나게 되기 때문이다. 교수자의 태도는 중요하다. 늘 당당하고 밝은 표정을 유지해야 한다. 교수자의 태도가 학습자의 반응에 큰 영향을 준다는 사실을 기억해야 한다. 교수자의 표정이 어두운데 학습자의 반응이 적극적일 수는 없다. 그 시간의 강의 분위기는 교수자의 표정에서 시작된다. 강의는 공적인 일이다. 강단에 설 때 사적인 일로 우울해 하거나 어두운 표정은 금물이다. 강단에 서기 전, 사적인 일은 모두 내려놓고 오로지 그 시간의 강의에 집중해야 한다. 교수자의 집중도가 학습자의 집중도를 결정한다.

2) 교수자의 능력

욕망과 능력이 다르듯이, '잘 가르치고 싶다.'는 것과 '잘 가르칠 수 있다.'는 것은 다르다. 교수자의 바람이 능력으로 실현되기까지에는 여러 가지 구비조건들이 있다. 이를 위해 교수자는 필요한 것들을 확인하고 부족한 면을 채워나가야 한다. 이러할 때 교수자의 능력은 온전히 갖춰지는 것이다.

(1) 통찰력Insight

교수자에게 있어 통찰력이라 함은 '사물을 꿰뚫어 봄'이라는 사전적 의미만이 아니라, 상황과 사람 때로는 자신에 대한 통찰까지도 포함된다. 예기치 않은 일이 벌어졌을 때 그 원인을 분석하고 결과를 예측할 수 있어야 하며, 갈등구조 속에서의 본질적인 문제를 꿰뚫어볼 수 있어야 한다. 때로는 그에 대한 자신의 심리적 반응까지도 스스로 읽을 수 있어야 하는데 이렇듯, 교수자는 여러 가지 사항을 늘 바르게 분석하고 정확하게 판단하는 능력이 중요하다.

(2) 추리력reasoning power

선입관은 판단의 오류를 범하게 하는 위험성을 내포하고 있다. 교수자로서 전문성이 높거나 연륜이 쌓일수록 자신이 가지고 있는 지식이나 경험의 틀에 갇히게 될 위험성이 있는 것이다. 세상의 문화에만 유행이 있는 것이 아니다. 교육에도 흐름이라는 것이 있다. 이러한 교육의 흐름을 무시하고 자신의 교육 방법만을 고수하는 것은 독불장군과도 같은 태도이며 구태의연한 교수자가 되기 쉽다. 강의 내용에 대해서도 수준을 높여가기 위해서는 부단한 학문적 도전의식이 있어야 한다. '이 이론의 의미는?', '이 이론가의 직업은 무엇인가? 그리고 이 이론에 어떠한 영향을 주었는가?', '왜 그렇게 되었을까?', '이 이론이 우리에게 미치는 영향은 무엇인가?' 등의 왕성한 추리력은 강의내용의 질quality만이 아니라 교수자의 학문적 욕구충족을 위해서도 필요하다.

(3) 기획력planning ability

앞서 말한 바와 같이 교육에도 흐름이 있다. 강단에서 칠판에 필서를 하며 일방적인 강의를 하는 단순한 강의 기법만으로는 학습자의 욕구를 채우는 데 한계가 있다. 때로는 PPT를 사용하고, 때로는 상황 기법을 활용하고, 때로는 학습자 스스로 발표하게 한 후, 서로 피드백을 하는 등의 다양한 기획이 필요하다. 저자는 대학에서 강의 시, 되도록 학생들의 참여를 유도하는 편이다. 그 시간의 교육교재를 읽게 하는 단순한 참여부터, 강의 주제에 대한 자신의 생각이나 경험을 나누도록 하고 때로는 시간을 나누어 토론하게 하며, 때로는 주제를 가지고 심리 상황극을 진행하기도 한다. 결과는 학생들의 참여도가 상당히 높아진다는 것이다. 강의시간의 집중도 또한 매우 높아지는데, 이처럼 강의시간의 주체가 학습자라는 것을 인지하게 되면 학습자는 매우 적극적인 태도로 임하게 된다. 이렇듯, 교수자는 혼자 그 시간을 끌고 간다고 생각해서는 안 된다. 다양한 프로그램을 구성하여 학습자의 참여도가 높은 강의가 학습자로 하여금 열정을 가지고 참여하게 한다는 것을 명심해야 한다. 이처럼 기획력은 강의내용의 주제 선택과 함께 학습자의 참여도를 높여 강의의 질을 높이는데 크게 영향을 미치는 중요한 자질이다.

(4) 창조력creativity

저자는 지난 학기, 코로나 19로 인하여 학교 수업을 비대면 수업으로 진행하였다. 비대면 수업은 현장교육에 비해 집중도가 떨어지고, 참여도 또한 낮을 수밖에 없다. 저자는 이러한 난제를 극복하기 위해 갖은 노력을 다하였는데, 그 방법으로는 강의를 시작하기 전에 선곡을 하여 힐링 음악을 몇 분간 들려주고, PPT와 동영상을 병행하였으며, 현장교육에 못지않은 다양한 소통을 하였다. 과제에 대한 피드백 또한 더욱 상세히 해 주었는데, 그에 대한 감사의 글을 많이 받았다. 한 학기가 끝나고 강의평가 난에는 감동을 주는 학생들의 메시지가 많았다. 그중에 가장 기억에 남는 메시지는 중국 유학생의 '한 학기 동안 너무 행복했다.'는 글이었다. 그 학생은 타국에 와서 공부하던 터에 코로나19로 인해 더욱 힘들어져서 우울감을 호소하던 상황이었다. 교수로서 보람을 느끼는 시간이었다. 강의를 준비하며 음악을 선곡하느라 본의 아니게 몇 시간씩 음악감상을 하고, 발음과 억양을 수없이 녹음하여 확인하고, PPT의 구성을 위해 글씨체와 구도를 연구하느라 온전히 한 학기의 시간을 강의에 쏟았다. 이렇게 하여, 비대면 수업이었지만 현장교육에 못지않은 강의 질quality이 가능했고, 원활한 소통도 이룰 수 있었다. 모든 교수들은 처음 경험하는 비대면 수업이 생소하고 힘들 수밖에 없는 상황이었다. 앞으로도 한동안 비대면수업과 현장수업이 병행되지 않을까 싶다. 그러나 교수자는 변화된 상황을 힘들어하기 전에 그에 맞는 교수 기법을 연구하여, 보다 효율적인 강의가 이루어지도록 박차를 가해야 한다. 강의 기법에 있어서는 무엇보다도 접근방식, 진행방식, 보조자료 활용방식 등과 같은 차별화된 독창성이 요구된다.

(5) 표현력expressiveness

표현력은 한 부분만을 지칭하는 것이 아니다. 표현은 언어와 비언어 그리고 다양한 방법을 활용하기 때문이다. 여기에서 언어는 음성언어를 말하는데, 언어로는 발음을 비롯하여 발성, 발화 및 억양 그리고 톤을 포함한다. 언어는 기술영역이기 때문에 훈련으로 가능하다. 기본적으로 발음은 화자의 지적인 면을 가늠하는 척도가 되기 때문에 소홀히 해서는 안 된다. 비언어는 언어보다 전달력이 강한 경우가 오히려 더 많다. 행복하다고 말하는 사람의 표정이 어둡다면 그는 과연 행복한 사람일까, 아니면 불행한 사람일까? 그 답은 여러분이 알고 있을 것이다. 이처럼 우리는 때로 언어보다 비언어로 상대의 마음을 읽게 된다. 음성언어가 기술영역이라면 비언어는 심리영역이라 할 수 있다. 표정과 눈빛의 비언어적 기법 외에 의상이나 언어기법에 따라 표현력이 결정될 수도 있다. 이러한 표현력의 다양한 영역의 의미와 기법을 자유자재로 사용할 수 있는 능력이 교수자에게는 필요하다.

(6) 공감능력empathy ability

공감능력은 사회적 동물인 인간에게 매우 중요한 능력이다. 공감능력이 사회성을 결정하는 가늠쇠가 된다고 해도 과언이 아니다. 사람과 사람 간에 공감대가 형성되지 않을 때 갈등이 발생한다. 타인의 아픔과 타인의 고통이 공감되지 않을 때 문제가 발생할 빈도가 높다는 연구결과가 있다. 이처럼 인간의 모든 영역에서 중요하게 서로를 이어주는 것이 공감대이고, 그러기에 공감능력은 건강한 사회를 위해서도 중요한 감성 중 하나이다. 강단에 선다는 것은 교육만을 진행하는 단순한 과정이 아니다. 학습자의 조건에 맞는 대응력과 소통력 또한 중요한데, 소통은 기술이 아닌 마음의 나눔이다. 교수자는 지식만 전달하는 자가 아닌 따뜻한 가슴을 가지고 접근해야 한다. 이것이 공감능력이다.

교수자가 기억해야 할 학습자가 원하는 강의의 3요소

1. 강의 내용이 의미가 있어야 한다.
2. 재미가 있어야 한다.
3. 의미도 없고 재미도 없으면 빨리 끝내야 한다.

2. 교수자의 자기계발

교수자는 자기계발을 위하여 부단히 노력해야 하며, 이러한 자세는 지속적이고 생활화되어야 한다. 기존 강의를 위해서는 평상시에 준비가 갖춰져야 하겠지만, 외부강의나 특강의 경우처럼 새로운 콘텐츠를 진행하기 위해서는 한두 시간의 강의를 위해 열 배의 시간이 필요하다. 강의 주제를 정하고, 그에 따른 강의내용과 강의 기법, 보조도구 활용 등 모든 면에 철저히 준비해야 한다. 유능한 교수자란 하루아침에 만들어지는 게 아니다. 늘 많은 시간을 배움에 할애하고, 강의를 위한 많은 정보를 접하며, 무엇보다 전문영역의 깊은 연구가 아우러질 때 유능한 교수자의 입지가 형성되고, 유지될 수 있다.

교수자의 자기계발 방법

1. 본인의 강의를 녹음하거나 촬영하여 self-monitoring 한다.
2. 학습자에게 무기명으로 설문조사를 하여 문제점을 개선한다.
3. 배우는 자세로 타 강의나 세미나에 참석한다.

교수자의 지식력

√ 지식력을 높이는 방법

1. 지식력이란 배우거나 연구하여 알게 된 명확한 인식과 이해능력을 말하며, 이것을 압축하고 정리하여 사람들이 쉽게 이해할 수 있도록 해야 한다.
2. 다양한 자료를 정리하고 분류해야 정보가 된다. 이러한 정보를 정확히 인지하고 생활 속에 적용할 때 단순히 아는 것에서 진정한 내 것이 된다.
3. 지식력도 훈련이 필요하다. 생각하고, 쓰고, 보고, 말하고, 듣고, 느끼는 육감을 사용하면 지식력을 높일 수 있다.
4. 지식력을 위해서는 전문영역의 연구 외에도 독서, 타인의 세미나 참여하기, 다양한 사람들과의 관계성 유지, 새로운 뉴스나 이슈에 민감해야 한다.

3. 교수 기법의 실제
– 강의 Skill

1) 교수자의 기본자세

교수자는 '항상' 밝은 표정과 정확한 어휘를 구사하며 성실한 자세로 임해야 한다. '항상'이라는 의미는 생활습관을 의미한다. 평상시의 모습이 중요한 이유는 사람은 몸에 배어있는 모습이 부지불식간에 나타나기 때문이다. 학습자들은 선생에게 지식만 취하는 것이 아니라 인격을 롤 모델화한다는 사실에 유념하라.

(1) 배려

교수자에게 중요한 것은 배려하는 마음이다. 강의시간이 교수자 자신의 지식을 과시하는 시간이 아니기에 본인만 알고 있는 전문 용어를 사용해서는 안 된다. 눈높이 언어를 사용하여 학습자의 질문에 친절하게 설명하며 이해가 되도록 구체적으로 설명한다. 반말을 사용해서는 안 되며, 학습자를 가리킬 때는 한 손가락이 아닌 다섯 손가락을 붙이고 손바닥이 위로 가게 하여 가리키도록 한다.

(2) 표정

입꼬리를 올려라. 교수자의 표정이 강의 분위기를 결정한다. 밝고 환한 표정은 보는 사람의 마음까지도 긍정적인 영향을 준다. 학생들을 향한 부드러운 표정, 웃는 표정은 학생들이 받아들여지고 있다고 느끼게 만들며 강의실 분위기를 부드럽게 한다. 표정은 만드는 것이 아니라 만들어지는 것이다. 따뜻한 마음에 의해 따뜻한 표정이 만들어진다.

(3) 자세

- 당당하고 똑바른 자세를 취한다.
- 주머니에 손을 넣거나 팔짱을 끼는 것은 좋지 않다.
- 물건이나 펜을 들고 흔드는 행동은 삼간다.

교수자의 시정사항

- 너무 화려한 의상이나 장신구
- 지나치게 긴 머리 또는 화려한 헤어 컬러
- 양손으로 교탁을 잡고 상체를 굽힌 자세
- 양손을 허리에 얹은 자세
- 팔꿈치를 교탁에 의지한 자세
- 팔짱을 낀 자세
- 학습자를 손가락 하나로 가리키는 자세
- 학습자에게 반말사용 자제
- 정확한 아이컨텍(곁눈질× 윗눈질×)
- 여성의 경우, 너무 깊이 파인 옷이나 짧은 치마 금물

2) 강의 테크닉

(1) 언어

언어를 통한 커뮤니케이션에서 가장 신경 써야 할 부분은 발음의 정확성, 소리의 크기, 말의 속도, 그리고 억양이다. 정확한 발음과 풍부한 성량이 되도록 훈련하여 강의내용을 전달하는 데 무리가 없도록 한다.

체크

- 발음은 정확한가?
- 목소리 크기는 적절한가?
- 말의 속도가 적절한가?
- 억양을 잘 구사하고 있는가?

: 언어구사

- 음성의 크기는 장소와 환경에 따라서 말하도록 한다.
- 또렷하고 정확한 발음으로 한다.
- 바르고 고운 말을 한다.
- 알아듣기 쉬운 말을 한다.
- 침착하고 여유 있는 태도로 말한다.
- 화법에 맞게 말한다.
- 참 인격에서 우러나오는 진실한 말이어야 한다.
- 학습자 무시, 지나친 자기 과시적인 언어는 삼간다.
- 말하기 리듬에 변화를 준다.
- 반응에 따른 내용과 시간을 적절히 활용할 줄 알아야 한다.

: 비언어적 표현

몸은 입보다 더 많은 말을 한다. 귀로 말을 들으면서 눈으로는 이것이 믿을 만한 것인가, 아닌가를 파악하려고 노력하기 때문에 비언어적 의사소통은 기분이나 감정, 태도 등을 전달하는 데 효과적이다.

(2) 시선Eye contact

일반적으로 사람을 볼 때는 먼저 그의 눈을 보게 된다. 강의를 하는 동안 교수자의 시선 처리는 강의의 실제에서 중요한 사항이라고 할 수 있다. 강의에 집중도가 높다거나 발표를 잘한다고 해서 그러한 학습자에게 계속 시선을 주게 되는 경우 자칫 편애한다는 소리를 들을 수 있고 그렇다고 모든 학습자를 주시할 수도 없기에 주의가 필요한 부분이다. 효과적인 시선 처리는 강의실을 크게 셋으로 나누어, 각각의 구획에서 가장 호의적인 학습자를 정한다. 그리고 강의를 하면서 각 구획의 호의적인 학습자를 돌아가면서 쳐다보며 강의를 진행하면 시선을 배분하는 데 효과적이다. 이처럼 시선을 배분하면, 학습자가 몇 명이든 모든 학습자는 교수자가 자신을 주시하는 것처럼 느끼게 된다. 적절한 눈맞춤은 강의를 일대일 대화와 같게 만들어주기 때문이다. 눈과 눈을 마주칠 때는 2~3초간 머무는 것이 효과적이며, 이러한 눈맞춤은 교수자가 자신에게 관심이 있다고 느끼고 강의에 더욱 집중하게 된다.

시선 처리에 있어 주의할 점을 살펴보자.

- 충혈된 눈이나 졸린 눈으로 강의하지 않는다.
- 학습자들과 말을 할 때에는 눈을 바라보며 한다.
- 학습자들을 대충 빠르게 훑어보거나 장시간 학습자 외에 다른 곳을 보는 것은 삼가야 한다. 학습자를 무시한다는 오해의 여지가 생긴다.
- 창밖을 본다든지 시계를 계속 쳐다보는 것 역시 금물이다. 학습자들은 교수자가 수업을 빨리 끝내고 싶어 한다고 생각한다.
- 따뜻한 눈맞춤을 하라. 차갑고 날카로운 시선은 오히려 학습자들에게

긴장감만 불러일으킨다.

(3) 동선Move

인간도 동물이다. 동물들은 본능적으로 움직이는 물체에 주의집중을 하도록 되어 있다. 그러므로 강의 중에는 적당히 움직이는 것이 좋다. 가만히 서서 강의를 하는 것보다 교수자가 움직이면서 강의를 하면 학습자들이 더욱 주의집중을 잘한다. 그리고 강의를 하면서 강단에서 움직일 때는 서너 걸음 정도 천천히 양옆으로 움직이면 좋다. 특별히 강조할 내용이 있을 때는 한두 걸음 정도 앞으로 걸어 나가는 것도 효과적이다. 반면, 교수자의 부산한 움직임이나 잦은 몸짓은 오히려 주의집중을 떨어뜨리고 강의의 질 또한 떨어진다는 것을 유념해야 한다.

(4) 판서

강의를 하면서 칠판에 쓰는 것은 시각적 효과에 의해 요점이 강조되고 강의 효과도 커진다. 강의와 판서를 겸하는 것은 의사전달의 이중의 기회를 갖게 되는 것이며 교수 방법상의 단점을 보완할 수도 있다.

판서의 요령

- 전체 내용의 개요를 적는다.
- 알아보기 쉽게 적당한 크기의 글씨로 반듯하게 쓴다.
- 왼쪽 상단부터 오른쪽 하단으로 적는 것을 기본으로 한다.
- 판서량이 적을 때는 중앙부에만 쓴다.
- 칠판 하단 끝까지 사용하지 말고 학습자들이 볼 수 있는 높이까지 판서

한다.

- 적은 내용은 특별한 경우가 아니면 끝까지 그냥 둔다.
- 타이밍에 맞추어 지운다.
- 교수자는 학습자에게 되도록 뒷모습을 보이지 않는 것이 좋다.

(5) 시간 관리

정해진 시간을 엄수해야 한다. 철저한 시간 관리는 학습자에 대한 교수자의 책임이다. 그러므로 수업시간은 조기 종결도 안 되고 초과 역시 금물이다. 정해진 수업시간보다 조기 종결하면 수업에 무성의한 교수자로 비춰지고, 시간을 초과하면 학습자는 강의를 잘 듣지 않으므로 교수자는 가능한 제시간에 맞춰 강의를 종결하는 것이 좋다. 시간을 의식하며 강의하되 시계를 너무 자주 보지 않도록 한다. 시계를 자주 보면 학습자들이 '저 교수자는 빨리 끝내고 싶은 모양이구나.'라고 생각할 수 있다.

3) 피드백

교수자의 피드백feedback은 학습자의 행동에 대한 반응이다. 교육에 있어서 학습자 반응에 대한 결과는 바람직한 행동을 강화시키거나 약화시킨다. 학습자는 제공된 정보를 바탕으로 지식을 재구성하고 인지적 조정과 부가정보에 의하여 학습을 향상하게 된다. 따라서 피드백은 교육과정에서 학습자의 결함을 교정하고 학습자가 목표를 향하도록 하는 학습자 형성의 기능을 한다는 점에서 매우 중요하다. 피드백은 학습자의 학습 과정에서 발생할 수 있는 문제를 효과적으로 처리할 수 있도록 정보를 제공하는 것을 목적으로 한다.

: 효과

- 학습의 방향을 제공하고 학습목표를 달성할 수 있는 올바른 방법을 인식하게 하여 학습의 효과를 높인다.
- 교수자와 학습자 간의 신뢰를 높인다.
- 학습 동기의 부여하여 학습자를 학습 과정에 적극적으로 참여하게 한다.

: 방법

- 학습자 스스로의 피드백
- 학습자 간의 피드백
- 교수자의 피드백

: 효과적인 피드백

- 긍정적인 피드백을 한다.
- 명확한 피드백을 한다.
- 객관적인 피드백을 한다.
- 행위가 끝난 다음에 바로 피드백한다.
- 변화될 필요가 있는 행위에 대해서만 피드백한다.

4. 워크숍Workshop

1) 정의

워크숍은 공통적인 관심을 가진 집단이 함께 모여 몇 명 전문가들의 감독하에 구체적인 주제를 탐색해 가는 방법이다. 워크숍은 전체 참여자를 하위집단으로 나누어 진행한다. 워크숍의 주요 목적은 경험과 정보를 공유하여 현장이나 직업에서 이론을 실천에 적용하는 데 있다고 볼 수 있다.

워크숍은 Work를 의미한다. 참여자 자신들이 도출해 낸 문제에 대해서 소속집단이 함께 작업하는 모임이다. 큰 집단의 참여도를 높이기 위해 몇 개의 소집단으로 나누어 이 소집단마다 전문가를 투입하거나 소수의 전문가가 진행한다. 이때 각 소집단의 리더를 정해 주어진 의제에 대한 토론을 하게 하여 결론을 내며, 정해진 시간이 끝나면 소집단마다 내놓은 결론을 발표하도록 하고, 그 결론에 대하여 대표자 간에 토론하거나 참여자 전원에게 질의응답을 행하는 것이다.

워크숍은 다른 기법과 달리 지식의 함양보다는 참여자들 간의 아이디어와 경험을 교환하고 육성하는 데 주로 사용되며, 강의를 통한 문제 해결 모색보다는 경험을 통한 참여자들의 단합에 중점을 둔다. 참여자의 수는 일정 요건을 갖춘 자들로 제한한다.

2) 필요성

워크숍은 문제를 다루는 참여자들 개개인의 능력을 증진시키거나, 어떤 문제를 구명하고 탐구하며 해결책을 찾을 때, 그리고 철저한 연구 및 토론을 통하여 어떤 주제에 관한 지식을 확장시키고자 공동으로 작업할 때 필요하다. 워크숍은 연관된 문제에 대한 대규모 협의회나 단기연수, 협의토론회 등의 프로그램에 한 부분으로 포함하여 사용되기도 한다.

3) 워크숍의 장·단점

워크숍은 참여하는 학습자의 수가 극히 제한되어 있고, 초청에 의해 참여가 이루어지기 때문에 집중적인 학습이 가능하고, 워크숍을 통해 직원들의 자질과 문제 해결 능력을 향상시키며, 개인의 업무 수행에 대한 동기를 유발할 수 있다.

그러나 워크숍이 시작되었는데도 참여자가 출석하지 않거나, 종료 시까지 머무르지 않는다면 워크숍의 효율성은 떨어지고, 참여자들의 자발적인 준비성이 떨어지면 주어진 지식만을 받아들이는 차원에 머무르는 단점이 있다. 따라서 워크숍의 효과성을 높이기 위해서는 시작 단계부터 마지막 단계까지 학습자의 지속적인 출석이 보장되어야 한다.

언어정화 및 순화

1. 부정적 표현을 사용하지 말라

앞에서 말한 바와 같이 인간은 감정이 7, 이성이 3의 비율로 움직이는 감정의 동물이다. 이성보다 감정에 따라 행동하는 경우가 훨씬 많다.

상대방을 설득하려고 할 때, 자신과 상대방의 다른 점보다는 공통점을 부각해라. 단지 다른 것은 목적이 아니고 수단에 있다는 것을 강조하라. '틀렸는데.' 하는 부정적 표현이 앞서면 본론에 들어가기 전에 이미 감정을 자극해 버린다. 상대방에게는 말의 내용이 아니라 부정된 자신의 가치가 문제인 것이다.

'노no'를 거꾸로 쓰면 전진을 의미하는 '온on'이 된다.

모든 문제에는 반드시 문제를 푸는 열쇠가 있다.
끊임없이 생각하고 찾아내라.

2. 상대의 입장에서 말해 보자

서로에게 믿음과 신뢰를 얻게 되면 사소한 오해나 충돌은 자연스럽게 사라진다. 믿음과 신뢰는 '인격'에 대한 반응이며 결과이다. 지식은 부러움의 대상은 될 수 있어도 존경은 아니다. 사람이 사람을 신뢰하게 되는 것은 그 대상의 인격이다. 그러기에 상대의 부정적인 모습보다는 긍정적인 모습에 대하여 격려와 칭찬을 하는 것은 관계에 좋은 영향을 미치게 된다.

관계성에서 제일 위험한 것은 '옳고 그름'으로 접근하는 것이다. 소위 '경우'를 좋아하는 사람치고 관계성이 좋은 사람이 드문 것은 '경우'에는 논쟁이 따르고 서로에게 감정의 소모가 많아지기 때문이다. 호감을 사는 사람의 특징은 생산적인 관계를 유지하는 사람인 경우가 많다. 머리가 아닌 가슴으로 상대를 수용하고 공감할 때, 말은 큰 힘을 발휘하며 듣는 이의 마음을 움직일 수 있고 한 사람의 좋은 벗을 얻을 수 있다.

3. 대인관계와 화술

1) 개성

말은 그 사람의 마음이다. 때로는 말을 처세술로 적당히 하는 사람이 있다. 말은 기술 이전에 마음으로 해야 한다. 진심이 담기지 않은 말은 자신만이 아니라 상대도 곧 알게 된다. 어리석은 사람일수록 말로만 상대를 설득하려 하고, 자신이 말을 잘한다고 착각한다. 분명, 대화의 기술이 필요하지만, '대화의 기술'이란 '나의 진심을 효과적으로 전달하는 방법'인 것이다. 말은 그 사람의 성품과 생각이 담긴 향이어야 한다. 기술보다는 마음 즉 나의 마음을 '나만의 방법'으로, 효과적으로 전달하는 대화법이 성공한다.

2) 표현

한국어는 단어는 풍부한데 표현이 단순하다. 예로 '노랗다'의 경우, 영어는 'yellow' 단어 하나로 끝나지만, 한국어는 '노랗다', '노리끼리하다', '노르스름하다' 등 다양한 표현이 있다. 이러한 한국어의 탁월성을 살려 보다 풍부한 표현법을 익혀 다양하고 적절한 표현법을 발휘하도록 하자.

3) 문장

비슷한 말 같은데 그 의미가 현격한 표현들이 많다. 예로 "알아서 하세요."와 "마음대로 하세요."의 경우, 분별하여 잘 사용해야 한다. "알아서 하세요."는 자율을 의미하지만, "마음대로 하세요."는 방임을 내포하고 있다. '자율'은 결과에 대한 기대가 '있음'이지만, 방임은 결과에 대한 기대가 '없음'이다.

거짓말 간파법

1. 진실을 알아내기 위한 방법

고대 힌두인들과 중세 교회가 진실을 밝히기 위해 썼던 방법에서 유사 거짓말 탐지기에 대한 최초의 기록을 찾아볼 수 있다. 그들은 피의자에게 다양한 물질을 씹은 다음 뱉어내게 했다. 침을 얼마나 쉽게 뱉는지, 타액의 점도가 얼마나 강한지에 따라 유죄 여부를 판단했다. 그 당시 사람들은 두려움이 타액의 분비를 줄이고 점도를 높인다는 사실을 알고 있었던 것이다. 오늘날 우리는 이러한 현상을 표현할 때 불안감이 타액을 통제하는 자율신경계의 활동에 영향을 미친다고 한다.

19세기의 다양한 과학자들은 두려움에 동반된다고 여겨지는 신체적인 부수 현상을 측정하기 위해 노력했다. 피의자를 조사하는 동안 사지의 맥박과 혈압, 손가락의 떨림, 반응 시간, 어휘 연상 등을 기록하는 맥파계를 비롯한 여러 가지 도구를 사용했다.

2. 거짓말 탐지기의 역사

거짓말 탐지기는 1930년대에 고안되었다. 그러나 1970년대 중반에 들어와 여러 심리학자가 거짓말 탐지기를 진지하게 분석하기 시작했고, 많은 비난이 뒤따랐다. 1988년에는 거짓말 탐지기 보호법Polygraph Protection Act이 제정되었다. 그에 따라 미국의 고용주들은 직원에게 거짓말 탐지기를 사용할 수 없게 되었다. 그러자 미국의 절반 가까이 되는 주에서 여전히 거짓말 탐지기를 사용하고 있다는 증거가 발견된다. 거짓말 탐지기는 캐나다, 태국, 이스라엘에서 대만에 이르기까지 전 세계에서 제한적으로나마 사용되고 있다.

* 다음은 거짓말하는 사람의 행동 유형이다.

1) 과장된 웃음이나 놀란 표정

2) 몸짓과 표정의 불일치

3) 좌우 표정의 비대칭

4) 부자연스러운 목소리

5) 손놀림이 어색하다. 예컨대 주먹을 쥐거나 호주머니에 넣거나 뒷짐을 져서 숨긴다.

6) 코를 만진다. 입술을 만진다. 볼을 쓰다듬는다.

7) 자세가 불안정하다. 예컨대 몸을 자주 움직인다. 손가락 장난을 한다. 발을 흔든다.

8) 간파당하거나 수다스럽게 말을 한다.

9) 맞장구가 많아진다.

10) 대답에 유연성이 없다.

한 가지 더 주의할 것은 보통 대부분의 사람은 놀랄 때나 웃을 때의 표정이 단 4초 내지 5초밖에 지속되지 않는다는 점이다. 그 이상의 웃음이나 놀람은 일단 의심스럽다는 결론이 된다.

언어와 인격

말은 곧 인격입니다.
사람의 생각과 마음이 의식과 무의식 간에 말에 의해 표현되기 때문입니다.

어떤 사람의 말을 들으면 신뢰가 가고 믿음직한 반면,
어떤 사람의 말은 별로 믿음이 가지 않기도 합니다.
이것은 말에 삶의 궤적과 인격이 녹아있기 때문입니다.

이것을 '에토스ethos'라 하는데 에토스는
명성, 신뢰감, 호감 등 말하는 사람에 대한
인격적 측면을 나타내는 것으로 설득과정에 지대한 영향을 미칩니다.
철학자 아리스토텔레스가 유독 강조한 설득 스피치의 원칙도 바로 이 에토스입니다.

인간관계에서 성공적인 대화, 즉 설득을 하기 원한다면
우선 상대방으로부터 호감을 얻고, 감성에 호소한 다음,
논리적 근거를 제공하고, 마지막으로 상대방의 신뢰를 다지기 위해
다시금 인격적 호감을 주는 메커니즘mechanism이 필요하다 하겠습니다.

기억하시기 바랍니다.
이 모든 것의 전제 조건은 인격에 대한 신뢰입니다.
인격적 신뢰 없이는 어떠한 라포rapport나 설득도
이루어질 수가 없습니다.

말은 부정을 긍정으로, 불가능을 가능으로 바꾸는 절묘한 힘이 있습니다.
부정의 말은 부정의 실패를, 긍정적인 말은 긍정의 성공을 부릅니다.
이것이 언어에너지의 원리입니다.
긍정적인 사고에 의한 긍정적인 언어사용,
그로 인한 긍정적 성공을 이루어 가는 멋있는 인생을 누리시기 바랍니다.

MEMO

제3부 목차

제3부

심리의 본질과 이해

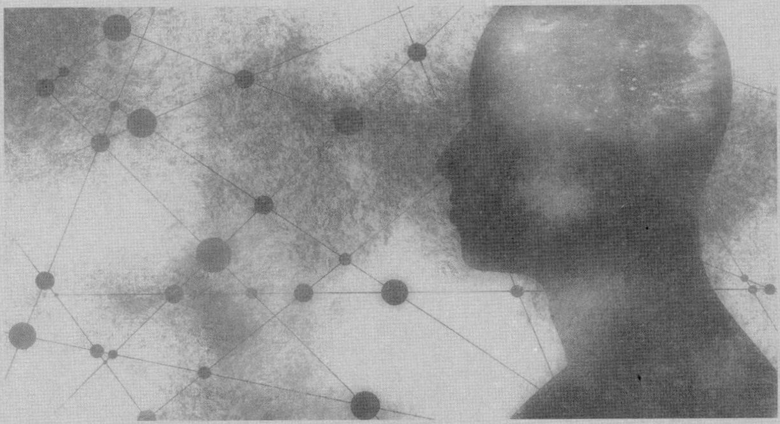

사람은 생각한 대로 살아지고,
말한 대로 되어진다.

감정과 표현 컨트롤

1. 잠재의식과 자기감정

우리가 한 인격체로서 건강한 자존감을 가지고 원활한 소통과 사회생활을 하기 원한다면 잠재의식과 정직한 자기감정을 파악해야 한다. 감정은 생각의 반응이다. 그러나 때로는 인간의 생각과 행동이 기분의 영향을 받기도 한다. 시시각각 다양한 정서를 느끼기 때문에 물과 공기처럼 그 중요성을 인식하지 못할 뿐이다.

현장에서 실례로써 연설할 때는 청중의 반응을 통해 화술 능력을 어느 정도 파악할 수 있지만, 대화 나눌 때는 다양한 상황에서 적절한 대응이나 임기응변이 필요하기 때문에 오직 듣는 사람만이 평가할 수 있다. 때로 대화 도중에 잠재의식의 지배를 받아 자신도 모르게 상대방을 불쾌하게 만들 수도 있다. 자신의 내면에 열등감의 반향인 우월의식이 강하게 자리 잡고 있거나 상대를 향한 반발심, 무언가에 대한 원한이 있다면 스스로 제어하는 방법을 알아야 한다. 상대방이 내가 하는 말에서 편안함을 느끼는 방법을 익히는 노력이 필요하다.

자신의 잠재의식이 상대방에게 부정적인 메시지를 보내고 있지는 않은지 점검해 보도록 하라. 이 말은 다양한 정서를 구분하는 기존의 심리학 이론과도 유기적으로 연결된다. 먼저 정서를 잘 이해해야만 인간의 생각과 행동의 작동 원리를 제대로 알 수 있기 때문이다. 자신은 말을 잘한다고 생각할지 모르지만, 잠재의식의 지배를 받아 자신도 모르게 상대방을 불쾌하게 만들 수 있다. 따라서 끊임없이 자기성찰을 해야 한다.

우리가 살아가며 자주 접하게 되는 감정의 실례들을 살펴보고자 한다.

1) 평안과 편안

평안은 마음의 상태를 이르는 반면, 편안은 육체적 상태를 말하고 있다. 사회가 발전하고 물질의 풍요로움으로 인해 편안을 가질 수는 있으나, 평안은 아니다. 편안은 일시적 여유로움을 가져올 수 있을지라도 인간은 편안보다는 평안을 선호한다. 인간의 행복은 편안에서 오는 것이 아니라 평안에서 오는 것이기 때문이다. 우리가 심리학을 공부하고 연구하는 것도 인간의 평안을 위해서라 말할 수 있다.

2) 기쁨과 슬픔

정서의 종류는 아주 많다. 기쁨, 즐거움, 환희, 행복, 안도감, 보람, 성취감, 평안함, 편안함 등 긍정 정서가 있는 반면, 슬픔, 불쾌감, 우울감, 낙심, 불안, 좌절, 분노, 공포 등 부정 정서의 종류도 다양하다. 이러한 감정들은 각기 서로 다른 느낌으로 존재한다. 이 중 한 예로, 노력의 성패에 따른 기쁨과 슬픔을 들 수 있다. 좋은 대상이나 상황에 가까이 가려고 노력하는 접근 동기 위주의 사람들은 '기쁨과 슬픔' 위주의 정서를 보인다. 양극이라 할 수 있는 이 두 감정 역시 컨트롤이 필요한 영역이다. 기쁨을 함께 나누는 것은 좋은 현상이다. 그러나 들뜨지 않도록 조심할 필요가 있다. 그런가 하면 슬픔 또한 부정적인 감정으로 인하여 침체되지 않도록 장기적인 감정지속에서 벗어나야 한다.

3) 안도와 불안

좋지 않은 것을 피하고자 하는 회피 동기의 언행을 일삼는 사람에게는 '안도와 불안'의 정서가 주로 나타난다. 성공과 실패는 안도와 불안을 만들어낸다. 우리는 누구나 성공을 원한다. 그러나 인생 가운데 원한다고 다 이루어지지 않는다는 것을 우리는 경험을 통하여 잘 알고 있다. 성공을 말할 때 반드시 갖추어야 할 준비자세가 있다. '분별', '결단력', '추진력', '열정', '긍정 정서', '꾸준함' 등이다. 그중에서 중요한 것 세 가지를 선택해야 한다면 당연히 분별과 긍정 정서, 그리고 꾸준함이다. 대부분의 사람은 열정을 가지고 전진하다가 몇 번의 고배를 마시면 성공의 문턱에서 그만두게 된다. 그리고 실패했노라 말한다. 시간의 경쟁 속에서 살아가는 현대인에게 가장 필요한 것은 될 때까지 전진하는 '꾸준함'이다.

부정 정서로써의 불안도 잘만 활용하면 무언가를 열심히 하게 만드는 에너지가 된다. 대학에서 학생들의 태도를 정서라는 관점으로 접근하여 분석해보면 학점이 좋은 학생은 그렇지 못한 학생보다 평균적으로 '불안'에 조금 더 민감한 것으로 나타난다. 학점과 성격적으로 불안을 느끼는 정도는 상관관계가 있다. 불안 심리가 시험이라는 상황 앞에서 그 반작용 정서의 힘으로 작용하여 놀기나 잡념을 그만두고 시험공부에 몰입할 수 있다.

분별을 하였는가? 그렇다면 반드시 이룰 수 있다는 확신을 가지고 될 때까지 하면 되는 것이다. 이것이 긍정 정서이고 꾸준함이다. 피할 길을 미리 마련한 자는 필히 그 길을 가고자 하는 잠재의식이 발동하기 마련이다. 배수진을 치고 올인하여야 한다. 우리가 긍정 정서를 가지고 성공을 이루기 원한다면 부단히 긍정 정서를 유지하도록 노력하고 훈련할 필요가 있다. 같은 종류의 정서는 동시에 경험하게 된다. 그러기에 안도와 편안함, 불안과 좌절감도 연이어 느끼게 된다. 성공도 습관이며 실패도 습관이다. 이러한 감정들은 그 사람의 습성화가 되기 쉽다.

4) 고독과 외로움

'고독'과 '외로움'은 비슷한 말 같으나, 개념적으로 다른 의미를 가지고 있다. 고독이 이성 영역이라면 외로움은 감성 영역이라 말할 수 있다. 인간은 실존적으로 고독한 존재이다. 그러기에 인간으로서 누구나 고독한 순간이 있으며 공동체의 리더나 CEO의 위치에서는 더욱 그러하다. 고독은 우리에게 생각의 깊이를 더할 수 있고 성숙과 성장을 가져오는 유익함이 있다. 그러나 외로움은 미숙한 감정 상태라 말할 수 있다. 물론 상황적으로 순간의 외로움에 처할 수는 있으나, 그러한 감정에 오래 빠져 있어서는 안 된다. 외로움을 느낀다는 것은 우울감을 가져오고 그러한 감정은 우리의 상태를 더욱 위축시킬 뿐이다. 우울감이 지속되면 우울증으로 발전하게 되는데 우울이라는 감정이 병리 현상으로 나타나기 전에 전문가의 도움을 받아 벗어나야 한다.

5) 이성과 감성

이성과 감성을 논할 때, 어느 것에 집중하는가는 상황과 목적에 따라 달라진다. 즉, 전문영역의 업무나 관계성이라면 '이성적'인 사람을 선호하지만, 일반적인 관계성에서는 '감성적'인 사람을 선호하게 된다. 이성과 논리는 능력이다.

그러나 이성과 감성이 대치되는 영역은 아니다. 이성이 생각을 주도하지만, 생각의 반응이 감성이기 때문이다. 실생활에서도 감성은 행동을 결정하게 된다. 최근 심리학이 밝혀낸 가장 중요한 업적 중 하나가 결정은 '정서'가 내린다는 사실을 발견한 것이다. 21세기 전후의 심리학 연구들을 살펴보면 '결정은 정서의 힘으로 이루어진다.'는 사실을 입증하고 있다. 뇌 손상을 입은 사람들은 뇌 수술 후 일상생활에서 이성과 논리적 영역에서는 예전에 비해 크게 어려움을 겪지 않지만 어떠한 결정을 내려야 할 때는 어려움을 겪게 된다고 한다. 이른바 극심한 결정 장애를 보인다는 것이다. 이렇듯 정서는 직관의 상당 부분을 차지하고 있다.

건강하지 못한 정서는 우리를 곤경에 처하게 하곤 한다. 정서적으로 흥분된 상태에서 결정을 내리는 것과 결정의 순간에 불현듯 어떠한 감정을 느끼는 것은 전혀 다른 결과를 가져온다. 전자는 독이고 후자는 약이다. 전자의 경우에는 건강하지 못한 정서로써 그러한 상태로 결정에 임하게 될 경우, 위험한 결과를 초래하게 된다. 반면, 평온한 상태에서 결정하는 시간을 맞이했을 때는 정서적으로 자신에게 오는 신호들은 그 자체로 중요한 단서들로서 매우 신뢰할 수 있다.

우리는 종종 합리적인 결과를 보며 논리적이고 이성적인 과정을 추정한다. 그러나 실제 과정에서는 정서의 역할이 결정적인 작용을 하게 된다. 비합리적인 문제 앞에 그 측면에 대한 불편함이라는 정서가 작용한 것이다. 그러한 감정개입이 없다면 변화를 추구하고자 하는 의지가 발현되지 않는다. 이로써 정서와 합리성이 결코 별개의 독립적인 것이 아니라 상호작용하고 있음을 알 수 있다. 문제는 이성과 감성의 균형이다.

6) 우월감과 열등감

우월감과 열등감은 모두 '비교'라는 과정을 통해서 만들어진다. 우리는 살아가며 다양한 공동체에 속해 있기 마련이고, 또한 다양한 모임을 갖게 된다. 비교의식을 가지고 있는 사람들이 공동체 안에서 옆의 사람을 자신과 비교하거나, 모임 안에서 다른 사람과 자신을 비교하게 될 때 자신이 그보다 좋은 위치나 부를 소유하고 있다면 우쭐한 마음이 드는 것이 우월감이고, 그 반대되는 현상이 열등감이다. 그러나 심리학자들은 우월감과 열등감을 같은 맥락에서 설명한다. 우월감과 열등감은 결국 같은 영역이라는 것이다. 건강하지 못한 심리 상태로써의 비교의식은 우월감과 열등감을 부단히 오가게 된다. 주체가 자신이 아닌 타인에게 있기 때문에 변화하는 대상에 의해 자신의 감정이 결정되는 것이다. 이것은 위험한 감정이며 자존감이 낮은 사람에게 주로 나타나는 심리적 현상이다.

2. 행복의 방정식

행복이란 무엇인가? 대부분의 사람들은 행복을 원하며 행복을 위하여 살아간다. 그런데 진정 행복하다고 말하는 사람은 그리 많지 않다. 이렇게 삶의 지대한 목표로 삼아 살아가는 행복을 여러분은 얼마나 누리고 느끼며 살아가는가? 각자 행복에 대한 개념이 조금씩 다를 수 있다. 그러나 본질적인 행복의 개념은 '상황을 긍정적으로 해석하는 능력'이다. 귀가하여 자신을 따뜻하게 맞아주는 가족과 마주하거나 자기가 하는 일에서 어떠한 과정을 마무리하고 성취했을 때 느끼는 감정이 행복이다. 이것은 비교가 아닌 자신과 자신이 관여하는 대상 자체에서 만족을 느끼는 것이다. 상대적인 비교가 아니라 자신이 추구하는 궁극적인 그 무엇을 이루었을 때의 감정을 우리는 행복이라고 말한다. 행복한 삶을 얻고자 너무 바빠서 행복하지 못하다면 이만큼 어리석은 것도 없을 것이다.

행복은 감사만큼이다. 감사가 없는 사람이 행복하다고 하는 것을 본 적이 없다. 이처럼 행복은 감사하는 만큼 내가 소유할 수 있는 감정이다. 여러분은 무엇에 대해 얼마나 감사하고 있는가? 내 앞에 있는 한 잔의 커피, 들려오는 음악 소리, 포근한 잠자리…. 감사의 조건을 쓰다 보면 끝없는 감사가 우리 앞에 놓여있다. 그런데 우리는 모두 없는 것에 집중되어 있고, 부족한 것에 불만을 키워가고 있지는 않은지. 행복은 미래에 있는 것이 아니라 '지금', '이곳'에 있다. 오늘 행복하지 않은 사람이 내일의 행복을 꿈꾼다면 그것은 어불성설이다. 감정은 시너지 현상을 가져온다. 작은 것에도 행복한 사람은 점점 행복의 분량이 더해진다. 반면 불만을 가진 사람은 미움과 시기가 더해질 뿐이다. 여러분 주위를 살펴보라. 너무나 정확한 공식이라는 것을 알게 될 것이다.

심리적 영역에서의 행복에 대해서는 뒤에서 다시 상세히 다루도록 하겠다.

심리 트레이닝

대인공포 및 대인관계의 어려움 극복

상황 통제력

: 상황 통제력이란 상위 인지meta-cognition의 개념과 같다.

발표를 잘하는 사람이 대화도 잘한다. 그러나 대화를 잘한다고 발표를 잘하지는 않는다. 이는 대중 스피치의 능력이 모든 소통상황의 기본능력이라는 것을 증명하고 있다. 대화는 몇 명의 사람과의 소통이지만, 대중 스피치는 대중, 더 나아가 다양한 상황과의 소통이다. 따라서 다양한 변수가 있는 대중 스피치 훈련이 상위인지 능력을 높여준다.

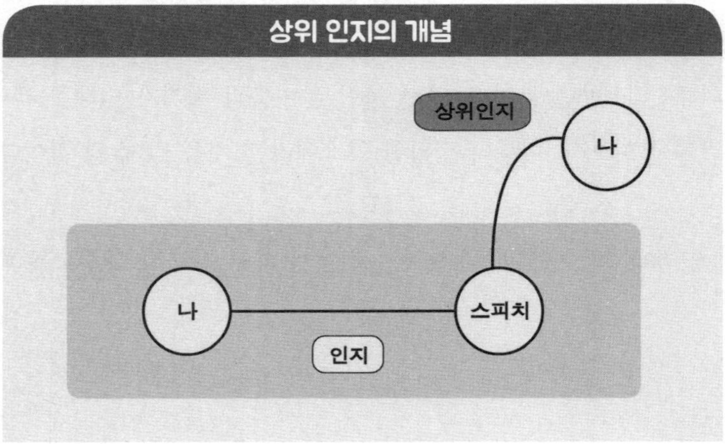

1. 보다 친근한 관계가 되기 위한 심리 테크닉

눈으로 맞장구쳐가며 이야기하라. 때로 눈은 입의 백 마디보다 진심을 전하는 데 더 효과가 있다. 입으로는 공감을 표현하는데 눈빛이 부정적이라 느껴진다면 그 말의 효과는 떨어지게 된다. 진심을 전하는 것은 기술이 아닌 정직성이다. 말은 기술, 즉 화술이 필요하지만, 눈은 기술로 이루어질 수 없는 진심의 표현이다. 또한, 더욱 발전적인 관계를 원한다면 '공감대'를 형성하는 것이 중요하다. 사적으로는 고향, 학교, 직장, 취미 등이며 공적으로는 활동영역에서의 공동의지, 공동목표를 명확히 하는 화법을 구사하는 것이 중요하다.

2. 대인관계의 어려움

관계성은 일방적으로 이루어질 수 없다. 자신의 목적과 목표를 이루기 위한 관계성은 바람으로 그칠 뿐이다. 자신에게 상대가 필요하거나 호감을 느낄 때, 상대 역시 나에게 필요성을 느끼고 호감을 가져야 대인관계가 이루어지는 것이다. 그러기에 상호 기대감을 형성하라. 상호 간에 기대감이 형성되면 다음 단계로 인간관계가 발전되는 반면, 기대감이 형성되지 못하면 상호 간의 인간적 인간관계는 단절되는 셈이다.

3. 심리적 계약의 준수

대인관계는 노력이 필요하다. 이러한 노력의 결과로 상호 간에 신뢰가 이루어졌다면 이것을 유지하는 것 또한 더 깊은 신뢰는 쌓아가는 방법이다. 신뢰는 어느 순간 이루어지는 것도 아니며, 어느 한 가지 일로 인하여 생기는 것도 아니다. 다양한 과정을 통하여, 시간을 통하여 이루어지는 것이다. 언어와 심리는 상응 관계에 있으므로 서로 간에 진솔하게 호감을 가지고 접근할 때보다 긍정적인 대화가 가능해진다. 관계성은 일방적이 아님을 기억하라. 그러므로 호감을 표현하고 나누어야 한다. 한국 사람에게 특이한 말 습관을 볼 때가 있다. "꼭 말해야 알아?" 그렇다. 말해야 안다. 자신의 마음을 몰라준다고 느끼는 상황에서 "내 마음 같지 않아."라는 말과 함께 많이 듣게 되는 표현이다. 이러한 섭섭한 마음을 표현하기 전에 늘 자신의 마음을 적절히 표현하고, 상대와 원활한 소통을 이어갈 때 알지 못했던 상대의 마음을 알아가고 점점 신뢰는 쌓여가는 것이다.

4. 신뢰와 영향력 행사

대인관계에서는 무엇보다 진심과 진실이 가장 중요하다. 신뢰란, 진실한 인간관계 유지의 중요한 요소로서 상대방이 상호 간 형성된 심리적 계약을 잘 준수할 것이라는 신념을 갖는 것이다. 사람의 사람에 대한 신뢰는 지식이 아니라 인격에 대해서이다. 지식은 부러움의 대상이지만, 존경의 대상은 인격이다. 우리가 신뢰하는 것은 지식인이 아니라 인격자이다.

건강과 스트레스 관리법

스트레스를 푸는 10가지 방법

1) 가족, 친구의 도움을 받아라.

2) 하던 일을 계속하라.

3) 규칙적인 운동을 하라.

4) 신앙생활을 하라.

5) 충분한 휴식을 취하라.

6) 규칙적인 식사를 하라.

7) 사교활동을 하라.

8) 봉사활동을 하라.

9) 독서 하라.

10) 긍정적 마인드를 가지라.

결과를 바라보는 사람

우리는 여러 가지 모습으로 각자의 삶을 살아내고 있습니다.
그중 성공을 이루는 데 있어서 결정적인 영향을 주는 관점이 있습니다.
변명을 준비하는 사람과 결과를 바라보는 사람입니다.

혹시 여러분은 일을 준비하면서
안될 경우를 생각하여 이유를 준비하지는 않습니까?
자신에게는 이유이지만, 그것은 분명히 변명입니다.
그러한 사람의 사고(思考)에는 이미 되지 않는 이유를 준비하는 것입니다.

결과를 바라보는 사람은
어떤 역경이 다가와도 결과를 위해 이겨 나갈 힘을 얻습니다.
이러한 사람은 방해물이 생기면 반드시 해결책을 찾아내게 됩니다.

결국에는 된다고 생각하는 사람은 모든 일을 해내지만,
변명을 준비하는 사람은 어떤 일도 해내지 못합니다.
그러기에 교육 중에 사고의 메커니즘을 강조하는 이유입니다.

모든 일은 마음먹기에 달렸습니다.
포기하지 않는 것은 기본입니다.
더 큰 희망과 긍정의 마음을 품으십시오.

인생이 늘 가능하기만 하고, 늘 행복하기만 하다면
우리는 노력의 가치도, 진정한 행복도 느낄 수 없습니다.
불가능해 보이는 것을 가능하게 만들고, 고난과 시련을 통하여
더 큰 행복을 만들어가는 데 인생의 묘미가 있는 것입니다.

자존감과 대인관계

1. 자신의 몸을 귀중히 여기라

사람의 몸은 여분이 없다. 생명은 오직 하나다. 우리가 하는 일은 무엇이든 다른 것에 영향을 주게 되어 있다. 사람은 자기가 가진 것을 남에게 줄 수 있다. 자신을 사랑하지 않는 사람이 남을 진정 사랑할 수 있을까? 저자는 크리스천으로서 "네 이웃을 네 몸과 같이 사랑하라."는 성경 말씀을 실천하려 노력한다. 주위에 선한 일을 많이 하는 사람 중에는 남을 도우려 애쓰는데 의외로 자신을 돌보지 않는 사람을 보게 된다. 자신을 사랑하지 않고서 타인을 진정 사랑할 수 있을까? 그것을 지속적으로 할 수 있을까? 그렇다, 자신의 몸을 사랑하는 것이 먼저다. 그리고 그것처럼 이웃도 사랑하는 것이다. 물론, 우리 인간의 이기적인 본성에 따르지 말고 이웃도 귀히 여기고 사랑하라는 말씀이 메시지의 본질이다. 우리는 무엇이든 편향적으로 받아들여서는 안 된다. 이 세상에 선한 영향력을 끼치기 위해서는 건강한 마음과 건강한 몸이 절대적 조건이다. 그러니 평소에 좋은 책을 읽으며 마음의 수양을 쌓아가듯이, 꾸준한 운동과 섭식에 신경 써야 함은 물론이려니와 절제된 생활을 통해 늘 좋은 컨디션과 건강을 유지하는 일이야말로 미룰 수 없는 우리의 중요한 과제이다.

2. 연상기법을 사용하라

꿈은 현실과 조건을 뛰어넘는 것이다. 꿈을 현실에 맞추고, 조건을 염려하는 것은 이미 꿈이 아니다. 성공한 사람들의 특징은 당시의 어려웠던 조건을 뛰어넘고 극복해낸 사람들이다. 성공한 사람들이 자신의 어려운 시절을 극복할 수 있었던 것은 자기 확신과 열정이다. 자신이 어떤 부모에게 태어났고, 어떤 환경에서 성장한 것은 중요하지 않다. 출생과 성장환경은 자신의 선택권 밖의 일이다. 그것에 자신이 어떻게 반응하는가를 성찰해야 한다. 반응과 선택은 자신의 몫이다. 지금의 자기 모습이 어떤지를 생각하지 말고, 장차 어떤 모습이 되고 싶은지를 항상 마음속에 그리라. 그리고 부단히 전진하라.

> "You are what you think!"
> 당신의 생각이 곧 당신입니다.

3. 실수를 비약하지 말라

자기 자신과 자신의 행동을 분리하라. 사람의 행동이 그 사람의 가치와 곧바로 연결된 것이 아니다. 의외로 많은 사람이 자신의 실수 때문에 스트레스를 받고 괴로워한다. 손자병법에도 '한 번 실수는 병가지상사'란 말이 있다. 한 번의 실수로 너무 자신의 가치를 절하하지 말아야 한다. 당신의 가치는 한 번의 실수로 인해 변하지 않는다. 따라서 지난 일은 잘한 일이건 못한 일이건 빨리 잊어버리는 것이 정신 건강에 도움이 된다. 그렇다고 실수를 정당화해서는 안 된다. 거듭된 실수는 인격이기 때문이다.

4. 자신을 긍정적으로 표현하라

언제 어디서나 자신을 좋게 말하라. 겸손과 부정을, 겸손과 비굴을 구별하여야 한다. 비록 '똥개'일망정 주인이 가꾸고 귀여워 해주면 이웃 사람들이 만만히 볼 수 없다. 마찬가지로 자신이 자신을 사랑하는 일은 자신을 좀 더 가치 있는 상품으로 광고하는 효과를 가져 온다. 항상 자신을 긍정적으로 바라보고 긍정적으로 말하라. 그러면 다른 사람들도 나를 그렇게 바라보고 그렇게 대하게 될 것이다. 이것은 단지 행동만을 지칭하는 것은 아니다. 진심으로 자신을 사랑해야 가능한 일이다. 혼자 있을 때에도, 식사할 때에도 자신을 존중하라. 모든 행동은 습관에서 나오기 때문에 혼자 있을 때 자신이 어떤 생각을 하고 어떤 행동을 하는지, 식사습관은 어떠한지 점검해 볼 필요가 있다. 한 예로, 요즘은 1인 가구가 늘어나는 추세이다. 이러할 때 집에서 혼자 식사할 때에도 반찬 통째로 갖다놓고 먹기보다는 몇 가지 안 되는 반찬이라 할지라도 예쁜 그릇에 정갈하게 담아 식사하며 한 잔의 차를 즐기라. 삶의 격을 높이는데 반드시 큰돈이 드는 것도 아니다. 이러한 작은 습관이 자존감을 높이는 데 도움이 되며 좀 더 자신을 긍정적으로 바라보게 한다.

5. 칭찬을 받아들이라

주변에서 "선생님은 정말 훌륭하십니다!"라고 칭찬하면 "뭘요…. 변변치 못한 주제에 오버한 것이지요…."라며 뒤끝을 흐린다면 프로페셔널한 모습이라 할 수 있을까? 지나친 겸손은 비굴함이며 오만함이 될 수 있다. "선생님 덕분입니다. 감사합니다.", "고맙습니다. 더욱 노력하겠습니다!"라고 대답해 보라.

저자의 제자 중에 똑똑하고 인성도 좋아 한동안 내 업무를 돕도록 한 수행 직원이 있었다. 그 직원에게 무엇을 칭찬하면 늘 "뭘요, 아니에요." 하며 손을 내젓고는 하였다. 사석에서 "○○아, 너는 피부가 어쩜 그리 하얗고 깨끗하니?" 할라치면 "뭘요 대표님, 아니에요." 하고는 쑥스러워하곤 하였다. 물론 송구한 마음에 겸손의 표현이라는 것을 알고 있으나, 사회인으로서 그러한 표현은 도움이 되지 않는다. 업무에 대해서도 늘 동일한 태도였다. 그 제자에게 "감사합니다, 더 노력하겠습니다."로 대답하기를 요청하였고, 곧 그 부정의 대답은 긍정의 대답으로 수정되었다. 겸손과 부정의 표현은 다르다. 긍정적인 언어는 긍정적인 심리를 유도한다. "당당하나 교만치 말고, 겸손하나 비굴치 말라." 잘 분별해야 한다.

6. 남을 칭찬하라

1) 칭찬의 방법

첫째, 정확한 칭찬이다. 칭찬은 자존감에 결정적 영향을 미치는 외부요인으로서 자존감을 높이는 진정한 칭찬은 정확한 칭찬이다. 적절하지 못한 칭찬은 지나치게 높거나 낮은 자존감을 만들어낸다. 피부가 가무잡잡한 여성에게 "피부가 백옥 같으세요."라는 칭찬은 오히려 불쾌감을 안겨줄 수 있다. "피부가 건강해 보여서 아름답네요."라는 말이 듣는 상대로 하여금 긍지를 심어줄 수 있는 것이다. 키가 작은 여성에게 '늘씬하다'는 표현보다는 '날씬하다'는 표현이 적절하다. 언어의 정확한 표현이 필요한 부분이다.

둘째, 결과보다는 노력을 칭찬하라. 칭찬은 결과보다는 노력에 초점을 맞추는 것이 좋다. 결과에 집중한 칭찬은 오히려 위험하다. 성적표를 위조하여 점수를 고치고 등수를 조작하여 부모에게 갖다 주었다는 지인의 일화는 웃고 넘어갈 수만은 없는 안타까운 우리 모두의 모습이다. 부모에게 칭찬을 받기 위해 수단과 방법을 가리지 않는 자녀들의 모습이 그대로 사회인으로 성장한다면 결코 건강한 모습이라 할 수 없다. 가정에서나 직장에서나 때로는 기대한 만큼 결과가 나오지 않았어도 최선을 다했다면 그 과정을 인정해 주고 격려해 주어야 한다. "이번을 경험 삼아 다음을 기대해 봅시다. 최선을 다했으니 다음을 기대합시다." 누군가 나의 마음을 공감해주고 지지해주는 것은 큰 힘이 된다.

셋째, 타인의 칭찬을 전달하라. 때로 내가 직접 하는 칭찬이 아니더라도 다른 사람의 칭찬을 전달할 때, 더 긍정적인 효과가 있다. 칭찬을 듣는 사람 입장에서는 여러 명으로부터 칭찬을 받는 것이 되니 더욱 기쁠 수 있는 것이다. 사람에게 가장 강한 욕구는 인정욕구이다. 우리는 인정이라는 더 강한 긍정적 평가를 위해 한 사람보다는 두 사람이, 두 사람보다는 다수의 공통된 인정이 필요하다. 따라서 직접 칭찬뿐만 아니라 간접 칭찬, 즉 칭찬 옮기기를 할 줄 알아야 한다.

2) 칭찬의 대상

첫째, 재능이 아닌 강점을 칭찬하라. 재능은 타고난 것이지만, 강점은 노력하여 훈련된 것이다. 타고난 것으로 칭찬을 받을 때 자칫 교만해질 수 있다. 인간은 재능이 아니라 강점으로 성공한다. 재능은 변할 수 없지만, 강점은 부단히 업그레이드할 수 있기 때문이다. 살아가면서 노력을 인정해 주는 것이야말로 가장 큰 에너지를 선물하는 것이다.

둘째, 결과가 아닌 인격을 칭찬하라. '잘했어.'보다는 '영은아 잘했어.'라는 말이 훨씬 동기부여가 된다. 인격을 칭찬하면 칭찬하는 대상의 호의를 느끼게 된다. '프로젝트가 성공했다.'고 하는 것보다 '○○이 프로젝트를 성공시켰다.'고 말하는 것이 훨씬 고무적인 칭찬기법이다.

셋째, 의도적인 행동이 아닌 무의식적 행동을 칭찬하라. 계산되지 않은 순수한 행동에 주의하여 칭찬하면 자신에 대한 존중감이 생기고 좋은 행동의 연속성도 높아진다.

칭찬에 인색하지 말라. 관계성을 존중하고 상대의 경조사에 더욱 적극적으로 참여하며 행복을 나눌 줄 아는 사람이 진정 성공한 사회인이라 할 수 있다. 내가 상대를 인정하고 칭찬할 때 상대도 나를 존중하며 친밀감을 나타낼 것이다. 이러한 관계야말로 인생을 살아가는데 가장 큰 활력소가 될 것이다.

> ▶ 성공하는 사람들의 습관을 분석해 보면 첫째는 가치관, 둘째는 성격, 셋째는 태도로 나누어 볼 때 이 세 가지에 있어서 확실한 공통점이 있다. 바로 선행을 많이 행하고, 선한 마음을 가지고, 긍정적으로 생각하고, 적극적으로 활동한다는 것이다. 다시 말하면 성공한 사람들은 모든 것을 긍정적이면서 생산적으로 생각하지만 실패한 사람들은 부정적이면서도 자기 파괴적으로 생각한다는 것이다.

아무리 좋은 일도 10% 정도는 부정적인 면이 있을 수 있다. 단지 어느 관점에서 보느냐에 따라 성공인과 실패자로 분류되는 법이다. 성공인은 90%의 긍정적인 면을 보고 그 일을 거뜬히 해내게 되고, 실패자는 10%의 부정적인 면을 보고 불평만 늘어놓게 되니 실패하게 되는 법이다.

성공한 사람들은 발상이나 태도 자체가 일을 즐기고 감사하는 성향이 강하다는 점에 반해 실패하는 사람들은 자기들의 장점보다는 단점이나 약점에 대해서 아주 민감하게 반응하는 특징이 있다. 그래서 심리학자들은 '네가홀릭스'라고 해서 이 사람들을 '부정중독증 환자'라고 이야기한다. 아무리 머리가 좋은 사람도 부정중독증에 걸리면 도저히 성공할 수가 없다는 것이 성공학자들의 공통된 의견이다.

사람들은 이처럼 인생이란 하얀 백지 위에 자기 생각대로 그려낸 모습 그대로가 자기 삶의 모습이다. 따라서 우리는 긍정적인 생각으로 성공의 그림을 그려야 한다. 세상은 묘하게도 '실수하면 어쩌나?'란 우려를 갖게 되면 '머피의 법칙'이 발동하여 실수를 낳게 되고 '이제 성공했어.'라는 확신적인 성공의 자화상은 당신을 성공자로 열매 맺게 한다.

▶ 왜 어제처럼 사는가?

모든 사람들은 성공을 원한다. 그런데 왜 어떤 사람은 성공하고 어떤 사람은 실패할까? 혹자는 말한다. "나는 최선을 다했습니다. 그런데 실패하고 말았습니다. 운이 없었던 거죠." 아니다. 운이 없었던 것이 아니라 분별함이 없던 것이다. 인생에서 무엇보다 중요한 것은 '분별'이다. 분별없는 열정은 위험하다. 사람들은 성공한 사람을 부러워한다. 부러워할 것이 아니라 자신이 그러한 대상이 되도록 하라. 분별되었는가? 그러면 열정을 가지고 올인하라. 도전했다가 실패하면 50%만 실패한 것이지만, 도전조차 하지 않으면 100% 실패한 것이다.

7. 자신부터 변화하라

1) 내가 바뀌면 세상의 모든 것이 바뀐다. 100%의 변화는 남이 아닌 바로 나 자신에게서 비롯된다.

2) 변화의 시대에 완벽한 계획이란 없다. 80%가 준비됐으면 행동하라. 나머지 20%는 일하면서 생각하고, 상황에 따라 능동적으로 대처하면 된다.

3) 새로운 일만 세우려 하지 말고, 지금 내가 하는 일을 더 잘하기 위해 노력하라. 현재 일을 더 잘할 수 없다고 판단되면 더 효율적으로 할 수 있는 방법을 찾아 개선하라.

4) 생각과 배움으로 끝나는 것은 우리 인생에서 아무것도 아니다. 중요한 것은 그것을 행동으로 옮기는 것이다.

5) 인생 가운데 자신이 열중할 수 있는 것을 찾아라. 자신의 잠재력과 가능성을 발휘할 수 있는 출발선이 될 것이다.

8. 전문가가 되라

1) 진정한 전문가라면 처음부터 끝까지 해낸 경험이 있어야 한다

전공의, 피아니스트, 배우, 통번역사, 교수 등 자신의 전문영역에서 일하는 사람을 우리가 전문가라고 할 때, 그 전문성을 인정받기까지의 이력과 경력 그리고 무엇보다 실력이 필요하다. 연기 못하는 배우를 인정할 수 없듯이 실력 없는 교수를 우리는 생각하기 어렵다. 이렇듯, 자신의 영역에서 실력의 정점을 이루는 전문성을 가지고 임할 때 우리는 그 사람을 진정한 전문가로 인정하게 된다. 21세기 다양한 문화가 공존하는 현대에는 그 전문영역과 관계되는 지식까지도 포함된다. 한 우물을 파도 그 깊이와 넓이가 좁으면 큰 의미가 없다. 주변 지식과 기술을 두루 섭렵하라. 어설픈 전문가가 아닌 진짜 전문가가 되라.

2) 기억보다는 기록의 힘을 믿으라

실수로 극심한 스트레스를 받을 필요는 없다. 그러나 반복된 실수는 인격임을 생각한다면 우리는 그 한 번의 실수한 경험이 약재료가 되어야지 습관이 되어서는 안 된다. 인간의 뇌는 새로운 지식이 들어가면 묵은 지식은 방출된다. 방출을 막는 방법은 반복 학습이다. 그러기에 필요한 지식이나 기술은 반복하여 공부하고 익히는 것이다. 사람들은 '망각'의 현상을 힘들어하지만, 사실 망각은 고마운 현상일 수도 있다. 그런데 문제는 필요한 사항을 망각하는 것이다. 필요한 사항을 보존하고 내 것으로 만드는 방법, 그것은 기록이다. 밤새 생각하느라고 날밤 새웠다는 사람의 이야기를 들어본 적이 있을 것이다. 그들의 공통된 특징은 반복한다는 것이다. 같은 생각을 계속 반복하여 생각하느라고 잠 못 자고 날밤을 새우는 것이다. 그 생각을 기록한다면, 그래서 그 사항을 확인하고 분석한다면 쓸데없는 시간 낭비는 하지 않을 것이다. 그러기에 같은 잘못을 되풀이하지 않는 최선의 방법은 '기록'이다.

3) 나만의 주특기를 가지라

변화란 지금 하는 일을 버리고 새로운 일에 뛰어 드는 것을 말하는 것이 아니다. 무엇을 하든 실력이 궤도에 올라설 때까지 전진하는 것이다. 전문가란 '조금 더 잘하는 사람'이 아닌, '확실히 잘하는 사람'이다. 이를 위해 다음 사항을 기억하라.

1) 기회가 왔을 때 포착하는 힘은 평소 자기계발에 달려 있다

우리 인생의 화두는 '성공'과 '행복' 두 단어로 함축된다. 물론, 성공의 의미와 행복의 가치가 각자에게 조금씩 다를지라도 그 염원은 한결같다. 성공은 기회를 잡는 자와 놓치는 자의 차이에서 온다고 할 수 있다. 그렇다면 어떠한 사람이 기회를 잡을 수 있을까? 그 답은 준비되어 있는가, 그렇지 않은가의 차이다. 준비란 그 기회를 잡을만한 능력과 실력이다. 자신을 되돌아보라. 자신이 염원하는 성공을 위해 얼마나 준비되어 있는가? 절실한 만큼 철저히 갖추어져 있는가? 어느 영역이든지 그 영역의 아마추어 수준의 사람이 성공하는 법은 없다. 자신이 원하는 영역의 전문가라고 스스로 인정될 때까지 준비하고 실행하라. 컴퓨터 활용, 어학, 정보의 수집 및 분석능력은 반드시 갖추어야 할 기본요소이다.

2) 아는 데서 그치지 말고 실천하라

부족하다면 내일부터가 아니라 지금 즉시 실행하라. 사회에 선한 영향을 미치는 사람들의 공통점은 행동한다는 것이다. 생각만 가지고 있다면 나만의 것이지만, 그 생각을 행동으로 옮길 때 너와 나의 나눔이 되고 건강한 사명자, 건강한 사회인이 되는 것이다. 그러므로 전문가로서의 자세는 행동할 줄 알아야 하고, 평가할 줄도 알아야 하고, 남을 가르칠 줄도 알아야 한다.

3) 창의력은 선택이 아니라 필수이다

인생에 있어 '정지'는 없다. 언젠가 고속도로에서 신호를 받고 잠시 멈춰서 있다가 착시현상을 경험한 적이 있다. 잠깐 뒤늦게 출발하게 되었는데 그 때 내 차가 뒤로 가고 있다는 착시 경험을 하였다. 옆에 있던 차들이 움직이는 바람에 내 차가 뒤로 간다고 느낀 것이다. 그 순간, 인생이 이러하다는 생각을 하였다. 내가 쉬고 있는 그 시간에도 세상은 앞으로 나아가고 있다. 세상이 바뀐다 하여 주눅 들 필요는 없다. 정말 부끄러워할 일은, 필요함을 알면서 바쁘다는 핑계로 덮어놓고 있다가 시대에 뒤떨어져 버리는 것이다. 나의 목적은 내가 정하는 것이다. 사명 또한 스스로 제시하는 것이다. 인생은 내가 바라보는 대로 나아가고, 말한 대로 이루어진다. 가장 강력한 무기는 '꾸준한 열정'이다. 창의력은 열정에서 온다.

9. 콤플렉스가 힘이다

사람마다 약한 부분이 있다. 누구나 자기만의 단점이 있다. 약한 부분이 한 군데도 없는 육체와 영혼을 가진 완벽한 인간은 없다. 내게 약한 부분이 없었으면 하고 바라지만, 그것이 없어지면 또 다른 약점이 나타나기 마련이다. 따라서 그 부분이 없어지기를 바라기 전에 그 부분을 긍정적으로 받아들이라. 그리고 사랑하라. 나의 가장 약한 부분이 나중에 나의 가장 좋은 부분이 될 수 있다. 어쩌면 그 부분 때문에 내게 더 인간적인 매력이 있는지 모른다. 나는 나의 가장 약한 부분을 사랑한다. 나의 큰 약점을 작게 생각하고 감추기보다는 드러내고 살펴본다. 어쩌다가 자기비하의 마음이 생기면 그 마음을 자기애의 마음으로 곧 전환한다. 자기를 스스로 보살피는 마음, 자기를 스스로 존중하는 마음, 자기를 스스로 책임질 줄 아는 마음이 있을 때 남을 진정 사랑할 수 있다. 그리고 그것을 너무 오래 품고만 있지 말고 채워나가라.

그 약한 부분을 채워나가는 동안 다른 부분까지도 보완되어가는 나의 발전된 모습을 발견하게 될 것이다.

10. 고독은 '지혜'라는 결실을 맺는다

독일 베를린의 막스 플랑크 교육 연구소가 15년 동안 1천 명을 대상으로 연구한 끝에 지혜로운 사람들은 다음과 같은 공통점을 갖는다고 밝혔다.

"지혜로운 사람들은 대부분 역경이나 고난을 극복한 경험이 있었다. 인생의 쓴맛을 본 사람들이 순탄한 삶을 살아온 사람들보다 훨씬 지혜로웠다."

인생은 '양'보다 '질'이다. 살아가면서 모든 사람을 사랑할 수 있기를 기대하지 않는다. 몇 사람이라도 깊이 사랑할 수 있기를 바란다. 변화의 시작은 있는 그대로, '지금'을 받아들이는 것이다. 변화는 인간과 세상이 다양하다는 것을 인정하는 것에서 시작한다. 세상은 또한 우리가 만들어 가는 것이다. 구호를 외치며 세상을 만들어 가려는 사람도 있다. 그러나 조용히 골방에서 한 줄의 글로 우리를 일깨움으로써 세상을 만드는 이도 있다.

인간은 자신에게 주어진 몫대로 세상에 참여한다. 변화란 세상과 자신 사이의 균형을 잡아가는 끊임없는 과정이다. 시인이며 명상가인 틱 나트 한 Thich Nhat Hahn은 차를 천천히 마시라고 말한다. 이 세상이 어려운 것은 일을 당장에 빨리빨리 해치우려고 하기 때문이다. '해치우는 것'이 중요하다 보면 일 자체를 존중하는 마음을 잃어버리게 된다. 인생에도 질이 있다. '양'보다 '질'이 중요한 것이다.

우리는 죽기 위해 태어나지 않았다. 인간은 이루기 위해 태어난 사명자의 여정이다. 해 뜰 녘, 한낮, 해 질 녘 시간마다 달라지는 햇빛처럼 그렇게 변해 가는 것이다. 산다는 것은 그러므로 시간마다 변해 가는 것이다. 보다 아름다운 인생의 빛으로 변해 가기 위해 각자는 고군분투하며 나아간다. 많이 이루려 하지 말라, 하나를 이루어도 '최선'의 결과물을 기대하라.

행 복

모든 사람은 행복하기를 원합니다.
그런데도 행복하다고 말하는 사람을 찾기가 쉽지 않습니다.
현재는 불행하지만, 미래의 행복을 위해 살고 있다고 말합니다.
왜 늘 현재는 불행하고 행복은 미래에 있다고 생각할까요?
그 이유는 단 한 가지입니다,
지금 자신의 행복을 깨닫지 못하고 살아가기 때문입니다.
삶이 우리에게 주는 고마움을 느끼지 못하기 때문입니다, 그것을 잃기까지는.

혹시 지금, 불행을 헤아리는 데 집중하면서
입으로만 행복을 원하고 있지는 않은지요.
가끔은 하늘을 바라보세요.
너무도 세상만 바라보며 살아온 자신을 발견하게 될 것입니다.
환경에 눌려 있기에는 인간은 너무도 존귀한 존재입니다.
환경을 다스리고 세상을 다스리겠다고 선포하세요.
그리고 행복하겠다고 결단하세요.
행복은 감정이 아니라 선택이기 때문입니다.

우리는 헤아릴 수 없는 행복에 둘러싸여 있습니다.
행복을 헤아리세요, 그리고 그것에 집중하세요.
충분히 행복할 수밖에 없는 자신을 발견하게 될 것입니다.

대중공포와 긴장감 극복방법

평소에는 대화에 무리가 없는데 막상 여러 사람 앞에서 말하거나 연설을 해야 하는 상황에 놓이면 긴장을 해 말문을 제대로 열지 못하는 사람이 많다. 많은 사람 앞에서 말하는 데는 용기가 필요하다. 말을 하는 도중에 실수를 하여 웃음거리가 되었던 경험이 있는 사람은 사람들 앞에 선다는 것 자체만으로도 긴장하고 공포마저 느낀다고 말한다. '대중 앞에서 말하는 것은 부끄럽고 두려운 일이다.'라는 생각이 자신의 잠재의식 속에 자리 잡고 있기 때문이다. 그렇기 때문에 사람들 앞에 서는 것이 조건반사적으로 긴장감을 불러일으키는 메커니즘을 형성하는 것이다.

그렇다면 어떻게 해야 그런 상황을 극복할 수 있을까?

최상의 방법은 경험을 쌓는 것이다. 그러나 일반인들이 연설할 기회는 그리 많지 않다. 그리고 사실 사람들 앞에서 연설하는 것이 익숙한 사람도 때와 장소에 따라 어느 정도 긴장을 한다. 하지만 연설에 익숙한 사람에게는 오히려 그 긴장감이 집중하는 데 도움이 되기도 한다.

일반인들이 대중공포와 긴장감을 극복하기 위해서는 트라우마에서 벗어나야 한다. 부정적인 트라우마를 긍정적으로 바꾸어 나가는 것이다. 다음으로 연설을 하기 전에 말할 주제와 결론을 미리 정해 두고 철저한 연습을 해야 한다. 이는 현장에서 긴장을 하느냐, 그렇지 않으냐 이전의 문제이다.

자, 우선 최대한 천천히 심호흡을 하여 지나치게 빨라진 호흡을 다스려야 한다. 잠재의식이 몸의 긴장을 눈치 채지 못하게 하기 위해서라도 실제 의식과 상관없이 몸이 이완된 것처럼 연출해야 한다. 그리고 머릿속에 지구 전체의 이미지를 선명하게 떠올린 뒤 그것에 비하면 지금 자신이 서 있는 장소는 아주 미미하다는 것을 생각하라. 그리고 자신이 대중을 두 팔 벌려 끌어안고 있는 상상을 해 보라. 그러면 청중이 내 잠재의식을 지배하는 것이 아니라 내가 청중을 지배한다고 생각할 수 있다. 이것이 가장 간단하면서도 효과적인 방법이다.

Point

긴장감 극복방법

1. 자신의 메시지에 집중하라 - 대중연설 시
2. 상대의 메시지에 집중하라 - 1 : 1 대화 시
3. 철저한 준비 - 자신의 한계에 줄 긋지 말라.

잠재의식 다스리기

스피치를 잘한다는 것은 자신의 잠재의식(트라우마)의 영향에서 얼마나 자유로울 수 있느냐 하는 것이다. 얄팍한 화술의 잔재주만 배워서는 얼마 되지 않아 바닥이 드러난다. 잠재의식은 알게 모르게 당신의 외부에도 모습을 드러내기 때문이다.

부정적인 잠재의식이 어떠한 말투로 나타나는지 살펴보도록 하자.

1. 화를 잘 내는 말투

심리학에서는 화의 바탕에 '불안'이나 '공포'가 깔려있다고 말한다. 말할 때 화를 잘 내는 사람의 잠재의식에는 이와 같은 불안이나 공포가 내재되어 있는 것이다. 유년기에 부모에게 충분한 사랑을 받지 못했거나 학대받은 경험이 있는 사람은 성인이 되어서도 자신을 부정적으로 생각하고, 그 영향으로 상대방에게 상처를 주는 말을 서슴없이 내뱉는다. 자신은 누구에게도 도움이 되는 존재가 아니라는 사실에 대한 불안감이나 두려움이 자신도 모르는 사이에 노기를 띤 말투로 나타나는 것이다. 자신의 지위를 지키는 것에 급급한 상사들이 자신을 보호하고자 부하 직원들에게 화를 내는 경우, 이는 추락하는 것에 대한 불안감이 잠재의식 속에 자리 잡고 있어서 자신도 모르게 그러한 말투를 내뱉는 것이다.

2. 자포자기한 듯한 말투

아무런 감정이 담겨 있지 않거나 특별한 애착이 없는 듯한 말투는 냉정하고 침착해 보이기도 하지만 지나치면 자포자기한 듯한 인상을 줄 수 있다. 이것은 자기 내면의 심리를 남에게 알리지 않으려는 '경계심', '방어의식'이 잠재의식을 지배하는 대표적인 예라고 할 수 있다. 이러한 행동의 바탕에는 과거에 믿었던 사람에게 배신을 당했거나, 심리적으로 큰 상처를 받았던 트라우마가 깔려 있다.

3. 일방적인 말투

'자기 과시욕'이 강한 사람은 일방적이라는 느낌이 드는 말투를 사용하는 경우가 많다. 그런 사람들의 잠재의식 속에는 나서서 말을 하는 방법 외에는 다른 사람에게 인정받을 방법이 없다는 생각이 자리 잡고 있다. 남의 말은 아랑곳하지 않고 자신이 하고자 하는 말만 쉴 새 없이 떠들어대는 말투는 "내가 너보다 뛰어나."라는 인상을 풍겨 상대방을 언짢게 할 수 있다. 교만한 사람은 열등감이 있는 사람이다. 이렇듯, 모든 말투의 근저에는 언어의 기술적인 면보다는 심리적인 면과 인격적인 면이 더 영향이 크다. 심리적으로 건강한 사람은 상대를 존중하고 이러한 사람의 말투는 말하기보다 듣기를 중요하게 여기게 된다. 심리가 건강하지 못한 사람이 인격적인 사람이 될 수 없듯이 자기 과시욕 또한 낮은 자존감에서 온다는 것을 알아야 한다.

4. 같은 말을 반복하는 말투

같은 말을 몇 번씩 반복하지 않으면 상대방이 제대로 이해하지 못할 것으로 생각하는 사람이 있다. 이는 잠재의식 속에서 상대방을 무시하고 있는 것이다. 그런 사람들의 잠재의식 속에는 '엘리트 의식'이 자리 잡고 있다. "알겠어?", "더 알기 쉽게 설명하면…."이라는 말을 입버릇처럼 덧붙여서 상대방의 기분을 상하게 할 수 있다. 일전에 제자 중의 한 사람이, 직장의 동료가 늘 같은 말을 되풀이하며 "내 말 이해가 되나요?"라고 말하곤 해서 기분이 상한다고 했다. 해결방법을 알려주었다. "○○ 씨만 자신의 말을 알고 하는 거라면 됐어요. 우리 모두는 충분히 이해합니다." 그 후, 그 직장 동료의 말투는 상당히 공손해졌다고 한다. 다행인 일이다.

5. 불평불만의 말투

자신의 능력이 '적절하게 평가받지 못했다.'는 감정이 잠재의식을 지배해 다른 사람을 비판하거나 흉보는 사람이 있다. 이러한 사람은 상대방이 칭찬해 줄 때까지 끊임없이 자기 자랑을 하기도 한다. 이런 행동을 반복하는 사람은 대부분 미간을 찡그리거나 입술 끝이 내려가 있기 때문에 표정만으로도 그 특징을 찾아볼 수 있다. 인간은 모든 관계 가운데 인정받기를 원하기 때문에 부단히 노력하게 되어 있다. 사회적 동물이기에 그렇다고 결론지을 수 있는 단순한 문제는 아니다. 인정욕구가 왜곡되면 허황한 행동이나 불평불만이 나타날 수 있기 때문이다. 또한, 인정욕구가 너무 앞서다 보면 내면이 아닌 형식에, 과정이 아닌 결과에만 치우치게 되므로 자존감을 확립하고, 남이 평가하는 나보다는 나 자신의 존재감을 스스로 인정하는 관점이 필요하다.

6. 무뚝뚝한 말투

수식어를 거의 사용하지 않는 무뚝뚝한 말투나 타인과 커뮤니케이션하는 것을 부담스러워하는 사람이 있다. 이러한 성향의 사람은 대부분 어린 시절에 말투 때문에 놀림을 받았거나 '큰 창피를 당한 경험'이 잠재의식의 트라우마로 작용하고 있다. 그렇기 때문에 되도록 말을 하지 않고 자신의 영역 안에 숨고 싶어 하는 경향이 있다. 이것은 반드시 고쳐야 할 트라우마다. 말투 때문에 말투에 문제가 생겼다는 아이러니를 벗어나야 한다. 사람들 앞에서 말투 때문에 창피를 당했다면 그와 비슷한 상황에서 잘해내는 경험을 성취해 이러한 트라우마를 극복해야 한다. 교육은 계획된 변화이다. 자신의 의지와 전문가의 도움으로 심리적인 면을 치유하고, 기술적으로 보완해 나가야 한다.

7. 과시적인 말투

학력이나 지위를 과시하는 말투는 어린 시절에 늘 부모로부터 최고가 되기를 강요받은 사람이다. 가슴 속에는 반드시 성공해야 한다는 '강박관념'과 좌절을 두려워하는 '불안 심리'가 뒤섞여 있다. 따라서 열등감을 감추기 위해 자신을 돋보이게 하는 말투를 흔히 사용한다. 삶이 답이다. 말투로 자신을 돋보이고 싶어 하는 것이 잠시는 가능할지 모르나, 그 사람에 대한 전반적인 평가는 삶으로 결정되는 것이다. 그러기에 우리는 상대를 평가할 때 말이 아닌 행동을 주시해야 한다.

인간은 누구나 잠재의식 속의 트라우마에 지배당한다. 부정적인 잠재의식이 나타나는 유형을 파악하고 자신이 그 유형에 속해 있는지, 그렇지 않은지를 점검해 보아야 한다. 남을 바라보기 전에 자신을 바라봐야 한다. 남을 정확히 통찰하기 위해서는 자신을 통찰하는 것이 우선되어야 한다. 때로는 정확한 평가보다는 긍정적인 평가가 필요하듯이 건강한 마음이 건강한 관계성을 이루어가는 것이다.

의식의 구조

잠재의식이란?

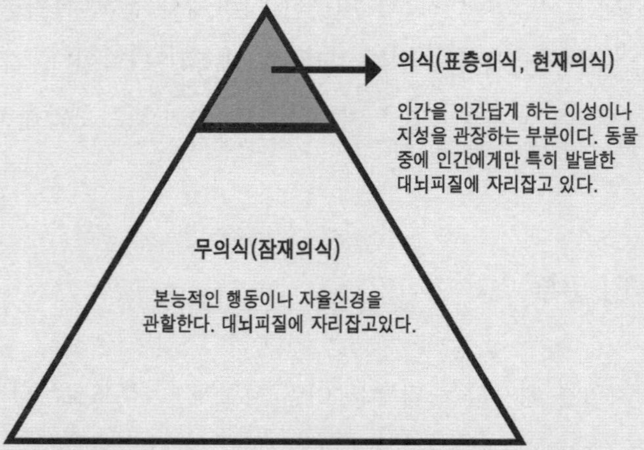

공감대 형성

1) 공통적인 관심사를 가져라.

2) 대화는 관심에서 시작된다는 것을 기억하라.

3) 시선을 잡는 것은 마음을 잡는 것과 같다.

사람은 첫 만남에서 자신에 대한 상대의 반응을 궁금해 한다. 이때 필요한 것이 서로의 공통점을 찾아내는 것이다. 외모, 의상, 취미 등 어떤 것이든 좋다. 일단 공통점이 발견되면 연대감이 형성되면서 대화가 활발히 전개되기 시작한다. 다른 사람과의 공통점을 찾아낸다는 것은 자신의 일부를 솔직히 드러내 놓고 상대방과 자신의 공통 관심사를 찾아내기 위해 의식적으로 노력한다는 것을 의미한다. 다른 사람들로 하여금 등 돌리게 하는 사람들은 언제나 남들과 자신의 차이점만을 찾아내려 한다.

'나'보다는 '우리'

말을 할 때 '나'보다는 '우리'라는 표현이 동료의식을 갖게 해 준다. 우리는 적이 아닌 아군이란 의식을 심어줄 때 마음을 열어 놓게 된다. 사람에게는 사회적인 욕구 중에 소속의 욕구가 있는데 이러한 소속감의 욕구를 채워줄 수 있는 말의 사용법을 익혀 두는 것이 대화의 효율성을 높이는 데 유익하다.

실제 예로 식사메뉴를 고를 때, “나는 짜장, 너는 짬뽕?”이 아니라, “우리 뭐 먹을까?”라든지, “나는 대한민국을 사랑해.”보다는 “우리는 대한민국을 사랑하잖아.”라고 표현할 때 더 공감대가 형성되고, 더 친밀감이 깊어지는 것이다. 공감은 감정이며 마음이다. 이 마음을 표현하는 것은 언어이기에, 공감대를 표현하기 위한 언어, 적절한 표현법을 익혀 둘 필요가 있다.

커뮤니케이션 능력

√ 공감능력과 카리스마로 나타낸 커뮤니케이션 도표

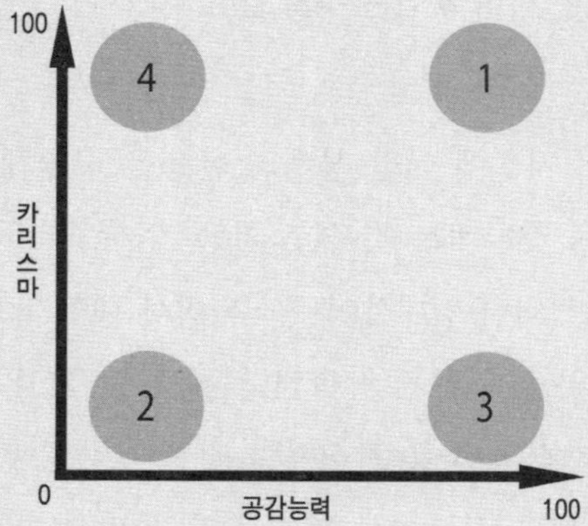

1 = 공감능력이 뛰어나고, 카리스마 또한 뛰어나다. (이상적이다)

2 = 공감능력이 부족하고, 카리스마 또한 부족하다.

3 = 공감능력은 뛰어나지만 카리스마는 부족하다.
(타인에 대한 이해력은 높지만 영향력은 낮다)

4 = 카리스마는 뛰어나지만 공감능력이 부족하다.
(영향력은 크지만 타인에 대한 이해력은 부족하다)

당신의 커뮤니케이션 능력을 위의 네 가지 위치분석에 따라 판단해 보라.

호감도 높이기

1. 호감도를 높이는 방법

1) 다른 사람들에게 순수한 관심을 기울여라

사람에게 가장 강한 욕구가 인정욕구이다. 학생이 선생에게, 자녀가 부모에게, 직원이 상사에게 인정받기를 원하고 인정받는다는 사실은 큰 기쁨을 느끼게 한다. 아울러 선생도 학생에게 좋은 선생으로, 부모도 자녀에게, 상사 또한 부하 직원에게 인정받고 존경받게 될 때 보람을 느끼고 기쁜 마음을 경험하게 된다. 이처럼 사람은 남녀노소, 지휘 고하를 막론하고 본질적인 욕구로서 인정받기를 원하는 것이다. 타인이 자신의 본연의 모습에 대하여 인정하고 관심을 가진다는 사실 앞에 더욱 용기가 나고 힘이 나는 것이 인간의 본질적인 심리이다.

2) 미소를 지어라

저자는 언어와 심리를 연구하는 학자 입장에서 다양한 사람들에게 동일한 질문을 한 적이 있다. "어떤 사람을 좋아하는가?", "상대가 어떤 사람이기를 원하는가?" 그 질문의 대답은 의외였다. 똑똑한 사람도, 부자도 아닌 '너그러운 사람'이었다. 자신을 이해해주고, 자신을 수용해주는 넉넉한 마음의 사람을 원하는 것이다. 그렇다면 내가 먼저 그러한 사람이 되면 어떨까? 이 글을 읽는 독자 여러분은 지금 이 순간부터 입꼬리를 올리고, 너그러운 표정의 미소를 연습해보라. 내용이 형식을 채우지만, 때로는 형식이 내용을 이끈다는 사실을 기억하면서.

3) 상대방의 이름을 기억하라

상대방의 이름을 기억해 주는 것이 그 어떤 것보다도 기분 좋고 중요한 일이다. 상대방의 이름을 기억한다는 것은 바로 '관심'의 표현이다. 내가 너의 이름을 기억한다는 것은 내가 너에게 관심이 있다는 것이다. 몇 번을 만났는데도 "저기요~." 하고 부르는 것보다 "○○ 씨~."라고 불러보라. 보다 긍정적인 친밀감을 가지게 되고, 보다 호의적인 반응을 경험하게 될 것이다.

4) 남의 말을 잘 들어주는 사람이 되어라

남의 말을 잘 들어주는 사람이 되어라. 그리고 자신에 대해 말하도록 다른 사람들을 고무시켜라. 사람에게 인정욕구만큼이나 강한 것이 '표현의 욕구'이다. 사람은 자신의 감정과 마음을 표현하고 싶어 한다. 그래서 오랫동안 혼자 사는 사람들을 보면 중얼거리는 모습을 본 적이 있을 것이다. 대상은 없지만, 혼자라도 자신의 감정과 마음을 표현하고 싶은 것이다. 좋은 감정은 함께 기뻐해 줄 상대가 필요하고, 나쁜 감정은 상대에게 위로받기를 원하는 것이 우리 인간의 공통된 마음이다. 그렇다면 누군가 들어줄 사람이 필요하다. 이러한 이유로 사회적 관계 속에서도 말을 잘하는 사람보다는 말을 잘 들어주는 사람이 더 인기가 있다. 성공한 CEO들이 유독 '경청'을 강조하는 이유이다.

5) 상대방의 관심사에 대해 이야기하라

대화의 기본은 상대가 듣기 원하는 말을 하는 것이다. 사회경험이 많은 사람일수록 상대방의 관점으로 말을 한다. 때로 대화하다 보면 자신의 이야기만 계속하는 사람을 보게 된다. 참 안타까운 현상이라 할 수 있다. 특히 공적인 자리에서 사적인 자기 신상 이야기를 하는 사람을 대할 때면 측은한 마음마저 들게 된다. 그 사람은 심리적으로 극히 외롭거나 심리적 유아기에 머물고 있다고 볼 수 있다. 우리가 대화하는 목적은 서로의 공감대를 형성하고, 친밀함을 보다 향상시키기 위해서이다. 이러한 대화의 목적을 상실하거나 기본 의식이 없이 말하는 것은 대화가 아니라 수다이다. 공감과 친밀함을 원한다면 내가 아닌 상대방의 관심사에 대해 이야기하라.

6) 상대방으로 하여금 자신이 중요하다는 느낌이 들게 하라

상대방으로 하여금 자신이 중요하다는 느낌이 들게 하라. 단, 성실한 태도로 해야 한다. 관계성에서 중요한 항목 중 '배려'가 있다. 배려는 사랑이다. 사랑하는 마음이 없이는 배려의 마음이 생길 수 없다. 단지 행위를 하는 것이 생색이라면, 상대를 존중하고 자존심을 세워주며 친절을 베푸는 것이 배려이다. 한 친구가 빵 하나를 옆 친구에게 주며 "나도 배고픈데, 너를 위해 주는 거야."라고 말하며 건네주는 빵은 생색이다. 그러나 "지금 난 별생각이 없네. 이거 네가 먹어줄래?"라며 배고픈 친구에게 건네준다면 그것은 배려이다. 우리가 모두 이와 비슷한 일을 한 번쯤은 경험해 봄직한 일이다. 생색이 자신의 행위를 인정받기 위해 하는 것이라면, 배려는 상대의 마음을 우선으로 하는 것이다. 생색의 행위와 배려의 행위에서 느껴지는 마음의 차이를 안다면 타인을 향한 나의 행동의 기준점을 깨닫게 될 것이다.

2. 자기 자신을 너무 낮추지 말라

겸손과 비굴은 다르다. 한국은 유교사상의 영향으로 어렸을 때부터 유난히도 겸손을 강조해 왔다. 얼마 전, 제자의 자기소개서를 피드백할 기회가 있었는데, 자신의 강점보다는 오히려 자신의 약점을 구구절절이 써내려간 글을 보고 '강점은 자세히, 단점은 간단히'라고 처방한 적이 있다. 현대는 셀프 마케팅self-marketing 시대이다. 적절한 자기 어필은 자존감과도 연계되어 있다. 건강한 자존감과 적절한 자기 어필은 현대를 살아가는 우리 모두에게 필요한 항목이다.

1) 비전을 키우라

마음에 품지 않은 복은 절대 현실로 나타나지 않는다. 마음으로 믿지 않으면 좋은 일은 결코 일어나지 않는다. 혹자는 말한다. '꿈은 현실에 맞게 가지라.'고. 그러나 그건 꿈이 아니다. 꿈은 현실을 뛰어넘어 품는 것이다. 현실과 조건에 맞추어야 한다면 그건 이미 꿈이 아니다. 저자의 경우, 어렸을 때 그렸던 지금 이 나이의 모습보다 실제 지금의 나의 모습은 훨씬 더 잘살고 있다. 물론 물질과 지위만을 말하는 것은 아니다. 내가 누리는 의식세계와 마음의 풍요로움을 말하는 것이다. 이러한 결과를 가질 수 있었던 것은 육체적인 나약함과 여러 가지 악조건을 뛰어넘은 꿈이 있었기 때문이다. 비전은 인생의 목표의식이다. 목표의식이 있는 사람은 넘어져도 좌절하지 않고 그 목표를 향하여 다시 일어날 힘이 생긴다. 그러나 그 목표가 없는 사람은 장벽 앞에 멈춰 서게 되고 전진할 힘을 잃어버리게 된다. 목표라는 동기부여가 없기 때문이다. 인생에서 비전은 있어도 되고 없어도 되는 그저 그런 것이 아니다. 성공하는 인생, 행복한 인생을 위해 반드시 있어야 하는 필수조건이다.

2) 기대수준을 높이라

자리를 박차고 일어나 열정 속에서 매일 아침을 맞으라. 비전을 확장하려면 기대수준을 높여야 한다. 삶의 변화는 바로 생각의 변화에서 출발한다. 교육현장에서 늘 강조하는 항목 중에 '자존감'과 '비전'이 있다. 저자의 교육 핵심 맥락은 '자존감'으로 시작해서 '비전'으로 끝난다. 건강한 자존감은 자기 확신을 가져오고, 자기 확신은 비전을 이루어가는 원동력이 되기 때문이다. 기대수준을 높이라는 것은 뜬금없는 꿈을 말하는 것이 아니다. 현재의 자신의 모습을 인정하고 수용하며 더 나은 내일을 향하여 나아가되, 그 폭을 넓히고 높이라는 것이다. 사람은 바라보는 대로 나아가고, 생각한 만큼 이룰 수 있다. 정확한 방향성과 더 큰 포부를 가지고 전진해야 한다. 자신의 가능성을 축소하지 말라.

3) 과거의 장벽을 깨라

지나간 아픈 경험은 깨끗이 잊어버려라. 환경에 눌리고, 조건 앞에 좌절한 적이 있는가? 그것은 과정이지 끝이 되어서는 안 된다. 지인들과 대화 중, "내게 실패는 없다."라고 말하면 의아한 눈으로 바라보곤 한다. 그러나 변함없는 저자의 생각이다. 실패란 멈출 때 내리는 결론이고, 실패는 포기할 때 하는 말이다. 우리는 일을 시작할 때 많은 생각과 계획을 가지고 도전한다. 그러므로 그 길이 옳다면, 그 방향이 정확하다고 확신한다면 될 때까지 하면 되는 것이다. '과거에 할 수 없었으니 지금도 어렵고 그래서 미래도 소망이 없다.'라고 생각한다면 그가 가진 문제는 능력이 없음이 아니라 안일한 사고방식이 문제인 것이다. 방향성은 신속히 정하고, 열정은 꾸준히 지속하라. 상황에 반응하면 시련이지만, 상황을 수용하면 훈련이다. 순탄한 과정으로만 이어진 성공은 없다. 때로는 사람이, 때로는 환경이 내 앞을 가로막고 있다면 그것을 극복할 수 있는 것은 그 누구도 아닌 나 자신이다. 자신이 하는 일에 확신이 없는 사람을 돕는 경우는 없다. 스스로 확신을 가지고 실행할 때 가능성을 인정받게 되고, 함께하고자 하는 사람들의 손길이 더해지는 것이다.

4) 자신의 성공을 선포하라

저자는, '성공이란 자신의 가슴이 원하는 것을 이루어내는 것'이라고 말하곤 한다. 몇 년 전, SNS에 저자의 '이름'에 대한 글을 올린 적이 있다. 사실 그 글을 올린 의도는 지인들에게 '선한 영향을 줄 수 있지 않을까?' 하는 마음에서였다. 성경 필사 완성에 대한 글이었다. 저자는 오래전 성경 필사를 시작하였다. 그 당시 5년 계획을 세우고 시작했다. 아무리 바쁘다 해도 자신의 성실함을 스스로 믿었기에 가능하다고 생각했다. 그런데 그것이 10년이 넘고 15년을 넘어가고 있었다. 시작한 지 얼마 되지 않아, '바쁜 시간에 성경을 쓰는 것까지는 너무 힘들다.'는 생각에 필사 작업을 현업에서 은퇴 후로 할까 잠시 생각한 적도 있다. 그러나 시간이 흐를수록, 이 일이 결과보다는 과정조차도 내게 은혜가 되고 힘이 된다는 사실을 알게 되었다. 결국, 5년 계획은 17년 만에 완성되었다. 이 일은 내 인생에 무엇보다도 큰 성공이다. 결과론이지만, 이 경험은 내 인생에 큰 의미를 부여하였다. '옳고 바른 일이라면 끝까지 하면 된다.'라는 새로운 신념이 내 삶을 더욱 풍성하게 해 주었다. SNS와 많은 지인으로부터 '끈기와 성실함에 대해 도전을 받았다.'는 말을 들었다. 사람들은 성공을 위해 환경을 말하고 운을 말한다. 아니다, 자신과의 싸움에서 이기라. 간절하면 운도 따라온다. 인생의 이치는 보편적인 것이다. 환경과 조건도 자신의 관점으로 결정된다는 것을 안다면, 내가 하고자 하는 마음이 중요한 것이다. 그러다 보면 성공도 습관이 된다. 그리고 자신의 성공을 선포하라. 건강한 성공은 이 세상에 선한 영향을 준다.

5) 자신의 건강한 자아상을 그려라

자아상은 자신의 진정한 모습보다는 자신에 대한 '시각'을 반영하는 것이다. '자신을 스스로 누구라고 생각하는가?'의 관점은 자존감을 형성하는 데 있어서 대단히 중요한 의식이다. 또한, 자기개념이 중요한 이유는 우리가 스스로 생각하는 대로 말하고, 행동하고, 반응한다는 데 있다. 심리학적 증거에 따르면, 우리의 행동은 자아상과 깊이 연결되어 있다. 우리는 마음에 품은 이미지 이상으로 성공할 수 없다. 긍정적인 마음을 품고, 긍정적인 언어를 사용하라. 언어에는 에너지가 있다. 자신의 말은 상대가 아닌 나 자신이 제일 먼저 듣게 된다. 부단히 긍정적인 말을 선포하라. 지금의 내 말이 자신의 미래가 된다.

6) 성공하는 마음 자세를 가지라

자신에게는 목표에, 타인에게는 과정에 집중하라. 어려움 앞에서도 전진할 수 있는 힘은 '목표'가 있기 때문이다. 성공한 타인에게는 결과를 바라볼 것이 아니라 그의 비하인드behind 스토리를 읽을 수 있어야 한다. 이러할 때, 실패는 끝이 아니라 경험이라는 것을 알게 된다. 성공하는 마음가짐이 중요하다. 변화는 마음에서 시작하기 때문이다. 힘든 시간, 마음 한구석에서 부정적인 소리가 들려오더라도 절대 넘어가지 말라. 스스로 복을 받을 줄 아는 것은 남에게 베풀 줄 아는 것만큼이나 중요하다.

7) 있는 그대로의 자신을 사랑하라

꿈을 품기에는 지금 자신의 모습이 초라하다고 느껴지는가? 그렇다면 회피하지 말고 받아들이라. 성공의 걸림돌 중 하나가 회피다. 정면돌파하라, 그리고 강점에 집중하라. 재능이 주어진 것이라면 강점은 만들어가는 것이다. 내가 만들어 갈 강점을 찾고 부단히 극대화하라. 그러기 위해 우선, 지금의 내 모습에서 출발해야 한다. 성공은 재능이 아닌 강점으로 이루어진다. 주어진 재능이 적다고 실망할 필요도 없다. 재능조차도 노력 없이 그대로 둔다면 빛을 발할 수 없다. 재능과 강점을 찾고 그것을 반복 훈련하여 이루어 가는 사람에게 우리는 부단한 호감을 가지게 된다.

8) 올바른 생각을 품으라

항상 긍정적이고 행복한 사람 주위에는 동일한 사람들이 모여들기 마련이다. 어두운 표정, 어두운 마음을 가진 사람을 좋아하는 사람은 없다. 감정은 전염성이 강하다. 밝은 사람과 상대하다 보면 함께 마음이 밝아지고, 우울한 사람과 상대하다 보면 왠지 마음이 가라앉게 된다. 사람은 누구나 내가 가진 것을 줄 수 있다. 마음이 우울한 사람, 부정적인 사람이 상대에게 기쁨과 행복을 줄 수는 없다. 마음이 행복한 사람만이 상대에게도 행복을 선사할 수 있다. 누구나 긍정적인 마음으로 행복을 나누는 사람에게 호감을 느끼는 것은 당연한 일이다.

9) 마음의 상처를 훌훌 털어버려라

얼마 전, 제자 중 ○○가 찾아와 힘든 마음을 토로했다. 다른 제자 ○○가 한 말에 상처를 입었다는 것이다. 그 내용을 다 듣고 나니 저자도 아는 상황이었다. 그런데 정작 그 말을 한 ○○는 전혀 그런 의도가 아니라는 것을 알고 있는바, 오해라는 것을 설명해 주었다. 찾아온 제자는 "제가 그 말을 왜곡한 것 같습니다."라며 죄송하다는 인사를 하고 밝은 표정으로 돌아갔다. 상처는 이런 것이다. 설령 상대가 의도적으로 상처를 주려고 했다 할지라도 듣는 사람이 '말은 하는 사람의 인격이다.'라는 관점으로 받아들이면 되는 것이다. 대부분 상처는 말한 사람의 의도와 상관없이 듣는 사람의 '선택적 경청'으로 인한 경우가 많다. 상처 있는 사람이 상처를 잘 받는다. 상처도 습관이다.

10) 행복은 감정이 아닌 선택이다

좋은 관계를 맺어가며 건강한 공동체의 일원이 되는 것도 행복을 증진시킨다. 관계성과 행복은 늘 함께한다. 건강한 관계가 행복을 가져오기 때문이다. 또한, 관계성은 개인 인격의 결과이기도 하다. 그러기에 우리는 늘 자신을 성찰하는 것이 중요하다. 상대를 비난하기 전에 자신을 성찰해야 한다. 내가 나쁘다고 말하는 그 사람도 누구에게는 좋은 사람일 수 있다. 관계성이란 그런 것이다. 누구를 비난하며 내 마음이 행복해질 수는 없다. 최고의 인생을 살고 싶다면 긍정적인 마음을 품으라. 그리고 어떤 상황에서도 기쁨과 행복을 빼앗기지 말라. 행복은 주관적인 것이다. 결코, 남이 줄 수 있는 것이 아니라 나 자신의 선택으로 결정된다는 사실을 기억하기 바란다.

상대방 심리파악

지혜로운 자와 사귀면 지혜를 얻는 것처럼 성공한 사람과 함께하면 오래지 않아 성공을 얻게 된다. 성공한 사람의 비전은 전염성이 강해서 우리 마음속으로 금세 파고든다. 승리의 분위기에 머물면 오래지 않아 승리의 이미지를 얻는다. 이처럼 우리는 '만남'의 중요성을 알고 있다. '중요한 만남'을 '귀한 만남'으로 '복된 만남'으로 이어가려면 상대의 심리를 파악하는 것이 중요하다.

상대의 심리를 알면 대화의 물꼬가 쉽게 터진다. 그러나 상대의 필요나 심리의 흐름을 파악하지 못하면 상대의 눈높이나 의중을 파악할 수 없어 진정한 교제가 이루어지기 힘들다.

1. 악수하는 방법으로 상대방의 심리파악

1) 손끝만 살짝 잡는 사람 → 상대를 경계하거나 거만한 사람

2) 꽉 움켜잡고 아래위로 세차게 흔들어대는 사람 → 허풍이 심한 사람

3) 느슨하고 어정쩡하게 잡는 사람 → 남성 우월주의자이거나 자신감이 없는 사람

4) 손을 잡고 오랫동안 놓지 않는 사람 → 페미니스트이거나 바람둥이

5) 머뭇거리는 사람 → 보수적이거나 따뜻한 사람, 인정 있는 사람

6) 손을 잡은 상태에서 손가락으로 손바닥을 은밀하게 긁는 사람 → 경박, 음

흉한 사람

7) 끌어당기듯 잡는 사람 → 적극적인 성격의 사람, 친밀함을 주려는 사람

8) 정중하고 힘 있게 잡는 사람 → 자신감 있고 신뢰감을 주려고 하는 사람

2. 바디랭귀지로 보는 상대방의 심리 파악

1) 얼굴

① 눈, 코, 턱 등의 얼굴 일부분을 만진다. → 자신의 허약함을 감추려는 의사 표시

② 맞장구를 치지 않고 가벼운 미소를 짓는다. → 완곡한 거부나 상대방이 귀찮다는 표시

③ 잠시 웃음을 짓다가 곧 무표정이 된다. → 속으로 무언가 계산하고 있는 사람

④ 갑자기 미소를 그친다. → 쓸데없는 말이나 행동에 대한 무언의 경고

⑤ 여성이 특정 남성에게 무관심한 표정을 짓는다. → 그 남성에게 호의를 갖고 있다는 의사 표시

2) 눈

① 상대방을 쳐다보지 않는다. → 무언가 숨기려는 마음이 있는 경우

② 상대를 곁눈질로 쳐다본다. → 대화 내용에 불만이 있거나 의문을 품고 있는 것

③ 상대를 위아래로 훑어본다. → 상대를 불신하거나 경멸하고 있는 상태

④ 눈을 크게 뜨고 상대를 바라보거나 상대를 오랫동안 주시한다. → 상대에 대해 강한 흥미나 관심을 느끼고 있는 상태

3) 입

① 말을 하면서 손으로 입을 가린다. → 상대를 경계하면서 본심을 감추려는 행위
② 손을 입에 대고 묵묵히 있다. → 더 이상 대화하고 싶지 않다는 의사 표시
③ 입술 양 끝을 약간 뒤로 당긴다. → 상대의 이야기를 열심히 듣고 있다는 뜻

4) 코

① 이야기 중 코를 만지작거린다. → 부탁 등에 대한 부정적인 의사 표시
② 코에 손을 대고 앞으로 숙인다. → 당신의 말이 의심스럽다는 불신의 표시
③ 콧날을 잡고 심사숙고하는 동작을 취한다. → 상대의 시선을 끌기 위한 제스처

5) 턱

① 턱을 만지작거린다. → 불안이나 외로운 기분을 바꾸고 싶은 심리상태
② 대화 중에 두 손바닥으로 턱을 고인다. → 누군가에게 위안을 받고 싶어 하는 상태

6) 목

① 기계적으로 고개를 끄덕인다. → 기계적으로 단순히 끄덕이는 것은 형식적인 동조로 상대방의 말을 제대로 듣고 있지 않다는 뜻
② 데이트 신청을 한 여자가 고개를 갸웃한다. → 망설이고 있다는 증거 (이때 재빨리 고개를 끄덕이도록 유도해야 한다.)

7) 머리

① 머리를 긁적인다. → 불만이나 난처함, 또는 수줍음이나 자기혐오 등의 솔직한 표현
② 머리를 만지작거린다. → 긴장하고 있거나 머릿속으로 뭔가를 생각하고 있을 때
③ 자기의 머리를 툭툭 친다. → 머리를 써서 생각하고 있음을 강조하는 경우
④ 인지, 중지, 약지 세 손가락을 나란히 하여 가볍게 머리를 두드린다. → 당황하거나 난처한 입장에 처해 있다는 뜻
⑤ 대화 도중 음성을 낮추면서 머리를 숙인다. → 대화를 중단시키고 싶어 하는 상태

8) 손

① 대화 도중 손가락으로 톡톡 소리를 낸다. → 상대의 말에 동의할 수 없다는 뜻
② 주변의 물건을 만지작거린다. → 긴장하고 있다는 뜻

9) 팔

① 가슴 위로 팔짱을 낀다. → 상대에 대한 거절이나 방어의 표현
② 비스듬히 팔짱을 낀다. → 상대의 말을 비판적으로 듣고 있다는 뜻
③ 대화 도중 웃으면서 팔짱을 낀다. → 상대방의 이야기를 경청하고 있다는 뜻

10) 어깨와 배

① 어깨를 움츠린다. → 불쾌, 당황, 의혹 등 상대에 대한 방어적 심리상태

② 배를 구부려 안쪽으로 감추려고 한다. → 불안하거나 불만을 품고 있다는 뜻

11) 다리와 발

① 다리를 꼬고 앉는다. → 상대를 받아들이지 않겠다는 거부의 뜻
② 여성이 다리를 자주 바꾸어 꼰다. → 남성에 대해 관심이 많다는 증거
③ 눈에 띄지 않을 정도로 다리를 흔든다. → 마음이 불안하거나 조마조마한 상태
④ 발바닥으로 땅을 두드린다. → 불안하고 초조해 안달이 난 상태
⑤ 꼬고 앉은 다리의 위쪽 발을 흔들거린다. → 상대에 대해 긴장을 풀고 있다는 뜻

바넘 효과Barnum effect

'바넘 효과Barnum effect'란 서커스 흥행주 바넘의 이름을 따서 명명한 심리 효과이다. 바넘Phineas Barnum은 19세기 말 미국의 사업가이자 쇼맨이었다. 서커스에서 관객의 성격을 알아맞히는 마술로 유명해진 그는 속임수를 쓴다고 생각하는 사람들이 자원해서 무대로 나가 마술 대상이 되었는데, 이때 바넘은 조금도 당황하지 않고 이내 그 사람들의 성격을 정확하게 맞췄다. 그로부터 1세기가 지난 후 바넘의 놀라운 능력의 비밀을 밝힌 사람은 심리학자 포러Bertram Forer였다.

포러는 학생들에게 자신이 제작한 새로운 성격검사를 했고, 일주일 후 학생들의 이름이 적힌 검사 결과지를 나눠주었다. 결과지에는 개인의 성격이 묘사되어 있었고, 0점(전혀 맞지 않다.)에서 5점(매우 정확하다.)까지의 점수를 매기게 한 결과 학생들의 점수는 평균 4.26이 나왔다. 다시 말해 검사결과가 자신의 실제 성격과 매우 일치한다는 것이다. 이것은 심리적 영역을 활용한 결과이다. 학생들이 받은 결과지는 모두 동일한 것이었다. 그럼에도 학생들은 모두 자신의 성격을 잘 묘사하고 있다고 판단한 것이다. 애매한 표현들은 이 세상 어느 누구에게도 적용될 만한 것들이다. 결국, 바넘이 사람들의 성격을 잘 맞춘 것도 바로 이런 식으로 성격을 묘사했기 때문이다. 이 실험결과로 바넘 효과는 포러가 밝혀냈다고 해서 포러 효과Forer offect로도 불린다.

현실에서, 바넘 효과로 상대의 의식을 벗길 수 있다. 사람은 누구나 스트레스를 안고 산다. 대부분은 금전 문제, 인간관계 문제, 건강 문제 중 한 가지이다. 그런 사람에게 가까운 시일 내에 좋은 일이 생길 것이라는 희망을 주면 상대에 대한 경계심을 풀고, 자신을 이해해주는 사람으로 받아들일 것이다. 사람들은 애매한 상황을 자기 입장에 맞게 생각한다. 누구에게나 해당하는 일반적인 성격 특성을 자신에게만 해당하는 특성으로 받아들이는 심리 상태를 말한다. 결국, 바넘 효과란 보편성을 개별화한 심리적용 방법이라 할 수 있다. 이런 면에서 역술이나 점술도 모두 바넘 효과일 수 있다.

파워메시지 11

올바른 선택

현재는 과거에 당신이 선택한 결과입니다.
어릴 적 환경은 부모의 영향력에 의해 결정되는 것이 사실입니다.
그러나 그 환경을 연민에 싸여 너무 오래 바라보지 마십시오.
원하지 않는 환경이었다면 더욱 그렇습니다.
그 때문에 우리 앞 긍정의 문을 보지 못한다면 당신은 어리석은 자입니다.

지금 당신의 선택이 미래의 당신을 결정합니다.
새로운 관점을 가지고 사고한다는 것이 결코 쉬운 일은 아닙니다.
그러나 결과에 관해 결정할 수 있는 유일한 길은
당신의 관점과 태도에 대하여 올바른 선택을 내리는 것뿐입니다.
분별하십시오, 자신의 가슴이 원하는 것 이것이 올바른 선택입니다.

감정조절 능력

1. 자기감정을 아는 능력

자신을 속이지 말라. 감정을 덮는 것과 자제하는 것은 다르다. 자신이 화가 났으면 왜 화가 났는지, 어떤 사건에 자극을 받았는지, 그 사건의 본질이 무엇인지를 파악해야 정서를 올바르게 표현할 수 있다.

감정에는 각각의 목적이 있고, 우리는 그것을 선택할 수 있다. 인간은 자신이 원하는 목적을 이루기 위해 특정한 감정을 만들어낸다. 즉, 인간은 자신의 감정을 얼마든지 주체적으로 그리고 능동적으로 선택할 수 있다. 사람들은 어떤 상황이나 상대로 인하여 감정이 상하거나 마음에 상처를 입으면 외부의 탓으로 돌린다. 또는 반대로 모든 일을 자기 탓으로만 돌리는 경우도 있다. 이는 둘 다 잘못된 태도다. 현재 자신의 감정변화에 대한 원인과 처리방법을 정확히 알아야 한다. 그래야만 긍정적이고 발전적인 방향으로 감정을 처리하고 궁극적으로 원하는 감정을 선택할 수 있다. 이를 위해 무엇보다 자신에 대한 믿음이 필요하다. 자신에 대한 믿음은 사회생활을 함에 있어 목표를 가지고 나아갈 때 반드시 필요한 태도이다. 인간은 자기 자신의 감정을 선택하고 삶을 변화시킬 수 있는 존재이다.

감정은 인간의 고유한 특성으로서 누구나 감정을 가지고 있고, 감정을 느끼며 살아간다. 감정에는 감탄이나 감사와 같은 긍정적인 정서도 있고, 불안이나 분노 같은 부정적인 정서도 있다. 때로 스트레스, 불안 같은 정서는 인간행동의 동기로 작용하기도 한다. 하지만 강렬한 분노나 심한 불쾌한 감정은 자아와 관계성을 파괴할 수도 있다. 극단적인 분노와 지나친 불안은 인간관계를 형성하고 삶의 목적을 이루는 데 방해가 되기에 우리는 좋은 감정, 긍정적인 감정을 선택해야 한다. 인간이 살아감에 있어 스스로 감정을 선택할 수 있다는 사실을 알게 되고, 또 이것을 삶에 적용해 나간다면 자신의 삶을 통제할 수 있다는 자신감을 갖게 될 것이다. 이것은 결코 쉬운 일은 아니기에 부단한 노력과 끈기가 필요하다.

2. 정서를 올바르게 표현하는 능력

상대를 이기려 하지 말라, 대화의 목적은 '상호 간의 이해'이지 승리가 아니다. 논리를 앞세우지 말라, 말싸움으로 비약된다. 대화의 출발점은 이해와 사랑이다. 상대방에게 자신의 정서를 표현할 때 주의할 사항은 옳고 그름이 아니라 '이해'라는 것을 염두에 두어야 한다. 사람에게는 시시비비를 밝히고 싶은 욕구가 있기 마련이다. 그러나 단절 후의 승리가 무슨 의미가 있는가를 생각하라. 감정은 어쩔 수 없이 일어나는 게 아니다. 내가 달성하고자 하는 목적을 뒷받침하기 위해 나 스스로 일으키는 것이다. 예를 들어 화를 낼 때는 쌓인 감정을 해소하려는 목적이 숨어 있으며, 당황할 때는 잘못한 행동을 사과하려는 의도가 담겨 있다.

감정은 생각의 반응이다. 즉, 자신의 믿음과 관점이 자신의 감정을 결정하는 것이다. 긍정적인 관점은 긍정적인 감정을, 부정적인 관점을 부정적인 감정을 일으키는 것이다. 그렇다면 우리는 당연히 긍정적인 감정을 선택해야 한다. 감정은 판단에 따라 얼마든지 바꿀 수 있다. 사람들은 어떠한 감정으로 행동해서 결과가 좋지 않다는 판단이 서면 주저 없이 그 감정을 바꾼다. 감정은 스스로 통제하지 못하는 반사적automatic 심리반응이라는 선입견은 감정을 반사적으로 분출하는 오래된 습관에서 나온 것일 뿐이다.

3. 자신의 감정을 잘 다스리는 능력

평상시에 교양과 품위가 충만하던 사람이 어떠한 위기 앞에서 무너지는 모습을 볼 때가 있다. 우리는 그것을 '위기관리 대처능력'이라고 말한다. 역경과 고난을 만났을 때 마음이 무너져 회복 불가능의 상태에 빠지지 않고 바로 원래 상태로 되돌아가는 능력은 자신의 감정을 잘 다스리는 훈련이 되어야 가능하다. 감정회복 습관은 평상시 '변화에 대한 적응력'처럼 키워가는 것이다. 대부분 심리적으로 안정된 사람은 자신의 감정을 스스로 회복하는 습관이 있다는 특징이 있다. 감정은 통제가 가능하다.

선택한 감정, 반복된 감정습관은 성격을 형성하게 된다. 보통 사람에 비해 화를 잘 내는 사람이 있다면 그는 어린 시절부터 반복되고 훈련된 감정임이 분명하다. 자신이 갖고 싶은 물건이 있다면 이를 위해 화내고 고집을 부렸을 것이다. 이러한 사람은 부모로부터 원하는 것을 쟁취하기 위해 그 방법을 선택했을 것이고, 그것이 반복됨으로 그 사람의 생활양식이 되었을 가능성이 크다. 화를 잘 내는 그의 성격은 누구 때문이 아니라 자신이 선택한 것이다. 그렇다고 긍정적인 감정으로의 변화가 불가능한 것은 아니다. 어떤 감정이든 편안하게 받아들일 때 비로소 자기를 있는 그대로 인정할 수 있다. 부정하고 싫었던 내 모습을 수용하고 자신의 감정을 인정하면 새로운 감정을 선택하는 것이 더욱 수월해진다.

4. 상대방을 이해하는 능력

행복과 관계성은 비례한다. 관계성이 나쁜 사람이 행복하기는 어렵다는 말이다. 좋은 관계성을 유지하기 위해서는 내가 먼저 상대방을 이해하려는 마음이 필요하다. 상대방과 불협화음이 생겼다면 '그'가 아닌 '나'를 돌아보고 성찰하는 습관을 가져야 한다. 상대방을 오해하는 경우의 대부분은, 그의 한 면을 보고 판단한 경우가 많다는 것이다. 우리는 상대의 모든 면을 알 수가 없다. 그러니 한 부분을 보고 전부를 판단하는 우(愚)를 범하지 않아야 한다. 우리가 원하는 것이 '함께'라면 '이해'만큼 좋은 처방은 없다.

또한, 자신의 언행으로 인해 다른 사람의 기분이 상했다면 그 책임은 말한 자신에게 있다. 자신의 감정과 믿음을 자유롭게 결정할 수 있다고 해서, 그 결과에 대한 책임 없이 아무렇게나 말하고 행동해서는 안 된다. 특히 타인에게 내 감정을 강요하지 말아야 한다. 관계성에 성공한 사람들의 특징은 자신의 감정을 잘 다스린다는 특징이 있다. 감정이 앞선다고 생각될 때는 조금 시간을 두고 상대를 대하는 것이 좋다. 그렇지 않으면 순간의 절제되지 않은 감정으로 인하여 서로 간의 감정의 골을 깊이 만드는 경우가 생기게 된다. 상대에게는 관대하게, 자신에게는 냉철하게 접근하라. 일반적으로 '자신에게는 관대하게, 상대에게는 냉철하게' 대할 때 문제가 생긴다.

5. 감정 승화 능력

힘든 감정을 느낄 때는- 알고는 있지만 -그 긍정적인 지식을 적용하기가 어렵다는 것을 한두 번은 모두 경험해 보았을 것이다. 그러나 '아는 것이 아니라 익숙한 것이 내 것이다.'라는 의지를 가지고 부단히 노력해야 한다. 사람은 지식으로 변화되는 것이 아니라 감성으로 변화된다. 강인한 의지는 지식이 아니라 감성 영역이다. 그러니 부정적인 감정의 늪에서 벗어나기 위한 본인의 각성이 필요하다.

오래전 지인에게서 들은 일화이다. 젊은 남녀가 사랑하다가 어떤 연유로 헤어지게 되었다. 여자 친구로부터 일방적으로 이별 통보를 받은 이 청년은 무척 심한 고통 가운데 빠지고 되었고, 이러한 괴로움을 잊기 위해 학업에 더욱 열중하며 몰입하였다. 그 후, 이 청년은 대학생 신분으로는 어렵다고 하는 시험을 패스하게 되었고, 자격을 취득하였다. 청년은 제일 먼저 이 소식을 헤어진 여자 친구에게 전화를 걸어 알렸고, 여자 친구 또한 헤어진 사이이지만 진심으로 축하하며 함께 기뻐해 주었다는 이야기다. 저자는 이 예가 바로 자신의 감정을 승화시켜 발전의 에너지로 활용한 좋은 예라는 생각이 들었다.

변화를 위한 마음가짐

변화를 꿈꾸면서도 정작 과거의 행동과 사고에서 벗어나지 못하는 것은 두려움, 익숙함, 게으름 때문이다. 습관에서 벗어난다는 것은 결단과 용기가 필요하다.

: 두려움

두려움은 실체가 없다. 우리는 이러한 감정의 틀을 벗어나야 비로소 도약의 발판을 딛게 된다.

: 익숙함

익숙함은 창조적인 아이디어나 혁신적인 생각을 가로막는 방해물이다. 익숙함이 우리에게 주는 올무는 새로운 생각 못 하게 방해한다는 것이다.

: 게으름

'이상'과 '망상'은 꿈의 크기가 아니라 실행의 여부에 의해 결정된다. 또한, 성공은 생각이 아닌 '행동'으로 이루어진다는 것을 생각한다면 게으름의 의미가 이해될 것이다.

새로운 습관을 실행하라. 게으름은 안일함과 일맥상통한다. 시간 관리에 좀 더 철저히 임할 때 안일함을 벗어날 수 있다는 것을 기억하고, 자투리 시간부터 관리해야 한다. 두려움은 미지에 대한 마음이다. 안주하고자 하는 나태한 마음을 버리고 도전하는 정신을 재무장하라. 인생의 진정한 아픔은 실패가 아니라, 도전하지 아니함이다. 될 때까지 꾸준함으로 도전하는 자에게 실패는 없다. 훈련이 있을 뿐이다. 사람은 생각하는 대로 살지 않으면 머지않아 사는 대로 생각하게 된다. 일상의 생각이 삶의 방향을 결정하며, 삶의 의미와 열정은 스스로 찾아내는 것이다. 성공을 위하여 우리는 부단히 변화하고 성숙해야 한다. 기억하라, 성공은 생각이 아니라 행동으로 이루어지는 것이다.

과거에 겪은 경험과 상처 때문에 고통에 시달리는 사람들이 있다. 이러한 사람일수록 새로운 감정을 선택해야 한다. 과거가 이미 영향을 미쳤던 사실까지 없앨 수는 없지만, 과거가 현재의 자신에게 미치는 영향은 바꿀 수 있다. 과거에 받은 상처에 대해 끊임없이 생각하는 사람은 계속 감정이 저조할 수밖에 없다. 그러나 안 좋은 과거의 기억이 떠오를 때마다 과거의 경험이나 상처보다 그것을 어떻게 해석하느냐가 더 중요함을 알아야 한다.

과거를 후회하는 일은 한두 가지 다 있기 마련이다. 하지만 줄곧 과거의 상처에 지배당한다면 결코 행복한 삶을 누릴 수 없다. 지나간 시간은 되돌릴 수 없다. 과거의 악몽에 시달릴지, 새로운 관점으로 나아갈지는 자신의 선택이다.

1. 자기성찰Self-Insight

'나는 왜 이렇게 사는가?', '왜 변화하지 못하는가?', '왜 변화해야 하나?' 등 자신에게 "왜?"라는 질문을 끊임없이 던져 보자. 지금의 생활에 안주하려 하지 말라. 인생은 인내와 끈기이다. 정확한 방향설정이 되었다면 전진하라. 우리는 미래를 알 수 없다. 그러나 오늘을 살아가는 나의 모습이 내일을 말해준다. 잠자리에 들 때는 오늘 하루의 시간을 통하여 무엇을 배웠는지 생각해 보라.

2. 메타인지metacognition

메타인지는 '인식에 대한 인식', '생각에 대한 생각' 즉 더 높은 차원의 생각하는 기술로서 무엇을 배우거나 실행할 때 자신이 아는 것과 모르는 것을 정확히 파악할 수 있는 능력이다. 메타인지 능력이 뛰어난 사람은 자신의 사고과정 전반에 대한 이해와 평가가 가능하기 때문에 어떤 것을 배우거나 수행하는 과정에서 효과적인 방법을 선택하여 적절히 사용할 수 있다. 설명할 수 없는 것은 아는 것이 아니다. 정확한 메타인지 과정으로서의 설명은 원인과 결과가 확실해야 한다.

1) **메타인지적 지식**metacognitive knowledge: 무언가를 배우거나 실행할 때 자신이 아는 것과 모르는 것을 정확히 파악할 수 있는 능력이다.

2) **메타인지적 기술**metacognitive skill: 메타인지적 지식에 기초하여 발휘된다. 예를 들어, 직장에서의 프로젝트의 방법과 전개 등 전략을 사용하는 능력을 의미한다.

3. 정확한 목표Object

목표가 있는 사람과 없는 사람은 말과 행동의 에너지가 다르다. 목표는 사람을 끌어당기고 상황을 반전시키는 힘이다. 목표가 있는 사람은 집중해야 할 것을 잘 알고, 일의 우선순위를 정확하게 매겨 일사불란하게 움직인다. 삶의 확실한 목표를 정해라.

4. 실행Action

언제까지 때가 아니라고 핑계 대며 기다릴 것인가? 적당한 때는 없다. 때를 기다리는 것은 이 순간을 그저 꾹 참고 있는 것일 뿐이다.

현재가 과거의 결과인 것처럼 미래는 현재 선택한 것들의 결과인 것이다. 지금 시작해야만 무언가를 얻을 수 있다. 중요한 것은 '현재', 머릿속에 있는 비전을 실현하려면 지금 시작하라.

5. 순수성Purity

아이의 순수성을 가져야 한다. 아이들은 본인이 하는 일에 집중하고 재미를 느끼지만, 어른들은 지나치게 남을 의식하거나 실패를 두려워하며 일을 한다. 내 가슴이 원하는 것을 실행하라. 남의 시선에서 자유로울 필요가 있다. 남은 결국 결과를 바라볼 뿐이다. 과정에서 넘어지는 것을 두려워하지 말라.

6. 위기관리 능력Crisis Management Capability

절박함은 미루어 왔던 행동을 이끌어내는 중요한 동기가 된다. 스스로 일의 마감을 정해 놓고 위기 상황을 예측한다면 자신을 자극해 움직이게 한다. 일에 쫓기는 것을 스트레스로만 생각하지 말고 자기 발전의 기회로 삼고 변화의 원동력으로 활용하라.

7. 긍정적 언어Positive Language

자신의 삶을 바꾸고 더 나아가 운명을 개척하고자 한다면 말부터 바꾸어라. 말이 바뀌면 생각이 바뀌고, 생각이 바뀌면 말이 바뀐다. 이것이 '언어와 심리의 상호작용 원리'이다. 사람은 바라보는 대로 나아가고, 말한 대로 된다. 세상을 긍정적으로 바라보고, 내 삶을 긍정적인 관점으로 받아들인다면 길은 늘 찾을 수 있기 마련이다.

"Optimism Always Finds A way!" – 긍정은 언제나 길을 찾는다.

긍정적 마인드와 자신감 개발

1. 품격은 배려와 친절로 나타난다

1) 말은 아끼고 많이 들어라.

2) 목소리를 가꾸어라.

① 하루 한 번 소금물 양치질하기.
② 발성 시 의도적으로 배에 힘을 주어 발음하기.
③ 소리 내어 신문이나 책을 읽기.

3) 진실한 대화법

수백 마디 달변보다 솔직한 한 마디를 하라. 쓸데없는 사족을 달지 말 것.

4) 거절과 부탁을 확실하게 하라.

5) 쉬운 어법을 구사하라. 미사여구나 현학적인 표현은 오히려 역효과다.

6) 반응하지 말고 주도하라.

7) 현실을 받아들여라.

고통 이후의 긍정적인 면을 생각하라. 비전과 가치를 소유함에 감사하라. 자신의 비전과 소망으로 새로운 현실이 열릴 것을 바라보라.

2. 자신에 대한 믿음을 가져라

자신에 대한 믿음은 자기 확신이며, 자기 확신은 자존감으로부터 이루어진다. 자기 연민과 우울감 등은 낮은 자존감에서 온다는 것을 생각할 때에 무엇보다 먼저 자존감을 구축하는 것이 우선시되어야 한다. 그러기에, '자기 확신'은 남이 주는 것이 아닌, 자신에게 주는 선물이다. 내가 나를 믿지 못한다면 남이 나를 믿겠는가? 사회생활에서 중요한 사항 중 하나가 '신뢰'이다. 남을 신뢰하는 것도 중요하지만, 자신을 신뢰하는 것은 더 중요하다. 그러나 실력과 능력이 없이 그저 자신을 믿는 것은 자기 확신이 아닌 허풍이다. 실력을 높이고 내공을 갖춘 다음, 당당하게 자신을 믿어야 한다. "성공은 '할 수 있다.'라고 말하는 자를 찾아오고, 실패는 '할 수 없다.'라고 말하는 자를 찾아온다."라는 서양 속담이 있다. 인간은 자신이 믿는 바대로 되는 경향이 있다. 지금의 내 생각과 믿음이 나의 미래를 결정한다.

3. 늘 준비된 모습을 갖춰라

실력 없는 능력은 없다. 현대인들에게 다양한 지식과 정보는 필수이다. 단순한 지식을 습득하기 위해서는 인터넷을 사용하는 것이 효과적이지만, 사고력을 배양하는 데는 책 이상으로 좋은 것이 없다. 이러한 것은 단시간에 이루어지는 것이 아니므로, 평상시 독서를 생활화하며 많은 상식과 정보를 쌓아두는 것이 현대를 살아가는 지식인으로서 기본적인 소양이라고 할 수 있다.

기회는 준비된 자의 것이다. 운 또한 준비된 자에게 찾아온다. 우리는 흔히 성공한 사람을 보며 "저 사람 운이 좋았다."라고 말하곤 한다. 결과만 바라보는 것이다. 앞서 말한 바와 같이, 이제 남의 결과를 평가하기 전에 그의 과정을 읽을 수 있어야 한다. 반대로 자신에게는 목표를 지향해야 한다. 그러할 때 과정에 어려움이 닥쳐도 수용하고 이겨 나갈 힘이 생기는 것이다. 인생에서 목표는 꼭 있어야 하고 더 나아가 인생의 '비전'은 우리에게 힘을 주는 원천이 된다.

4. 성공은 끈기를 동반한다

인간의 사고와 행동은 무의식의 지배를 받는다. 말하기 또한, 자신을 알게 모르게 지배하는 잠재의식을 유연하게 컨트롤하는 방법을 터득한 후에 말하기 기술을 익히는 것이 바람직하다. 말이라는 것은 기술에 앞서 내재해 있는 마음의 표현이기 때문에 심리가 건강하지 않으면 아무리 기술적인 말하기 방법을 익혀본들 오래가지 못한다는 것을 알아야 한다. 그러기에 평생 유지되기 위한 품격 있고 설득력 있는 언어생활은 건강한 심리가 구축되지 않는 한 불가능하다.

우리가 인생에서 그 무엇을 얻기 위해 나아갈 때, 가장 중요한 전제조건은 '꾸준함' 즉 '끈기'이다. 무엇이건 단시간에 변화를 원할 때 오히려 변화의 속도가 더디어진다. 때로 빨리 간다고 생각되는 것은 착각이거나 잘못 가고 있을 경우가 대부분이다. 결국, 꾸준함을 가지고 부단한 노력을 기울일 때 확고한 변화의 뿌리가 내려지며, 건강한 성공을 이룰 수 있다.

일회성이 아닌 '꾸준함'으로 인생을 살아간다면 머지않아 성취감을 맛보게 될 것이다. 이를 위해 다음 사항을 기억하라.

1) 풍부한 독서를 하라.

2) 아이디어를 메모하라.

3) 자기 머리로 생각하라.

4) 좋은 습관을 유지하라.

5) 한번씩 자신을 객관화하라.

집중력 훈련

1. 대중공포와 긴장감 극복방법

1:1 대화 시에는 편한 마음으로 말도 잘하던 사람이 몇 사람 앞에만 서면 마음이 떨리고 생각이 잘 표현되지 않아 좌절을 경험한 적이 있는가? 이것은 기술이 아니라 심리이다. 대중에 대한 공포감과 긴장감은 심리적 압박을 풀어가는 과정이 필요하다. 그다음 반복훈련에 의한 기술이 진행되어야 한다.

많은 사람은 '시간이 지나면 낫겠지, 몇 번 해보면 해결될 수 있겠지.' 하는 안이한 생각으로 시간을 보내다가 결국 대중에 대한 트라우마를 갖게 되고서야 전문가를 찾게 된다. 부정적 경험을 쌓는 것은 좋지 않다. 개선되기도 힘들게 되고 자신의 자존감이 떨어지기 때문이다. 위축 기제는 시간이 지난 만큼 개선도 힘들다. 문제를 느낄 때 즉시 개선하는 것이 최선이다.

"'최선'이란 자신이 스스로의 노력에 감동할 때이다." 열정만 있으면 거의 모든 문제는 해결될 수 있다. 그러기 위해 필요한 유일한 조건은, 진정으로 그렇게 되기를 간절히 원하는 것뿐이다. 자신에게는 결과를, 남에게는 과정을 바라보라.

- ▶ 4G: 용기Grit, 끈기Guts, 은총Grace, 적극성Gumption
  좋은 연사가 되기 위해서는 자신의 노력이 부족함을 깨닫고 4G를 얻기 위해 노력하는 것이 성공의 첫걸음이다.
- ▶ 준비한 만큼 덜 긴장된다.
- ▶ 청자 없이 스피치는 없다. 연사가 되기 전에 청자의 입장이 되어라.

1) 긴장요소

(1) 생소함

사람은 생소한 환경이나 상황 앞에서 긴장하게 마련이다. 이를 위해 반복된 훈련이 필요하다. 한국 사람이 환경적으로, 반복적으로 한국어를 배워서 익숙해지듯이 어떠한 기술이나 상황은 거듭된 훈련이 진행되는 가운데 자신의 일부분으로 받아들이게 된다. 이것은 기술적인 영역으로서 기술은 반복훈련으로 해결된다.

(2) 왜곡된 과시욕

인간에게 가장 강한 욕구는 인정욕구이다. 인정욕구는 자녀가 부모에게, 학생이 스승에게만이 아니라 때로 부모도 자녀에게 좋은 부모로 인정받기를 원하고, 교사도 학생에게 좋은 스승으로 인정받기를 원한다. 인정욕구는 인간관계에서 일방적이 아닌 상호적 반응이다.

인정욕구는 때로 우리에게 건강한 동기가 되기도 한다. 많은 여성이 다이어트를 감행하는 것도 아름다움을 인정받고자 하는 욕구이며, 남성들이 건강을 위해 다양한 방법들을 결행하는 것도 인정욕구의 표현이다. 하지만 건강하지 못한 욕구는 오히려 자신을 억압하고 발전을 가로막기도 한다. 자신의 목표를 향하여 나아가는 에너지가 되기도 하는 인정욕구가 오히려 걸림돌 역할을 하기도 하는 것이다.

대중 앞에서 본인의 모습에서 최선을 다하려는 진솔한 마음보다는 '내가 부장인데 이 정도는 보여야 한다.' 또는 '내가 리더인데, 나의 약한 모습을 보이면 안 돼.' 하는 왜곡된 과시욕에 눌리게 되면 그 가면의식에 의해 더욱 긴장되고 결국 본인의 참모습보다 더 못한 결과를 초래하게 된다. 이것은 심리적 영역으로서 "나의 참모습으로 최선을 다하자."라는 마인드 컨트롤을 지속해야 한다.

(3) 준비 부족

전문가도 준비가 부족하면 긴장하고 실수하게 된다. 준비는 많이 할수록, 충분히 할수록 좋다. 어떠한 상황에 무엇을 준비하든 다양한 정보에 의해 충분한 시간을 가지고 하라. 대중 앞에 서게 되는 경우는 20분 정도 미리 현장에 가서 준비를 점검하고 분위기를 익혀 두는 것이 좋다.

2) 긴장감 극복방법

긴장감 극복방법이란 곧 집중력 훈련이다. 어느 정도의 긴장은 필요하다. 왜냐하면, 실수는 때로 너무 편안할 때 일어나는 경우도 있기 때문이다. 그러나 대중 앞에서 편안할 수 있는 것은 현실적으로 전문가 외에는 찾아보기 어렵다. 사실 전문가들도 예기치 않은 확장된 공간이나 엄중한 분위기 앞에서는 긴장되기 마련이다.

(1) 자신의 메시지에 집중하라

자신의 연설내용에 집중하라. 이것이 최고의 방법이다. 대학원에서 전공과목으로 '언어심리'를 강의하는 지도교수 입장에서 재미있는 현상을 경험하고는 했다. 언론정보대학원은 특수대학원으로서 학생 중에는 이미 전문가의 길을 가고 있는 사람들이 많다. 그들은 각자의 영역에서 전문가들이다. 특히, 방송인이 많고 그중에서도 아나운서나 전문 강사가 많다. 대중 앞에 서는 것이 직업인 그들에게도 발표를 시키면 그들 또한 하나같이 긴장한다는 사실이다. 이것은 심리적 현상이다. 방송국이나 교육현장에서는 전문가라는 '자기 긍지'가 있다. 그러나 학교에서의 발표는 '평가 받는다'는 사실 앞에 학생이라는 의식이 앞서는 것이다. 초등학생이나 대학원생이나, 일반인이나 전문가나 평가 앞에 긴장하는 것은 동일한 현상이다. 이때, 긴장극복을 위해 필요한 것은 '집중력'이다. 개선의 여지 또한 동일하다. '집중력'은 기술이기 전에 심리이다. 이렇듯, 모든 영역에서 심리가 작용한다.

(2) 상대의 메시지에 집중하라

1:1 대화 시에 기억해야 할 사항이다. 사람은 대중 앞에서만 긴장하는 것이 아니다. 일대일 상황에서도 긴장하게 되는 경우가 있다. 면접 시의 면접관 앞에서 또는 회사에서 CEO 면전이라면, 그래서 그 한 사람에 의해 나의 처지에 절대적 영향을 받을 수 있는 상황이라면 긴장할 수밖에 없다. 나에게 절대적이고 중요한 사람이거나 어려운 상대일수록 직분이나 격을 의식하게 되며 위축되고 긴장감이 가중될 수 있다. 이러할 때는 상대의 위치나 직분이 아니라 그 상대가 말하는 내용, 즉 상대의 메시지에 집중해야 한다.

(3) 철저한 준비

앞서 말한 바와 같이 준비부족은 긴장감을 가져온다. 그러므로 할 수 있는 한 최선을 다하여 준비하여야 한다. 준비한 만큼 덜 긴장되는 법이다. 절대 변명으로 시작하지 말라. 준비 부실을 고백하며 이유를 지지부진 설명한다든지, 이야기하는 데 서툴다는 표현 등은 금물이다. 청중들은 그런 고백을 하지 않더라도 그 사실을 곧 알게 된다. 판단은 청중에게 맡기고 대신 세련된 유머를 사용하라. 적절한 유머는 청중의 긴장을 풀어줄 뿐만 아니라 화자에게 호감이 가게 한다. 또한, 쓸데없이 긴 장광설을 늘어놓지 말라. 그 시간에 핵심주제에 집중하라. 인생에는 '핵심가치'가 있어야 하듯, 말에는 '핵심주제'가 있어야 한다. 핵심주제를 설정하고 그에 맞는 이론과 예시를 들어 진행한다면 자신에게는 '보람'이, 청중에게는 '의미'를 남기는 시간이 될 것이다. 늘 최선을 다하는 습관, 긍정적 사고로 나아가야 한다. '나는 더 이상 할 수 없다.'라든가, '여기까지.'라는 생각은 자신의 능력을 비하하는 태도이다. 실제, 사람은 능력 때문이 아니라 부정적 생각 때문에 한계가 지어지는 것이다.

2. 창의력 개발

과학의 발전으로 인간은 우주의 깊은 곳까지 알아가고 있지만 정작 하나의 소우주인 우리의 뇌에 대해서는 잘 모른다. 그러다 최근에 이르러서야 뇌의 비밀이 하나하나 밝혀지고 있다.

1) 뇌는 머릿속에 있다. 즉 두꺼운 두개골에 쌓여 있어 세상을 있는 그대로 보기보다는 멋대로 해석할 여지가 있다. 그러니 우리의 뇌를 과신해서는 안 된다.

2) 정보전달 세포인 뉴런들을 연결하는 시냅스가 얼마나 안정적으로 연결되어 있는지가 뇌 기능의 결정적인 요소다.

3) 시냅스를 강화하려면 기존의 지식에 새로운 지식을 도입해 보고 다른 각도에

서 자주 생각해 보는 훈련을 하면 된다. 기존의 뉴런이 새로운 뉴런과 활발히 연결될 때 뇌 기능이 강화되기 때문이다. 예를 들어 읽은 책 내용을 그림으로 그려보고 말을 해보면서 기존에 알고 있던 내용과 비교해 보는 식이다.

4) 뇌를 좋게 하는 생활 속 훈련

: 운동, 수면, 새로운 분야의 독서, 여행, 천장이 높은 곳에서 생각하기(3.3m 이상), 초록색 자주 보기, 술은 치명적이지만 담배는 일시적으로 시냅스 연결을 강화한다.

우리의 사고력은 10~13세 때 어떤 학습방법으로 뇌를 개발하는가에 따라 달라진다. 하지만 좌절할 필요는 없다. 이런 결정적 시기를 지난 성인도 위와 같은 훈련으로 시냅스 연결을 강화할 수 있기 때문이다. 결국, 창의력 개발이란 창의력을 저해하는 요소들을 없애는 과정이라고 할 수 있다. 고정관념과 편견을 버리고 어린아이와 같은 열린 마음, 순수한 시각으로 세상을 보며 기존의 가치와 상식을 파괴하는 자신만의 기발한 생각을 해보자.

3. 몰입immersion과 멀티태스킹multitasking

우리는 살아가다 보면 때로 타의이건, 자의이건 한꺼번에 몇 가지 일을 동시에 하게 될 때가 있다. 이 시간, 그 경험을 떠올리며 함께 생각해 보기 바란다.

"우리에게 멀티태스킹이 가능할까?" 이러한 질문을 던져 보면 꽤 많은 사람은 "한 번에 여러 가지 일을 할 수 있고 또 그렇게 하고 있다."라고 답한다. 또는 "그렇게 하는 것이 더 재미있고 일도 더 잘된다."라고 답한다. 과연 그럴까?

음악을 들으며 공부해야 학업능률이 더 오른다는 학생, 음식을 동시에 여러 가지 하는 주부, 컴퓨터 화면에 여러 개의 작업 창을 켜놓고 일하는 직원 등 이러한 모습을 우리는 주위에서 흔히 볼 수 있는 장면 중의 하나이다. 그렇다면 이렇게 자신이 감당하고 있는 동시다발적인 업무들을 자신이 제대로 통제하고 있다고 믿는가? 인간의 뇌는 두 가지 작업을 동시에 최고 수준으로 작동시킬 수 없게 되어 있다. 음악을 들으며 공부하는 학생은 굳어진 습관일 뿐이며, 몇 가지 음식을 동시에 하는 주부의 모습은 능숙함 때문이 아니라 조급함 때문일 경우가 대부분이다. 여러 개의 작업 창을 띄우고 일하는 직원의 모습에서 우리는 실수의 경험담을 많이 듣게 된다. 이렇듯, 어떤 일을 동시에 한다는 것, 잘해낸다는 것은 불가능하다.

얼마 전, 모 방송국의 자동차 사고 프로그램을 보게 되었는데, 국내외적으로 자동차 사고의 대표적인 원인으로 세 가지를 꼽았다. 졸음운전, 부주의, 운전미숙이라는 통계를 제시하였는데 상당히 타당성이 있다고 본다. 그중 가장 높은 비율이 부주의, 즉 딴짓을 하다가 일으킨 사고였다. 핸드폰을 들여다본다거나 통화를 하는 경우, 음악을 듣거나 메모를 읽는 경우 등이었다.

그럼에도 불구하고 우리 인간은 왜 자꾸 멀티태스킹을 하려고 하는 걸까? 그 이유는 조급함과 욕심이다. 시간이 많지 않은데 여러 가지 일을 한꺼번에 하게 될 때 우리는 멀티태스킹을 하게 된다. 어쩌면 처음부터 멀티태스킹을 염두에 두고 일을 계획하기도 한다. '질'보다는 '양'에 집중할 때 우리는 멀티태스킹을 하게 되는 것이다. 이것은 엄연히 '계획 오류planning fallacy'이다.

앞에서 지적한 바와 같이 인간은 어떤 일을 동시에 한다는 것은 불가능하다. 두 가지 일을 한다는 것과 효율적으로 해낸다는 것은 다른 의미이기 때문이다. 기제 중에 '선택적 주의selective attention'라는 것이 있다. 자신에게 동시에 주어진 정보에 대하여 어떤 정보에는 주의를 기울이고 또 다른 정보는 무시하는 것을 말하는데, 이를 잘 수행할 수 있다면 '선택적 주의능력'이 있다고 할 수 있다. 그러나 이 기제는 일반인에게는 좀처럼 주어질 수 없는 능력이다. 실수를 연발하게 되며 뜻하지 않은 결과를 가져오게 되므로 결국, 한 번에 한 가지 일을 하는 것이 더 효율적이라 할 수 있다.

그렇다면 우리는 어떻게 몰입을 하여 최고의 결과를 도출해 낼 수 있을까? 몰입(沒入) immersion의 사전적 의미는 '어떤 대상에 깊이 파고들거나 빠짐'이다. 다른 것에 관한 관심을 동시에 유지할 수 없다는 것을 의미한다. 그러니 간식을 먹으며 공부를 한다면 그는 음식의 맛도 알지 못하고 먹게 되며, 학업의 효율도 떨어지게 된다.

저자는 과거, 운전하며 음악 듣기를 좋아했는데, 음악에 심취한 나머지 진입로에서 길을 잘못 들어간 적이 몇 번 있었다. 지금은 그러한 실수를 되풀이하지 않기 위해 운전할 때에는 아예 음악을 틀지 않는다. 전면 시야에 들어오는 광경을 즐기며 진입로에서는 운전에만 집중하게 되었다. 살아가는 의미를 '양'이 아닌 '질'에 둔다면, 효율의 가치를 '많이 하는 것'이 아닌 '잘 해내는 것'에 두어야 할 것이다.

결 단

인생에는 결단이 필요할 때가 있습니다.
결단의 순간은 숱한 고민의 순간입니다.
오랜 고민은 결단을 방해합니다.
그러니 쓸데없는 고민은 멈추십시오.
대부분의 고민은 일어나지 않을 일이 더 많고,
냉혹한 현실은 고민을 깊어가게 함을 알게 됩니다.

상황과 조건 앞에 눌리지 마십시오.
간절함과 최선으로 무장하면 됩니다.
삶은 도피가 아닌 최선이어야 합니다.
본질을 파악하고 해결 방법을 강구하여
그것을 바로 실행으로 옮기십시오.

인생은 정지를 허락하지 않습니다.
지나가는 시간을 바라만 보시렵니까?
존귀한 인생과 비천한 인생은 자신의 결단에 달렸습니다.
자신이 바라는 것을 이루십시오.
그 힘은 남이 아닌 나에게서 나오는 것입니다.

제4부 목차

제4부

긍정심리와 자존감

우리의 관점이 우리의 삶을 만든다.

품격언어

1. 품격을 보여주는 언어

스피치는 모든 처세의 근본이다. 말하는 훈련은 자신의 이미지를 높이고 세련되고 매끄러운 처세를 가능하게 한다. 우리는 말하는 생활 속에서 여러 가지 문제에 부딪히게 된다. 효과적으로 말하거나 들을 줄 모르고 자기주장만 내세우고 상대의 말은 들으려 하지 않는다거나, 감정을 앞세운 거친 말을 많이 한다거나, 사석에서는 말을 잘하는데 공석에서는 말을 할 줄 모른다거나, 생각한 내용을 제대로 표현하지 못한다거나, 이야기가 논리적으로 전개되지 않는다거나, 연당에 서면 두려움이 앞서는 등의 문제다. 그렇다면 이 같은 문제를 어떻게 풀어나가야 할까?

우선 '누구에게', '무엇을', '어떻게' 말할 것인가를 염두에 두어야 한다. 그 방법은 다음과 같다.

1. 관심을 끌게 말한다.
2. 흥미 있게 말한다.
3. 논리적으로 말한다.

4. 사실을 토대로 말한다.
5. 품격 있는 언어를 사용한다.
6. 목적을 뚜렷이 하고 말한다.
7. 상대방을 정확히 안 뒤에 말한다.
8. 감명을 주는 내용을 가지고 말한다.
9. 늘 진실한 마음으로 전심을 다하여 말한다.
10. 꾸며낸 음성이 아닌 자연스런 목소리로 말한다.

이렇게 말할 수 있도록 평상시에 부단한 훈련을 쌓아야 한다.

2. 전화예절

전화에서의 언어가 중요한 이유는 모습이나 다른 이미지를 어필할 수 없는 상황에서 단지 목소리와 언어의 표현에 의해서만 그 사람의 인격이 나타나기 때문이다.

상대의 마음을 언짢게 하고 자신의 마음이 편할 수 없는 것이 사람의 심리이다. 자신의 마음이 불편한 상태에서 감정대로 대응하는 통화법은 더욱 자신의 마음을 불편하게 할 따름이다. 그렇다고 너무 지나치다 싶을 정도로 친절하거나 경직된 목소리로 구호처럼 외워대는 인사말은 부담스럽다.

전화의 응대법에서 기억할 것은 '부드럽고 밝은 목소리'이다. 회사에서의 경우 "네, 기획실 홍길동입니다." 또는 "감사합니다, 기획실 홍길동입니다." 정도가 무난하다.

잘못 걸려온 전화일 경우, 상대방이 무안하지 않게 인지시켜주는 것이 중요하다. 밝고 명랑한 목소리로 "아닙니다. 전화가 잘못 걸렸습니다."라고 해 두는 정도가 무난하다. 그런데 이때 같은 전화가 다시 걸려올 수가 있기 때문에 미연의 방지 차원에서 "몇 번에 전화하셨습니까?"와 같은 말로 확인 절차를 둘 수도 있다. 잘못 걸려온 전화를 받는 태도에서도 그 사람의 인격이 드러난다.

전화를 끊을 때도 상대에 따라 적절한 인사말을 해야 한다. 내내 통화를 잘하다가 갑자기 일방적으로 끊는다든가 해서는 안 된다. 특히 통화 상대가 윗사람이면 "안녕히 계십시오.", "고맙습니다, 안녕히 계십시오." 등과 같은 인사가 적당하다.

전화통화 시에 사용해서는 안 되는 인사말 중에 "들어가세요."라는 인사말이 있다. 도대체 어디로 들어가라는 것인지 도통 알 수가 없다. 전화하다가 들어갈 곳은 없다. 도무지 의미도 없고, 출처도 알 수 없는 언어는 삼가해야 한다.

3. 편지예절

요즘은 편지보다는 전자우편이 상용되고 있는 시대이다. 그러나 편지라는 전달 매체가 완전히 죽은 것은 아니다. 때로는 정성을 담은 장문의 글이 받는 사람에게 더욱 큰 감동을 주기에 이 편지의 유용성을 상기하고 또한 편지의 예의와 격식을 알아 둘 필요가 있다.

편지를 받았을 때 가장 먼저 보는 곳은 발신자 난이다. 누가 보낸 것인지가 가장 궁금하기 때문이다. 그다음 눈길 가는 곳이 수신자 난이다. 편지가 자기한테 온 것이 맞는지를 확인하기 위해서이다. 그런데 이 겉봉투 쓰기를 소홀히 여겨 수신자의 기분을 언짢게 하는 경우가 있다. 발신자 난에 보내는 사람 이름 석 자만 달랑 적혀 있는 경우나, 수신자란에 받는 사람의 이름 석 자만 쓰여 있는 경우가 있는데 이것은 심각한 결례이며 특히 어른에게 편지를 쓸 때는 더더욱 그렇다. 적어도 '홍길동 드림', '홍길동 올림'과 같이 써야 한다. 편지를 보내는 사람이 제자라면 '문하생(門下生)'이라는 단어를 앞에 넣어 '문하생 홍길동 올림'이라고 쓰면 더욱 예의 바른 표현이 된다.

수신자 난에 편지를 받는 사람의 이름 석 자만 쓰는 것은 더 큰 결례이다. 봉투에 자기 이른 석 자가 아무 수식 없이 올라와 있는데 기분 좋을 사람은 하나도 없다. 더구나 편지 받는 사람이 윗사람이라면 더욱 참담한 느낌마저 들 것이다. 윗사람에게 편지를 보낼 때는 직함이 있는 경우 직함을 이용하여 '홍길동 과장님(께)'과 같이 쓰는 것이 원칙이다. 이때 '홍길동 과장님 귀하' 처럼 '귀하'를 덧붙이지 않는다는 점에 유의해야 한다. 윗사람이 직함이 없는 경우에는 '귀하'와 '좌하'를 붙여 '홍길동 귀하', '홍길동 좌하'라고 쓴다. '홍길동 님 귀하'나 '홍길동 님 좌하', '홍길동 씨 귀하'는 존대가 중복된 표현으로 본다. 그런데 실제로는 이와 같은 표현이 더 많이 쓰이고 있다. 이름 뒤에 '귀하'나 '좌하'만 붙여 쓰는 것이 어른에 대한 공대가 아니라는 생각 때문에 이러한 중복 표현을 쓰는 것이다. 그러나 '님'이나 '씨'를 덧붙이지 않고 '귀하'나 '좌하'만을 표현하는 것이 원칙적으로 맞다. 동료에게는 '홍길동 귀하', '홍길동 님'과 같은 형식으로 쓰고, 아랫사람에게는 '홍길동 앞'과 같은 형식으로 쓰는 것이 원칙이다.

개인 편지가 아니라 공식적인 업무로 보내는 우편물의 경우에도 수신자란을 작성하는 일정한 방식이 있다. 회사로 보내는 경우에는 '성서 주식회사 홍길동 사장님' 또는 '성서 주식회사 홍길동 귀하'와 같이 쓴다. 직책을 존대하였으면 '성서 주식회사 홍길동 사장님 귀하'와 같이 '귀하'를 덧붙이지 않는다.

편지의 내용에서 우리가 유념해야 할 사항은 글의 처음 시작인 인사말이다. '잘'과 '안녕'에 대한 사용법을 확실하게 분별하여 사용해야 한다. '잘'이라는 부사는 "잘 가라.", "잘 생각하거라.", "잘 있었니?" 등 주로 어른이 아이에게 하는 말이다. 그러므로 아랫사람이 윗사람에게는 '잘'이라는 말은 쓸 수 없다. 선생님이나 집안의 어른과 같이 깎듯이 높여야 할 상대에게는 '평안히'나 '편히' 등도 있으나 가장 높은 등급의 '안녕히'를 쓰는 것이 격에 맞다.

한 통의 편지에도 보내는 사람의 인품과 교양이 담겨 있기 마련이다. 이는 편지의 내용에서뿐만 아니라 편지의 격식에서도 마찬가지이다. 편지를 쓸 때는 합의된 격식에 따라야 한다. 만약 이를 어기면 상대를 언짢게 만들 수 있고 또 스스로 교양 없는 사람이 되고 만다.

4. 전자우편의 예절

현대인은 전자우편과 매우 친숙한 환경 가운데 살아가고 있다. 전자우편을 확인하는 것으로 하루를 시작하고 그것을 정리하며 하루를 마감한다 해도 과언이 아닐 정도로 현대인에게는 떼려야 뗄 수 없는 관계에 있는 것이 전자우편이다. 그런데 너무나 친숙한 나머지 격식을 무시한 경우의 전자우편을 받게 될 때가 있다. 보내는 사람도 무심히 내용에만 치중된 전자우편을 보내다 보면 쌍방 간에 뜻하지 않은 불쾌감과 오해를 일으키게 되는 것이 전자우편의 부작용이라 할 수 있다.

격식을 제대로 갖춘 전자우편을 받으면 아주 기분이 좋지만, 그렇지 못한 전자우편을 받으면 기분이 언짢다. 성의가 없어 보이고, 자신을 무시하는 듯한 느낌을 받기 때문이다.

전자우편이 요구하는 형식은 편지의 경우와 크게 다르지 않다. 전체적으로는 편지 쓰기 방식으로 글을 쓰면 무방하다. 물론 편지보다 공간의 제약을 받는다는 특성 때문에 몇 가지 형식상 고려해야 할 것들이 있다. 글을 간명하게 쓰고, 한 줄의 길이는 너무 길지 않게 하고, 줄 간격은 비교적 넓게 하고, 이모티콘의 사용은 최대한 자제하는 것 등이 바로 그것이다. 이렇게 하는 것은 정보를 정확히 전달하여 상대방이 글을 쉽게 읽을 수 있도록 하기 위해서이다.

5. '의식'에서 사회자의 언어예절

어떤 의식이든 그 의식을 원만히 끌고 갈 수 있는 사회자가 필요하다. 특정 의식의 사회자는 말을 아끼되 정확하고 명쾌하게 해야 한다. 그래야만 의식이 엄숙하면서도 순조롭게 진행될 수 있다. 조그만 행사에서도 좋은 사회자를 찾으려고 애쓰는 것은 바로 사회자의 역할이 중요하기 때문이다.

그런데 훌륭한 사회자라도 말실수하는 경우를 종종 보게 된다. 그 말실수 가운데 대표적인 것이 "○○○의 말씀이 계시겠습니다."라는 표현일 것이다. 결혼식장에 가면 결혼식 사회자로부터 이런 말을 자주 듣는다. 사회자가 "다음으로 주례 선생님의 말씀이 계시겠습니다."라고 흔히 말하곤 한다. 물론 학교나 회사의 행사에서도 이와 같은 표현을 자주 듣는다. 교내 행사에서 "다음으로 교장 선생님의 훈화 말씀이 계시겠습니다."로 말하거나 회사 신년 하례식에서 "그럼, 사장님의 신년 하례 말씀이 계시겠습니다."와 같이 말하는 것이다. 이런 표현은 말을 하는 사람을 높이려는 단순한 동기에서 비롯된 것이지만, 분명 잘못된 것이어서 듣는 사람을 거북하게 만든다. 때에 따라서는 불쾌하게 만들기도 한다. 그래서 그런 말을 하는 사람이 어떤 사람인가 다시 쳐다보게 되고, 속마음으로는 그 사람의 자질까지 의심하게 된다.

'계시다'는 '어른(인격체)의 존재'를 나타내는 데 쓰인다. 예를 들어, "아버지는 지금 집에 계신다."와 같이 쓸 수 있다. 이를 만약 "아버지는 지금 집에 있으신다."라고 하면 안 된다. '있으시다'는 '아버지'와 같은 인격체의 존재를 나타낼 때 쓸 수 없기 때문이다. '있으시다'는 '관련 사물'과 호응하여 쓰인다. '말씀'도 그와 같은 범주에 들므로 "주례 선생님 말씀이 계시겠습니다."로 쓰면 잘못이다. 물론, "주례 선생님 말씀이 있으시겠습니다."와 더불어 "주례 선생님께서 말씀하시겠습니다."라는 표현도 가능하다.

"다음으로 사장님의 축사가 있으시겠습니다."나 "다음으로 사장님께서 축사를 하시겠습니다."로 표현하면 흠잡을 데가 없다. 그런데 여기에 사족을 붙여 "다음으로 사장님의 좋은 축사 말씀을 듣도록 하겠습니다."나 "다음으로 사장님께서 좋은 축사의 말씀을 해 주시겠습니다." 등으로 말하면 오히려 듣는 사장이 당황하거나 불쾌할 수 있다. 갑자기 그런 말을 하면 지나치게 아부하는 것으로 비칠 수가 있기 때문이다. 사회자는 불필요한 말을 줄이고 되도록 상황에 합당한 말을 선택하여 정확하게 표현하면 된다.

사회를 보는 말 한마디가 자신을 평가하는 자료가 된다는 것을 유념해야 한다. 그렇다고 잔뜩 주눅이 들어서 떠듬거려서는 안 된다. 당당한 자세로 차분하게 진행을 해 나가면 되는 것이다.

6. 소개예절

우리는 삶 가운데 많은 사람을 만나며 살아간다. 모르는 사람을 만나면 언제나 그런 것은 아니지만, 자기를 상대에게 알리는 인사말을 하게 되고 또 상대편이 자기에게 하는 인사말을 듣게 된다. 곧 '소개의 인사말'을 주고받는 것이다. 모르긴 해도 대부분은 모르는 사람을 만나 인사를 나누려 할 때 어떻게 해야 할지 몰라 일순 당황할 것이다. 소개의 인사말에 익숙하지 못하여 갑자기 말문이 막히는 것이다. 얼떨결에 그저 "안녕하세요?"라고 인사를 하기도 하는데, 이는 실례이다.

처음 만나는 사람에게는 "처음 뵙겠습니다. (저는) ○○○입니다."나 "인사드리겠습니다. (저는) ○○○입니다."라고 인사를 한다. 이때 '처음 뵙겠습니다.'를 '처음 뵙습니다.'로 말하는 사람도 있는데, '뵙습니다' 보다는 '뵙겠습니다'가 운율 면에서 훨씬 자연스럽고 완곡한 표현이어서 이것을 선택하여 쓰는 것이 바람직하다.

자기를 아버지에 기대어 소개할 때도 있는데, 이 경우에는 전통적인 방법을 따르는 것이 좋다. 이때 성은 말하지 않는 것이 원칙이다. "저의 아버지는 ○자 ○자이십니다.", "저의 아버지의 함자는 ○자 ○자이십니다."와 같이 소개를 한다. 그러나 "저의 아버지가 ○○○이십니다."나 "저의 아버지가 ○○○씨입니다."와 같이 소개해서는 곤란하다. 이들 표현은 일견 쉽고 간단해 보이지만, 정중한 소개의 인사말은 아니다.

본인이 자신을 남에게 소개하는 경우보다 더 어려운 것이 중간에 서서 다른 사람을 소개하는 경우이다. 여기에는 세 가지 원칙이 있다.

첫째, 친소 관계를 따져 자기와 가까운 사람을 먼저 소개한다. 친구를 먼저 소개하고, 그다음에 자기와 덜 가까운 사람을 소개하면 된다.

둘째, 아랫사람을 윗사람에게 먼저 소개한다.

셋째, 남성을 여성에게 먼저 소개한다.

만약 위의 세 경우가 섞여 있을 경우에는 순서대로 적용하는 것이 원칙이다. 예컨대, 신입 사원이 쉰 살이 넘은 과장을 협력 업체의 젊은 직원에게 소개하는 경우를 생각해 보자. 이때에는 자기와 가까운 인물인 과장을 먼저 협력 업체 직원에게 소개하고 그다음에 협력 업체 직원을 과장에게 소개하는 순서를 따른다. 자기 회사의 과장이 윗사람이지만, '친소 관계를 따져 자기와 가까운 사람을 먼저 소개한다.'는 원칙을 우선 적용하여 과장을 먼저 소개한 것이다.

처음 만나는 사람은 첫인상이 참 중요하다. 그 첫인상은 소개의 인사말을 통해서도 결정된다. 소개의 인사말을 정확하고 자연스럽게 하는 사람과 소개의 인사말도 몰라 얼굴이 빨개지고 공연히 부산만 떠는 사람은 질적으로 다른 사람이다.

7. 인사예절

사람은 만나고 헤어질 때 서로 인사를 주고받는다. 집을 나서거나 집에 들어올 때는 집안 어른께 인사를 하고, 길을 가다가 동네의 어른이나 동년배를 만나면 안부의 인사를 하게 된다. 그리고 학교나 직장에 가서 윗사람을 만나면 인사를 한다. 인사를 할 때는 상황에 합당한 인사말을 잘 선택해서 써야 한다. 이왕 인사를 하는 것인데, 정중하면서도 세련되게 해야 한다. 인사를 해서 손해 보는 경우는 없다.

- 아침에 집을 나설 때 집안의 어른에게 "학교(회사) 다녀오겠습니다." 라고 인사를 하고 나오면 얼마나 기분이 좋겠는가? 인사를 한다고 하면서 "갈게요.", "갔다 오겠습니다." 등으로 인사한다면 안 하니만 못하다.

– 우리가 주의해야 할 인사말 중에서 "잘 다녀오십시오."라는 인사가 있다. 이것은 잘못된 것이다. '잘'이라는 부사는 어른에게는 쓸 수가 없기 때문이다.

– 요즈음 쓰는 인사말 가운데 아주 이상한 것이 있다. 헤어질 때 쓰는 "가라.", "가세요."이다. 부사 '잘'과 '안녕히'를 넣어서 "잘 가라.", "안녕히 가세요."라고 표현해야 하는데, 이들 부사를 생략한 채 그렇게 쓰고 있다. '잘', '안녕히'를 넣는 것이 귀찮아서 이들을 생략한 채 단순한 인사말을 쓰는가 본데 이런 인사말을 들으면 기분이 묘하다. 말하는 사람이 불량스러워 보이기도 하고 또 자신을 무시하는 것 같아 기분이 나쁘다.

– 정숙을 요하는 연구실이나 강의실 근처와 같이 공공의 장소에서는 작은 소리로 인사를 해야 한다는 것을 유념하고, 인사하는 것도 중요하지만, 예의를 따져 인사하는 것이 더 중요하다는 것 또한 기억해야 할 것이다.

긍정적 마인드가 위기관리 능력이다

우리는 살아가며 많은 어려움에 직면하게 된다. 그런데 누구는 이것을 이겨 나가고, 누구는 그 어려움 앞에 실패를 말한다. 평소의 관점 차이가 결정적인 순간에 인생을 좌우하게 되는 것이다. 조금만 더 전진하면 이룰 수 있는 그 순간 멈추어 버리는 것을 보게 되는 경우가 있다. 참으로 안타까운 일이다. 왜곡된 심리와 부정적 심리는 동전의 양면과 같다. 부정적인 관점은 부정적인 현실을 만들어 낸다. 그러므로 현상이 아닌 본질개선이 우선해야 하는 이유이다.

인생에서 누구에게나 시련은 있다. 그 시련이 긍정적인 사람에게는 훈련이 되지만, 부정적인 사람에게는 고통으로 다가온다. 시련 앞에 감사하는 자와 시련 앞에 좌절과 분노를 품는 자의 끝은 보지 않아도 알 수 있다. 시련을 넘어갈 때 자신이 얼마나 그 목표를 절실히 원하는지 깨닫게 된다. 인생에서 거르는 과정으로 시련이 있다는 것을 기억하라. 내쳐지는 자가 아닌, 걸러지는 인생이 되어야 하지 않겠는가? 시련은 약한 자, 게으른 자를 걸러내기 위한 과정이다. 이루어가는 과정에서 모든 것이 형통하게 진행된다면 우리는 그리 절실한 마음도, 철저한 노력도 식어버릴지 모른다. 인생에서 고통 없이 행복으로만 연속된다면 행복의 의미가 희석되듯이 시련이 없다면 이룸에 대한 감동 또한 희석될 것이다. 그러니 시련 앞에 감사하라, 간절함을 깨닫게 해주는 귀한 기회이다.

심리분석

1. 비정상과 정상

어떤 행동이 비정상적인가보다는 부적응 여부가 더 중요한 문제다. 부적응 행동을 하는 환자는 고통과 사회적 장애를 겪는다. 어떤 사람의 행동이 그 자신과 다른 사람에게 위험을 끼칠 잠재력이 있거나 불합리하게 보이면 대체로 비정상적인 것으로 인식된다. 심리학자는 그러한 경우를 정신병리라 부른다.

2. '비정상성'을 구분하는 기준

오늘날에는 일반적으로 합의된 몇 가지 기준을 중심으로 비정상성에 대한 심리학적 정의를 내린다. 기 기준은 괴로움distress, 일탈deviation, 기능장애dysfunction, 위험danger의 4D로 분류된다. 비정상성은 대개 고통과 괴로움을 수반하는데, 개인이 겪는 급성 또는 만성 괴로움이 그 한 단면이다.

비정상성의 또 다른 기준은 부적절한 적응이다. 이는 직업을 가지거나 행복한 인간관계를 유지하거나 미래를 설계하는 등의 일상적인 활동을 제대로 해낼 수 없다는 뜻이다.

아주 흔한 또 한 가지 기준은 불합리성이다. 물리적, 사회적인 세계뿐 아니라 영적인 세계에 대해서 기괴하고 비논리적인 생각을 가지고 있으면 비정상으로 정의된다. 대부분의 사람은 비정상적인 사람의 행동을 잘 이해하지 못한다. 그들의 행동은 예측하기 힘들며 무척 불안정하다. 자신의 행동을 전혀 통제하지 못하거나 몹시 부적절한 행동을 하기도 한다.

비정상적인 사람은 비관습적이며 희귀하고 바람직하지 않은 행동을 하는 특징을 보인다. 나아가 비정상성은 규칙을 어기고 도덕적 기준을 범하며 사회적 규범을 무시하는 행위로 이어지는 등 도덕적인 의미와도 연관된다. 그러므로 불법적이며 비도덕적이고 바람직하지 못한 행동도 비정상적이라고 인식된다.

정상성 vs 비정상성

* **주관적 기준:** 자신, 자신의 행동, 자신의 가치관을 정상성의 기준으로 사용하는 방법이며 가장 원초적인 생각이다. 주관적인 생각은 흔히 속담이나 관용구의 재료가 된다('세 살 버릇 여든까지 간다', '바늘도둑이 소도둑 된다.' 등). 이 기준에 따르면, 자기와 비슷한 사람은 정상이고 다른 사람은 비정상적이다. 정상성에 대한 이러한 접근 방식은 '정상-비정상-매우 비정상'을 서로 분리된 범주로 생각하는 경향으로 이어지기도 한다.

* **규범적 기준**: 규범적인 기준에 따르면, 행위에는 이상적이고 바람직한 기준이 있으며 인간은 마땅히 이에 맞게 생각하고 행동해야 한다. 종교나 정치 사상가들이 이렇게 완벽한 세상에 대한 견해를 종종 제시한다. 정상성은 곧 완벽함을 뜻하며 그로부터 떨어져 있을수록 더 비정상이라고 인식된다. 이 기준은 '합리적으로 가능한' 상태보다는 '마땅히 그래야 하는' 상태를 더 강조한다. 그런데 인간은 누구도 완벽하지 않기 때문에 이 기준에 따르면 그 어떤 이도 정상이 될 수가 없다.

* **임상적 기준**: 사회과학자들과 임상의학자들은 개인이 얼마나 효율적이며 조직적으로 활동하고 잘 적응하는지를 측정하고자 한다. 그러나 어느 차원을 측정하는가에 따라 결론이 크게 달라진다. 임상의학자들은 신뢰성 높은 진단을 하려고 노력하지만, '정상-비정상'의 구분은 모호하며 다소 주관적이라는 사실을 인정한다. 이 기준에 따르면, 대개 적응 불량, 고통, 기이한 행동이 나타날 때 비정상이라고 진단된다.

* **문화적 기준**: 문화는 옷차림과 태도, 언어와 사랑에 이르기까지 모든 영역의 추세에 영향을 미친다. 문화는 행동을 지시하기도 하고 금지하기도 한다. 어떤 행동은 금기에 속하고, 또 어떤 행동은 아예 법으로 금지된다. 개인이 문화적인 규범에서 멀리 이탈하거나 다르게 보일수록 비정상으로 판정된다. 그러나 문화적인 믿음과 관습이 변하면 정상성의 정의도 바뀐다. 동성애에 대한 사람들의 인식 변화가 이를 잘 보여준다.

* **통계적 기준**: 모든 통계학자는 정상분포 곡선 또는 종형 곡선 개념을 가지고 있다. 이 곡선은 지능 영역에서 가장 잘 드러나는데, 100을 평균으로 해서 인구의 66%가 85와 115 사이에 분포하고 약 7%가 130 이상이라면 '비정상'이라는 표현까지 적용되지는 않지만, 아무튼 그는 보통이 아닌 것이다. 그러나 가장 빈번하게 나타나는 행동이 반드시 건강하거나 바람직한 것은 아니라는 사실 때문에, 이러한 모델 역시 결함이 있다. 또한, 이 기준은 비교적 측정하기 쉬운 능력을 다룰 때는 도움이 되지만, 성격이나 정신병처럼 민감하고 복합적인 차원을 다룰 때는 효과적이지 않다.

3. 정의의 오류 가능성

비정상성에 대한 모든 정의에는 여러 가지 문제점이 따른다.

첫 번째, 병든 사회에서는 건강한 사람에게 오히려 비정상적이라는 왜곡된 관점이 생길 수 있다. 역사적으로 사회가 구성원의 행동과 믿음에 대한 편협한(건강하지 못하고 부적응적인) 기준을 제시하고 그에 복종하지 않는 이들을 관용하지 못한 사례가 많이 있다.

두 번째, 전문적인 관찰자들끼리 정상과 비정상의 분류에 동의하지 않는다. 비정상성을 진단하는 기준을 아무리 다양하게 제시하더라도, 한 개인을 어떤 의미에서 비정상적이라고 판단할 수 있는가에 대한 전문가들의 의견은 근본적으로 일치하지 않는다.

세 번째, 행위자와 관찰자 간의 간격이 존재한다. 그중 누가 올바른 판단을 할 수 있을까? 행위자 스스로 자신이 비정상적이라고 생각하는 경우는 거의 없다. 대부분의 사람은 자신에 대해 많이 알고 있다(많이 알고 있는 것과 바르게 알고 있는 것은 본질적으로 다르다는 것을 유념해야 한다.). 그렇지만 자가진단에는 여러 가지 함정과 위험이 도사리고 있다. 관찰자 입장에서 특히 자신과 다르거나 자기에게 위협적인 사람을 비정상적이라고 진단하기 쉬운 까닭이다.

4. 자가진단

상담, 훈련과 치료의 일차목표는 사람들이 자기를 좀 더 의식 할 수 있도록 도와주는 것이다. 대부분의 사람은 자신의 문제를 의식하지 못하는 경우가 많다. 교육과 상담을 진행하는 가운데, 학생들로부터 '자신이 비정상인듯하다.'는 말을 듣기도 한다. 이런 일은 '금지되거나', '비난받을 생각 또는 행동'을 혼자서 은밀하게 하면서 자신이 유난히 특이하다고 과장하여 생각하기 때문에 일어난다. 사람은 자신의 어떤 면을 은폐하고 싶어 한다. 그러다가 온갖 종류의 비정상적인 행동을 나열한 문구를 접하게 되면 문득 자신의 모습을 인식하게 되는 것이다. 문제를 의식하는 것은 개선의 여지가 있다는 의미가 된다.

5. 플라시보 효과placebo effect

플라시보는 '즐겁게 해준다.'라는 뜻을 지닌 라틴어에서 유래한 말이다. 플라시보는 의학적인 가치나 약학적인 효과가 전혀 없는 조제약이라고 정의할 수 있다.

혹자는 플라시보가 신체질환보다는 정신질환에 더 효과적이라고 생각한다. 최근에 실시한 한 중요한 연구에서는 플라시보 처방을 받은 환자 가운데 평균 60%가 처방을 받지 않은 환자보다 병세가 호전되는 결과를 얻음으로써 플라시보의 위력을 보여주었다.

6. 스트레스stress

1) 스트레스의 정의

18세기까지 '스트레스'는 역경, 어려움, 괴로움을 암시하는 스트레스의 구체적인 유형들)을 암시하는 일상용어였다. 그러다가 나중에 물체가 가해지는 힘을 설명하기 위해 물리학자들이 이 용어를 사용했다. 그들은 스트레스가 가해져서 부피, 형태, 크기가 강제적으로 변화되는 것을 '변형strain'이라고 불렀다. 스트레스가 변형으로 이어진다는 것이다.

19세기에는 일정한 내면 상태를 추구하고 유지하는 것을 '자유롭고 독립적인 삶'의 본질이라고 여겼다. 그렇게 균형을 추구하려는 동기를 '항상성homeostasis이라고 불렀다. '비슷함'을 의미하는 homoios와 '상태'를 의미하는 stasis가 결합된 어휘다. 그리고 스트레스는 항상성에 위협이 된다고 여겼다.

1950년대 중반이 되자, 연구자들은 스트레스를 대하는 반응에 기초해서 스트레스의 정의를 받아들였다. 그래서 스트레스를 '어떤 작용이나 손상에 의해 일어난 모든 비특이성 변화의 총계'라고 정의했다. 이것은 나중에 '신체에 가해지는 모든 요구에 대한 비특이성 반응'이라고 수정되면서 더욱 포괄적인 의미를 지니게 되었다.

2) 스트레스를 결정하는 요소

스트레스는 세 가지 요소에 영향을 받는다. 첫 번째는 성격, 능력, 과거와 같은 개인적인 요소이다. 두 번째는 일, 가족, 조직 등 환경적 특성이다. 대개는 작업 환경이 중점적으로 다뤄지지만, 그것이 유일한 환경적 특성은 아니다. 세 번째 요소는 개인과 그 주변이 스트레스와 긴장, 압력을 어떻게 지각하고 어떻게 대응하는가의 문제다.

(1) 개인의 기질

우선, 늘 불안해하고 걱정을 많이 하는 사람이 있다. 이런 사람은 때로는 신경증 환자라고 불린다. 그들은 불안, 조급함, 신경증과 자기비하가 혼합된

'부정적인 정서'를 지니며, 생산성과 직업 만족도가 떨어지고 결근할 가능성이 높다.

두 번째로 운명주의자가 있다. 이들은 삶이 운, 우연, 운명, 신, 힘 있는 다른 사람들, 그 밖에 자신의 통제를 벗어나는 힘에 따라 좌우된다고 믿는다. 한편 삶에서 일어나는 사건이 자신의 행동, 능력, 성격, 노력의 결과라고 믿는 사람은 운명주의자보다 스트레스를 덜 받는다.

세 번째로 경쟁적이고 시간에 쫓기는 조급한 사람이 있다. 이런 사람은 대체로 성취를 향한 지속적이고 강렬한 욕망, 경쟁하려는 열망, 인정받고자 하는 끈질긴 욕구를 느낀다. 시간제한이 있는 활동에 끊임없이 참여하며 정신적, 신체적 기능을 가속화하려는 습관적인 경향이 있고, 언제나 각성상태에 있다.

(2) 환경적 특성

직업(조직)이나 사회적 환경을 살펴보면 여느 직업보다 스트레스를 많이 받는 직업이 있기 마련이다. 결정을 내려야 하거나, 기계나 자료를 끊임없이 확인해야 하거나, 다른 사람과 되풀이해서 정보를 교환해야 하거나, 불편한 물리적 환경에서 근무해야 하거나, 체계가 잡히지 않은 과제를 해야 하는 직업에 종사하는 사람일수록 대체로 스트레스를 많이 받는다. 어떤 사람에게는 하나의 역할에서 다른 유형의 역할로 재빠르게 전환하는 조작이 요구되기도 한다. 이때 자신의 책임 범위가 어디까지인지, 자기에게 무엇이 요구되는지, 다양한 직무 사이에서 시간을 어떻게 분할해야 할지를 확실히 알지 못하면 역할 불확실성이 일어날 수 있다. 할 일이 지나치게 많거나 적을 때도 스트레스 과잉이나 결핍이 생긴다. 많은 사람이 부하 직원들을 책임지면서 그들에게 동기를 부여하고 칭찬 또는 징계를 하고 의사소통을 해야 한다. 사회적으로 고립되거나 무시당하는 것도 스트레스의 또 다른 원인이다. 운영자의 위치에 있는 사람은 어려운 시기에 친구와 지원자가 곁에 있으면 스트레스를 크게 주는 사건도 비교적 덜 위협적으로 받아들이고 통제 가능하다고 생각한다. 한편, 결정절차에 참여하지 못하면 무력감과 소외감을 느낀다.

3) 스트레스의 결과

(1) 신체적인 외양이 눈에 띄게 악화된다. 만성피로와 각종 감염이 일어난다. 특히 호흡기 감염이 잦아지며 두통, 요통, 위장장애, 피부질환 등 건강 면에서 여러 가지 불편을 겪는다. 체중과 식생활에도 변화가 일어난다.

(2) 정서적으로는 권태나 무감각, 절망, 냉소, 원망, 우울, 슬픔, 무기력, 불안, 좌절을 경험한다. 자주 울기도 한다.

(3) 행동 면에서는 결근이 빈번해지고 사고를 일으킨다. 알코올이나 카페인 섭취가 늘어나고 흡연이 증가하며 강박적으로 운동을 하기도 한다. 화를 잘 내고 비합리적으로 행동한다. 생산성이 감소하고 집중력이나 과제를 끝까지 해내는 능력도 저하된다.

4) 스트레스에 대한 대응

스트레스에 대한 대응에는 문제 중심적인 대응[1]과 정서 중심적인 대응[2]이 있다. 계획을 세우고, 직접적인 행동을 취하고, 실질적인 도움을 구하는 것 등은 문제 중심적인 대응이다. 특정한 활동을 삼가거나 어떤 행동을 장기간 중단하는 것도 문제 중심적인 대응에 속한다. 한편 부정은 정서 중심적인 반

---

1) 스트레스의 근원을 바꾸기 위해 무엇인가를 하거나 문제를 해결하는 것을 목표로 하는 대응.
2) 특정한 상황 때문에 촉발된 스트레스 또는 그 상황과 연관된 정서적 스트레스를 줄이거나 조절하는 것을 목표로 하는 대응.

응의 한 양식이다. 사건을 긍정적으로 재해석하고 사회적 지원을 추구하는 것도 정서 중심적인 방식에 포함된다.

7. 우울증

우리는 누구나 행복하기를 소망한다. 그러나 이러한 소망처럼 우리의 삶이 항상 행복하기만 한 것은 아니다. 삶 가운데 때로는 실의에 빠지기도 하고, 때로는 슬픔에 젖기도 한다. 이처럼 실의와 슬픔이 반복되어 상실감에 빠져들게 하는 것이 우울증이다. 우울증에 빠져들면 매사에 흥미와 의욕이 저하되면서 무기력해진다. 미래에 대한 희망을 상실하고 절망감에 휩싸이게 되면 때로는 자살에 이를 수도 있다.

우울증은 가장 흔한 심리적 장애로서 '심리적 감기'라고 지칭되기도 한다. 우울증은 헤어 나올 수 없을 것만 같은 고통을 느끼게 하지만, 분명 노력하면 극복할 수 있는 심리적 문제이다. 그뿐만 아니라 이 과정을 경험하고 극복하는 가운데 인간을 성숙시키는 계기가 되기도 한다.

우울증은 누구나 삶의 여정에서 한 번쯤 경험할 수 있는 매우 흔한 심리적 문제로서, 누구나 인생의 시련기에 경험하게 되는 심리적 좌절 상태이다. 그러나 우울증은 자살과 같이 치명적인 결과를 초래할 수 있는 심각한 심리적 장애이기도 하다.

급변하는 현대 사회를 살아가는 많은 사람이 우울감 또는 우울증을 경험하며 여러 가지 정서적인 고통을 호소한다. 세상은, 과학은 발달하지만 그럴수록 인간은 외로움과 우울한 정서를 호소하는 것이다. 그러기에 이 장에서 우울증에 대하여 더욱 상세한 설명을 해 나가고자 한다.

1) 정상적 우울과 병적 우울

우울함은 실패와 상실에 대한 심리적 반응이며, 핵심 정서는 슬픔이다. 슬픔은 자신의 중요한 일부를 상실했을 때 느끼는 정서이다. 우리는 누구나 생활 속에서 크고 작은 상실을 경험하게 되며 그로 인해 일시적으로 우울한 감정을 경험하게 된다. 대부분은 시간이 흐름으로 우울한 정서에서 벗어나 다시 정상적인 삶을 회복하게 된다. 이처럼 좌절 경험 후에 일시적으로 경미한 우울 감정을 경험하는 것은 매우 정상적인 일이다. 그러나 항상 우울한 상태에서 쉽게 회복되는 것은 아니며, 때로는 점차 악화되어 전문적인 치료를 받아야 하는 병적인 우울 상태로 발전하기도 한다. 정상적 우울과 병적인 우울은 다음과 같이 몇 가지 점에서 구분될 수 있다.

(a) 우울의 심도(深刻度)

병적인 우울은 정상적 우울에 비해서 우울 증상이 현저하게 심각하다. 무능감과 열등감으로 자신을 무가치하다고 생각하며 일상생활에 대한 흥미와 의욕도 현격히 감소한다. 아울러 식욕감퇴(또는 비정상적인 식용증진)나 불면증이 심하게 나타나고 자살에 대한 생각뿐만 아니라 실제로 자살시도를 하게 된다.

(b) 우울의 기간(期間)

누구나 실패나 좌절을 통해 일시적으로 우울한 감정을 경험하지만, 시간이 어느 정도 지나면 이런 상태에서 벗어나 정상적인 기분으로 회복되는 것이 일반적이다. 그러나 이러한 우울 상태에서 벗어나지 못하고 오랫동안 침체되는 경우가 있다. 병적인 우울은 정상적 우울에 비해 지속 기간이 길며, 보통 6개월 이상 지속된다.

▶ 우울증의 대표적인 현상은 우울한 기분, 흥미나 즐거움의 상실이다. 우울증과 유사한 증상이 나타난다 하더라도 그 원인이 약물복용이나 신체적 질병 상태의 직접적 생리적 효과에 의한 것일 때는 우울증이라고 보지 않는다.

2) 우울증의 증상

첫째, 불행감, 공허감, 무가치감, 허무감, 절망감 등 부정적 정서에 빠져든다. 삶에 대한 의욕이 저하되어 흥미와 즐거움이 없어지고 생활 또한 위축된다.

둘째, 사고력과 기억력의 저하가 나타나고 비관적인 생각이 증대된다. 주의집중이 잘 되지 않으며 우유부단해지므로 판단에도 어려움을 겪게 된다.

셋째, 해야 할 일을 자꾸 미루고 지연하는 일이 반복된다. 사고와 행동도 느려지고 활기가 감소하여 일을 신속하게 처리하지 못한다.

넷째, 식욕과 체중에 변화가 나타나고 면역력이 저하된다. 흔히 식욕이 저하되거나 증가하여 체중의 감소 또는 증가가 나타난다. 전염성 질환에 약하고, 한번 걸리면 오래가는 경향이 있다.

3) 우울증 벗어나기

우리의 기분은 어떤 생각을 하느냐에 따라 좌우된다. 우울한 사람들은 자기 자신, 미래, 주변 환경에 대해서 부정적이고 비관적이며, 이러한 부정적인 생각들은 흔히 생활사건에 의해서 촉발된다.

(1) 사고(思考)의 전환

우울증을 극복하는 데 무엇보다 중요한 것은 우울한 기분을 유발하는 부정적인 생각을 자각하고 변화시키는 것이다. '생활사건 → 부정적 생각 → 우울한 기분'의 과정에서 부정적 생각을 변화시키면 우울한 기분이 변화하게 된다. 생활사건은 그 자체로 직접 우리의 삶에 영향을 미치지는 않는다. 생활사건에 대해 우리가 부여한 의미에 의해서 우리의 삶이 영향을 받는 것이다. 우리가 경험하는 생활 사건을 어떻게 생각하느냐에 따라 우리의 기분 상태가 결정되고, 더 나아가 삶의 행복과 불행이 결정된다. 우울증에서 벗어나는 방법은 이러한 과정을 잘 이해하고, 자신의 부정적 사고방식을 자각하고 변화시키는 것이다.

이를 위한 방법을 정리하면 다음과 같다.

첫째, 부정적인 생각을 찾아보라. 우울한 기분을 야기(惹起)하는 부정적 사고 내용을 자각해야 한다. 즉, 우울증을 유발하는 부정적 사고를 찾아내는 일이다. 우울증은 모든 것을 부정적이고 비관적인 관점으로 바라봄으로 유발되고 악화된다. 그러나 우울한 사람들은 정작 자신을 우울하게 만드는 부정적 생각을 자각하지 못할 때가 많다. 부정적 생각들이 뒤엉켜 있어서 구체적으로 자각하지 못한 채 막연하게 우울한 기분만을 느끼는 것이다. 부정적 생각을 찾아내는 가장 좋은 방법은 '생활사건 → 부정적 생각 → 우울한 기분'의 분석 틀 속에서 최근에 우울했던 상황이나 사건을 찾아보는 것이다. 즉 우울한 기분을 느끼게 했던 그 상황에서 어떤 생각이 떠올랐는지 또는 그 순간 어떤 생각이 들었는지를 살펴보는 것이다.

둘째, 부정적 사고의 정당성을 살펴보라. 어떠한 상황과 사건 앞에 자신이 가지고 있는 부정적 사고가 과연 올바르고 합리적인 생각인지를 살펴보고 따져보아야 한다. 우리가 부여한 의미가 사고의 형태로 담겨 우리의 감정을 좌우한다.

셋째, 객관성을 살펴보라. 우울증을 극복하는 관건은 부정적 사고의 정당성에 대해서 스스로 반문하는 일이다. 충분한 근거도 없이 일방적이고 부정적인 생각에 의해서 스스로 고통을 자초할 필요는 없다. 부정적 생각의 정당성을 한 번쯤 반문하는 것은 매우 중요하다.

(2) 긍정적 사고 훈련

이 세상 모든 것은 보는 관점에 따라 달리 보인다. 모든 일에는 긍정적인 면과 부정적인 면이 있기 마련인데, 우울한 상태에서는 부정적인 면이 확대되어 보이고 긍정적인 면은 축소되어 보이기 마련이다. 그래서 자신과 세상에 대해서 부정적이고 비관적인 생각을 하게 되는 것이다. 우울증을 극복하는 관건은 부정적으로 편향된 생각을 바로잡는 것이다.

부정적 생각의 정당성을 따져보면 우리의 생각이 편향적이었다는 것을 자각하게 된다. 우울증에서 벗어나는 다음 단계는 부정적 생각의 대안을 찾아보는 것이다. 그러나 우울증 상태에서 부정적 생각에 빠져 있다 보면 다른 대안적 생각을 발견하기가 어렵다. 또한, 대안적 생각을 찾아내지 못하면 부정적 생각의 부당성을 확신하기 어려운 경우가 많다. 이런 점에서 대안적 사고를 발견하는 일은 매우 중요하다. 대안적 사고를 찾기 위해서는 '이 상황에서 어떤 다른 해석이 가능한가?', '어떤 생각이 좀 더 객관적인 생각일까?', '어떤 생각이 나를 기분 좋고 활기차게 하는 데에 도움이 되는가?'라는 질문들을 스스로에게 던져 보는 것도 도움이 된다.

그러나 아무리 긍정적인 생각이라도 자신이 수긍할 수 없는 생각이라면 아무런 영향력이 없다. 자신이 수긍할 수 있는 긍정적인 대안적 사고를 발견했다면 이제 부정적 사고를 이러한 대안적 사고로 대체하는 노력이 필요하다. 우울감을 느끼게 했던 부정적 사고를 대안적 사고로 바꾸게 되면 침체되었던 의욕이 다시 살아나고 새로운 희망이 생기는 것을 느낄 수 있다. 물론 대안적 사고로 한두 번 대체한다고 해서 우울한 기분이 일시에 사라지는 것은 아니다. 그러나 우울하고 불쾌한 기분이 느껴질 때마다 개입된 부정적 생각을 자각하고 합리적인 대안적 생각을 찾아내어 대체하는 일을 계속하다 보면 우울한 기분이 변할 뿐만 아니라 인생이 변하게 된다. 이렇게 부정적 생각을 현실적인 긍정적 생각으로 전환하는 방법은 삶을 지혜롭게 살아가는 중요한 기술이다.

(3) 합리적 신념

우울한 사람들의 부정적 생각은 완강하다. 자신이 처한 상황에서는 누구라도 같은 생각을 할 수밖에 없으며, 부정적 사고에 대해 아무리 반문을 해보아도 자기 생각이 정당하다는 결론에 도달하게 된다.

우울한 사람들의 부정적인 생각은 자신과 세상에 대한 기대와 신념이 현실과 어긋나기 때문이다. 예컨대, '나는 무능해서 사람들로부터 무시당한다.'는 부정적 생각이 우울감을 유발하는 이유는 '나는 유능하여 사람들로부터 인정을 받아야 한다.'는 기대가 있기 때문이다. 그러나 그러하지 못하기 때문에 우울하고 불행하게 느껴지는 것이다.

우리를 우울하게 만드는 비현실적인 신념을 '역기능적 신념dysfunctional belief'이라고 한다. 역기능적 신념은 우울증의 근원적 요인이다. 역기능적 신념의 대표적인 예는 '나는 완벽해야 한다.', '나는 남보다 우월해야 한다.' 등의 신념이다. 이러한 역기능적인 신념과 기대는 실제 생활 속에서는 충족되지 않기 때문에 비현실적이다. 즉 실현되기 어려운 일을 자신에게 부단히 요구하고 기대하기 때문에, 역기능적 신념을 지닌 사람은 현실 속에서 마음의 상처와 좌절을 많이 경험하게 된다.

역기능적 신념이 포착되면, 그 신념의 정당성을 살펴보고 합리적인 대안 신념을 찾아보는 것이 필요하다. 우리는 누구나 자신과 인생에 대해서 나름대로 신념을 지니고 있다. 이러한 신념들이 우리의 인생관과 가치관을 이루고 있으며, 우리의 삶에 지대한 영향을 미치고 있다. 자신도 모르게 성장 과정을 통하여 형성된 역기능적 신념들은 삶에 악영향을 미치며, 불필요하게 우리를 괴롭히고 우울하게 만들기도 한다. 이러한 역기능적 신념들을 찾아내어 그 정당성을 따져보고, 보다 합리적인 신념으로 전환할 때 우리의 삶이 변화하게 된다.

역기능적 신념에 대한 합리적 대안 신념

◆ **역기능적 신념**: 다른 사람으로부터 사랑과 인정을 받아야 행복해질 수 있다.

◇ **합리적 신념**: 다른 사람의 사랑과 인정도 중요하나, 오히려 그것에 너무 연연하면 불행해진다. 우선 스스로를 사랑하고 인정하는 것이 중요하다.

◆ **역기능적 신념**: 좋은 결과와 업적만이 나의 존재를 가치 있게 한다.

◇ **합리적 신념**: 결과와 업적이 있는 것은 좋은 일이다. 그러나 그것이 없다고 해서 내가 무가치한 것은 아니다. 인간은 누구나 있는 그대로 소중하고 가치 있는 존재이다.

◆ **역기능적 신념**: 다른 사람의 통제를 받는 것은 내가 무력하다는 것을 뜻한다.

◇ **합리적 신념**: 반드시 무력한 사람만이 통제를 받는 것은 아니다. 나도 불완전한 존재이므로 때로는 통제를 받을 수 있다. 그것을 수용하며 견디는 사람이 더 성숙한 사람이다.

8. 낙관주의

낙관주의는 스트레스에 대한 완충제 역할을 한다. 광범위한 상황을 긍정적인 시각으로 해석하고 좋은 결과를 기대한다. 이와 대조적으로 비관주의자는 상황을 부정적으로 해석하고 좋지 않은 결과를 예상한다.

낙관주의자는 문제 중심적인 대응에 집중해서 스트레스의 근원을 처리하기 위해 구체적인 계획을 짜고 실행한다. 나아가 친구나 다른 사람에게서 조언과 도움을 구하는 등 사회적인 지원을 추구하며 현재의 문제가 해결되고 스트레스가 줄어들 때까지 다른 활동에 참여하지 않는다.

9. 강인함

강인한 사람은 세 가지 면에서 남다르다. 첫째로, 그들은 일을 비롯한 여러 활동에 더 깊이 관여하면서 높은 수준의 책임감을 발휘한다. 둘째로, 인생의 중요한 사건과 그 결과에 자신이 실제로 영향을 미칠 수 있다고 믿는다. 셋째로, 변화가 안전을 위협한다고 생각하기보다는 오히려 그것이 도전을 제시하고 성장할 기회를 준다고 인식한다.

강인함은 긍정 정서에서 온다, 강인함은 자기 확신에서 온다, 강인함은 건강한 경험에서 온다. 그런데 이 모든 것의 기저에 '건강한 자존감'이 있다는 것을 기억해야 한다. 저자가 교육의 시작에서 늘 자존감을 교육하고 강조하는 이유이기도 하다. 건강한 자존감은 모든 것을 가능하게 한다 해도 과언이 아니다.

성장과 성공

삶 가운데 우리는 긍정적인 사람과 부정적인 사람을 만나게 됩니다.
그런데 그들을 대하다 보면 각각의 특성이 있습니다.
긍정적인 사람들은 생산적인 사고방식을 가지고 있으며
모든 일에 적극적입니다.
그들은 늘 유쾌하고 너그러워서 만족스러운 인간관계를 하고 있습니다.
반면에 부정적인 사람들은 매사에 소심하고 회의적이며
왜곡된 감정을 가진 것을 알 수 있습니다.
이들은 변화를 두려워하고 단지 익숙하다는 이유만으로
고정관념의 틀을 벗어나지 못합니다.
긍정적인 사람은 세상을 멋있고 아름답다고 표현하지만,
부정적인 사람은 세상이 살벌하고 추하다고 말합니다.
인생은 생각한 대로 이루어지고 말한 대로 살아집니다.

누구나 성공을 원하면서 자신은 반대의 모습으로 살아간다면
이것보다 더 답답한 일이 어디 있겠습니까?
'성공'은 긍정적인 사람이 '성장'하다 도달하는 보너스입니다.
자신이 추구하는 것이 내면의 성장입니까, 세상의 성공입니까?
성장으로 얻어지는 성공은 향기가 나지만, 성공만을 바라보는 사람은
수단과 방법을 가리지 않는 위험한 행동을 일삼게 됩니다.
성공의 의미를 어디에 두고 있는지 이 시간 함께 생각해 보았으면 좋겠습니다.

경청훈련

커뮤니케이션에서 중요한 것은 말하기가 아니라 '듣기'이다.

사회성은 커뮤니케이션 능력과 비례한다. 인간관계는 서로의 생각과 감정을 교환하는 의사소통 과정으로 이루어지기 때문이다. 커뮤니케이션에서 중요한 것은 말하기가 아니라 '듣기'이다. 듣기 곧 경청은 인내이며, 인내는 인격이다. 말하는 것이 기술이라면 듣기는 인격과 관계있다. 말하는 영역의 기술로서 발음, 발성, 발화, 억양 및 대화법 등을 익힌다면 듣기영역을 위해서 우리는 심리적 요인과 인성에 관해 공부하게 된다. 기술적인 면은 반복훈련으로 가능하지만, 심리적 요인과 인성에 관한 공부는 꾸준한 노력과 시간이 필요하다. 사실, 우리는 살아가면서 그리 많은 말이 필요 없다. 그럼에도 불구하고 우리는 하루에 많은 말들을 하며 살아가고 있다. 이것은 상대가 아닌 자신의 발표 욕구에 의한 것이 대부분이다. 상대를 위한 말, 관계성을 위한 말보다는 자신이 하고 싶은 말들을 하고 사는 것이다. 대화란 주고받는 것이다. 그런데 미숙한 사람일수록 자신의 말을 일방적으로 많이 하는 반면, 상대의 말을 듣는 자세가 불량하기 마련이다. 듣는 자세에서 그 사람의 인격수준이 나타난다. 그러기에 사람들은 말을 잘하는 사람보다 잘 들어주는 사람에게 호감을 느끼는 것이다. 성공하는 인간관계를 위하여, 건강한 사회인으로서 경청훈련은 매우 중요하다.

상대방의 말을 잘 경청하기 위한 방법

① 상대방에 대한 존중하는 마음이 있어야 한다. 상대방에 대한 진정한 관심과 호기심, 그리고 인격적 존중이 있다면 자연히 그의 말에 귀를 기울이게 된다.

② 잘 경청하는 사람은 여러 가지 행동적 특징을 나타낸다. 눈맞춤을 하고, 상대의 말에 고개를 끄덕인다.

③ 더욱 적극적인 경청에서는 경청자의 능동적 참여가 이루어진다. 화자의 말에 대하여 반복기법과 질문기법으로 응대한다.

④ 경청하는 일은 상대방에게 화제의 주도권을 맡기는 일이다. 말하기보다는 듣는 자세를 취하라.

⑤ 잘 경청하는 일은 상대방의 이야기를 수용적인 태도로 이해하는 것이기도 하다. 상대와 비슷한 표정으로 함께 웃고, 함께 슬퍼하라.

메라비안의 법칙

대부분의 심리학자는 상대방에 대한 이미지의 70%가 첫 만남에서 결정된다고 말한다. 미국의 심리학자 앨버트 메라비안은 사람과 사람이 정보를 전달하는 데 주고받는 인상에 대해 분석하여 '메라비안의 법칙'을 제시했다. 그는 상대방이 중요시하는 요소는 표정이나 복장과 같은 외관상의 요소가 55%, 목소리의 특징이나 톤, 크기 등 청각적인 요소가 38%인 반면, 사람들이 가장 중요하다고 생각하기 쉬운 대화의 내용은 겨우 7%에 지나지 않았다고 밝혔다.

평소의 경험을 떠올려보면 이 같은 연구결과가 이해될 것이다. 당신이 만일 여자라면 잘 생기고 자상한 남자가 상사로 왔다고 상상해 보라. 당신은 그들에게 잘 보이기 위해 평소와 달리 너그러운 마음으로 회사 생활을 할 것이다. 이것은 잠재의식 속에 있는 관능의 기억이 작용했기 때문이다. 사람이 아름다운 것, 향기로운 것, 달콤한 것, 기분 좋은 멜로디 등에 매료되는 것은 그야말로 본능의 작용 때문이다.

대화의 내용은 의식, 즉 이성을 자극하지만 오감에는 별다른 영향을 미치지 않는다. 그로 인해 자기 눈에 보이는 실상에 의거하며 시각적, 청각적 요소에 크게 영향을 받는다. 심리학에서는 상대방을 자연스럽게 받아들이는 신뢰관계를 '라포rapport'라 한다. 상호관심사의 공유와 공감, 상대방에 대한 존중과 이해, 경험을 통한 공감대의 형성 등을 통해 만들어지는 '라포'는 시각적 요소와 청각적 요소가 큰 영향을 미치며 라포가 형성된 후에는 더 장기적인 신뢰관계로 발전할 수 있다.

Point

1) 메시지의 전달은 목소리 38%, 표정 35%, 태도 20%이며, 내용은 겨우 7% 밖에 차지하지 않는다.

2) 소리는 자신의 인격, 지식, 지성, 성품, 즉 내면의 몸이다.

3) 소리에는 느낌이 그리고 매력이 있어야 한다.

4) 목소리에는 좋은 목소리, 나쁜 목소리가 없다. 단지 듣기 좋은 목소리, 듣기 불편한 목소리가 있을 뿐이다.

5) 모든 교육의 마지막 목표는 인간의 변화이다.

'다름'의 의미

많은 사람은 살아가면서, 남과 자신을 부단히 비교하곤 합니다.
그리고는 우월감과 열등감 사이를 반복합니다.

그러한 경험을 해본 사람이라면 알고 있듯이
우월과 열등, 그 어느 쪽도 진정한 기쁨을 주지 않습니다.
비교심리는 늘 불안을 조장하며
사랑의 마음보다는 경쟁심리를 부추길 뿐입니다.

성공이, 진정한 성공이 무엇일까요?
나는 그것을 '내가, 내 속사람이 바라고 원하는 것을 이루는 것'
이라고 간단하게 정리합니다.

물질, 학벌, 환경은 그 비전을 향하여 나아가는 데
필요한 조건이기도 하지만, 그것이 필수조건은 아닙니다.
그것은 있거나 없을 수도, 또는 많거나 적을 수도 있습니다.

자신의 삶을 통하여 진정한 성공을 추구한다면
상대적인 삶이 아니라, 절대적 삶을 살아가시기 바랍니다.

호박과 수박은 다른 것이지 어느 것이 좋다고 말할 수 없듯이,
사람의 인생에 있어서도 우열은 존재하지 않는 것입니다.

한 사람 한 사람 모두가 자신의 인생에 최고입니다.
이 세상을 향하여 외치십시오.
"유일한 나, 내가 세상에서 가장 존귀한 존재이다!"

목소리와 심리상태의 연관성

1. 에링톤Elington의 목소리론

1) **콧소리:** 비지적임, 성숙하지 못함, 촌스러움

2) **성량이 부족한 목소리:** 남) 예술적 감성 (ex: 백남준), 여) 신경 예민

3) **얇은 목소리:** 감성적

4) **고저가 없는 목소리:** 게으름

5) **긴장된 목소리:** 남) 유연성 부족, 여) 감성, 깜찍

6) **쉰 목소리:** 남) 현실적, 철학적, 여) 남성적, 괄괄한 성격, 게으름, 부주의

7) **낭랑한 목소리(고·저가 있음, 가장 호소력이 있는 목소리)**

: 남) 활동적Active, 건강, 열성적

여) 생기발랄, 사교적, 자신감, 적극적, 긍정적 성격

2. 카리스마 화법

1) **단정 화법 :** "이렇게 된다.", "이렇게 해야 한다." 식으로 딱 잘라 말하기.

2) 불명확하거나 불확실하면 상대방은 말하는 사람을 신뢰하지 않는다.

3) 때로는 조금은 빠른 말투로 이야기해서 듣는 사람의 집중력을 유발한다.

4) 숫자를 사용해 객관적 근거를 제시한다.

5) 정보는 자신이 충분히 인지한 다음 제시, 설명한다.

((◦)) 좋은 목소리good voice

: 빛나는 목소리, 흡입하는 목소리, 편안하고 안정적인 목소리

((◦)) 목소리에는 그 사람의 인격이 묻어난다.

((◦)) 좋은 목소리를 위해서는 내면의 변화(성숙한 인격, 안정된 심리상태)가 필요하다.

((◦)) 홀로 서기- 외로워서 결혼한 사람은 결혼해도 외롭다.

적극적인 사고와 자기암시 기법

1. 언어와 변화

"언어는 품격이다."

속사람이 변해야 겉 사람도 변한다. 속사람의 변화 없이 의도적으로 겉모습만 변한다면 그것은 일시적 현상이 될 뿐, 지속적인 나의 모습으로 변화할 수 없다. 그러므로, 자신이 사용하는 일상적인 언어가 변했다는 것은 속마음이 이미 변했다는 것이다. 언어가 변하면 나의 행동이 변하고, 나의 행동이 변하면 나의 생활이 변하며, 나의 생활이 변하면 나의 삶이 변한다. 결국, 언어 수준이 인격 수준이며, 인격 수준이 인생 수준이 된다.

고품격 언어 → 고품격 인격 → 고품격 삶

2. 변화의 의미

내가 바뀌면 상대가 바뀌고, 환경이 바뀐다. 시작하기 전에 겁부터 먹는 동양적 사고(자신감 부족)를 쇄신하고, 'I can do it'의 정신을 가져야 한다. 자신을 믿지 못하면 남을 설득할 수 없다. 어떤 일과 사고에 대해 상대를 설득하기 위해서는 나 자신부터 그 일에 대한 확고한 신념과 지식을 갖추고 출발해야 한다.

① 나 자신에 대한 존재가치를 존귀하게 여기라.
② 교만은 열등감의 다른 면이다.
③ 나 자신에 대한 실력과 근거 없는 자부심은 교만이며, 실력과 능력이 겸비한 나 자신에 대한 확신은 당당함으로 나타난다.
④ 노력 없이는 자신감도 없다.
⑤ 늘 노력하는 내 모습, 성공한 내 모습을 상상하라.

긍정심리와 자존감

1. 긍정심리

긍정심리의 뿌리에는 '자존감'이 있다. 자신을 소중히 여기고 사랑하는 힘으로 삶의 모든 과제를 풀어나가고, 자신은 물론 자신과 함께하는 사람까지도 소중히 여기고 사랑함으로써 관계성의 정수를 보여주게 된다. 이러한 사람들은 자신만이 아니라 상대의 삶도 변화시키게 된다. 긍정 정서로는 기쁨, 감사, 행복, 흥미, 자부심, 만족 등이 있는데, 이러한 유쾌한 내면적 경험과 즐거운 마음은 생각을 유연하게 만들고 사고를 확장한다. 더 나아가, 긍정 정서는 창의성, 수용성, 자발성, 회복력, 실행력을 높여 문제 해결 능력을 높이고 생동력을 야기한다. 현상적으로는 부정성보다 강해 보이지 않지만, 내면적으로는 더 강한 것이 긍정성이다.

감정은 전염성이 강하다. 행복하고 싶다면 행복한 사람 옆으로 가야 하고, 성공하고 싶다면 성공한 사람 옆에 있어야 하듯이 자신이 긍정적인 사람이 되고 싶다면 긍정적인 사람과 관계를 맺어야 한다. 부정적이거나 안일한 사고방식을 가지고 있는 사람은 분별이 안 되거나 알아도 머뭇거리게 된다. 부정 정서는 사람의 마음을 위축시키기 때문이다. 이럴 때는 긍정적인 사람이

다가가야 한다. 그리고 전해주어야 한다. 자신의 이루어낸 경험을, 행복해진 경험을 알려주어야 한다. 그리고 긍정의 통로 역할을 해야 한다. 모든 감정은 같은 부류로 엮이어 있다. 기쁨, 소망, 사랑, 열정, 도전 등 긍정 정서가 그러하듯이 부정 정서도 안일, 회피, 실망, 좌절, 포기와 같은 감정에 눌려있는 경우가 많기 때문에 긍정심리가 되기로 스스로 결단을 해야 한다. 부정의 익숙한 것에서 벗어나 긍정을 향하여 도전해야 한다. 인생은 쟁취하는 자의 것이라는 말과 같이 부단한 도전과 열정으로 나아가야 한다.

언어와 심리는 상호반응하게 되어 있다. 우리의 긍정심리를 위해 긍정언어를 일상화해야 한다. 여러분은 하루에 긍정단어를 얼마나 사용하고 있는가?

감사합니다. 배려가 깊으세요. 감동이에요.
마음이 따뜻하시군요. 지혜로우세요.
열정이 느껴져요. 최고!
참 좋은 생각이에요. 당신은 참 좋은 사람이에요.
감수성이 풍부하시군요. 대단합니다.
탁월하세요. 멋지세요. 사랑합니다.

긍정단어는 내가 그리되도록, 내가 말한 대로 되도록 이끌어간다. 언어에는 에너지가 있기 때문이다. 본질이 구축되어야 나타나는 것이 현상이지만, 본질과 현상은 상호보완적이다. 심리와 언어는 본질과 현상이다. 긍정심리가 긍정언어로 나타나지만, 긍정언어를 사용하면서 긍정심리가 더욱 강하게 구축되기도 한다는 것을 기억하기 바란다.

2. 행복

인간이 평생 화두로 삼는 것은 '성공'과 '행복'이다. 성공을 '자신의 가슴이 원하는 것을 이루는 것'이라고 할 때, 성공도 결국 행복해지기 위해서 지향하는 목표다. 성공하는 사람의 여러 가지 특징과 공통분모가 있는데, 그중에 필수 조건은 '분별', '결단', '추진력'이다. 그런데 여기에서 기저에 작용하는 것이 '자존감'이다. 자존감이 낮은 사람은 옳은 분별, 정확한 분별이 불가능하며 무엇을 결단하는 능력이 부족하다. 이것은 안타까운 일이지만 현실이다. 선제조건이 충족되지 않으면 그다음의 추진력이나 열정은 더욱 어렵다. 그러기에 무엇보다 심리 기저에 자리 잡은 자존감을 높여야 우리의 미래에 확신을 가지고 나아갈 수 있다.

실패해 보았는가? 어떠한 실패였는가? 그것이 좌절이었는가, 아니면 자신의 인생에 약재료가 되었다고 생각하는가?

불행을 경험하지 않은 사람은 행복의 귀중함을 아니 행복 자체를 알 수 없다. 실패를 두려워한다면 성공은 불가능하다. 실패는 귀중한 경험이다. 성공을 향해 나아가는 우리에게는 실패라는 훈련이 필요하다. 결국, 실패 없는 성공은 없다. 그러기에 우리는 실패 내성failure tolerance을 키워나가야 한다. 실패는 그저 목표한 바가 달성되지 않는 것이 아닌, 나 자신과 삶에 대한 전반적인 태도를 살펴보고 배울 수 있는 중요한 배움의 계기가 된다. 우리는 실패에 대해 건설적으로 반응하기도 하고 건설적이지 못한 방식으로 반응하기도 하는데, 실패에 대한 우리의 반응이 어떠한가는 우리 내면의 진가를 보여주는 중요한 척도가 된다.

학자들은 이런 실패 내성이 우리들의 성취, 관계, 학업, 행복, 건강에 큰 영향을 미친다는 것을 연구를 통해 밝혔다. 또한, 실패 내성은 우리의 자존감과도 긴밀한 관련이 있고, 자존감에 큰 영향을 미친다. 안정적이고 높은 자존감을 가진 사람들은 실패 내성도 안정적이고 높다. 실패에 걸려 넘어지기보다는 실패를 발판삼아 더 높이 뛰어오를 기회를 찾을 줄 안다. 반면에 불안정하고 낮은 자존감을 가진 사람들은 작은 실패에도 세상 모든 것이 무너진 듯한 반응을 보인다.

우리는 모든 일에서 성공할 수도 없고, 객관적으로 보았을 때 우리 삶에 성공보다는 실패가 더 많을 수도 있기 때문에 실패에 대비한 마음의 내성을 기를 필요가 있다.

1) 행복의 정의

행복은 무엇이라고 정의할 수 있을까? 왜 어떤 사람은 불행하고 어떤 사람은 행복한가? 행복을 증진하기 위해 우리가 취해야 할 것과 피해야 할 것은 무엇인가?

행복은 때에 따라 웰빙, 몰입, 만족, 마음의 평화라고 묘사된다. 다시 말해 삶에 만족하고 있거나 심리적 고통이 없는 상태를 의미한다. 더 나아가 자신이 좋아하거나 즐기는 대상에 빠져들었을 때 사람은 행복하다고 말한다. 즉, 몰입의 상태에서도 사람들은 행복하다. 이렇듯 행복은 '주관적 웰빙subjective well-being'이다. 자기 삶의 만족도를 판단하는 주체는 바로 본인이다. 그것은 개인이 자기 삶의 전반적인 만족도를 어떻게 판단하는가를 뜻한다. 다시 말해 개인의 웰빙을 판단하는 주체는 바로 본인이다. 그러기에 인간은 행복하기로 마음먹으면 행복하다. 많은 연구 결과가 말해주듯이, 행복한 사람은 사회적으로 성공할 가능성이 높으며 인간관계도 더 돈독하다. 마음의 여유를 가지고 타인을 대할 때 더욱 너그러울 수 있으며 그 결과로 상대로부터도 호감을 더 많이 얻게 된다.

이러한 자기에 대한 행복평가는 환경적 만족과 관계성 만족이라는 두 요소로 구분할 수 있다. 환경적 만족이란 일과 가정을 말할 수 있고, 관계성 만족이란 자신과 다른 사람에 대한 만족이다. 그중 한 면에만 만족하고 다른 면에서는 만족도가 낮을 수도 있다. 하지만 두 요소는 대체로 높은 상관관계를 보인다. 사람들은 삶의 모든 영역에 걸쳐서 비교적 고른 평가를 내린다. 물론 복권에 당첨되는 것과 같은 행운이 따르거나 끔찍한 일을 당하는 등의 특별한 상황이라면 평가에 기복이 생길 수 있다. 그러나 대부분 비교적 짧은 시간 안에 자신만의 행복 수준으로 되돌아가는 경향을 보인다. 결국, 행복이란 상황이나 환경에 의해 결정되는 것이 아니라, 자신이 선택하는 것이다. 그러기에 행복은, 삶을 바라보는 관점에 의해 결정된다고 할 수 있다.

2) 행복의 중요성

행복한 사람의 특징

1. 행복한 사람은 감사의 마음이 많다.
2. 자신에 대한 만족도가 높다.
3. 다양한 역경에도 잘 대응한다.
4. 다른 사람의 호감을 더 많이 산다.
5. 행복한 사람은 판단력이 높으며 창의적이다.
6. 성공적인 직장생활과 건강한 인간관계를 유지한다.
7. 행복한 사람은 면역체계가 강해서 건강하고 장수한다.

반면, 불행한 사람은 부정 정서가 강하기 때문에 위험이나 어려움의 조짐에 신경을 쓰느라 시간과 노력을 낭비하며 그로 인해 활력이 소진된다.

행복에 유전적 요인이 작용한다는 증거가 있다. 쌍둥이를 대상으로 진행된 연구들의 사례를 보면, 우울증의 소질이나 성향을 물려받듯이 행복할 수 있는 성향도 유전될 가능성이 있음을 보여주었다. 그러나 환경적 요인 역시 필연적으로 영향을 미친다. 특히 어린 시절에 접하는 가족과 가정환경이 중요하다.

저자는 오랜 기간, 교도소에 출강하여 재소자 대상으로 인성면접교육을 진행한 바 있다. 오전 일찍 시작하여 오후까지 교육을 하였는데, 오전에는 주로 자존감이나 자기확신 등 심리교육에 중점을 두고, 오후에는 면접기술을 중점으로 훈련하였다. 오후 시간 재소자들은 양복 정장을 입고 면접훈련에 임하게 되는데, 한번은 한 청년의 와이셔츠 단추 잠그는 것을 도와주게 되었다. 그 친구는 운동하던 친구라 체격이 아주 좋았는데, 목이 너무 굵은 나머지 맨 위 단추가 잠가지지 않았다. 할 수 없이 단추 하나는 푼 채 넥타이를 바로잡아주는데, 그 친구의 귀까지 빨개지는 모습에 마음이 뭉클했다. 일반적인 선입관과는 달리 그들의 순수성을 보게 되었고, 인간미를 느낀 적이 많아 그 시간들이 교육자인 내게도 무척 의미 있는 시간이었다. 교육과 훈련을 통하여 간간히 그들의 개인사를 듣게 되는데, 공통적으로 성장 과정의 문제, 가정환경의 문제가 있었다.

인간의 행복은 지식과 물질보다는 환경의 영향을 가장 많이 받는다. 극빈 상태가 사람을 불행하게 만드는 것은 분명하지만, 막대한 부가 행복에 절대적 영향을 미치지는 않는다는 사실을 보여주는 연구도 있다. 오히려 물질주의적인 사람일수록 불행하다는 사실을 보여주는 연구 결과도 있다. 사람은 부모를 선택해서 태어나지는 않는다, 그러나 우리부터 좋은 부모가 될 수 있다. 성장 과정을 선택할 수도 없다, 그러나 지금부터의 환경은 내가 만들 수 있다. 자신의 문제를 깨달아 간다는 것은 이미 어느 정도 지적 수준이 되어야 한다는 전제조건이 있기는 하지만, 부단히 자기성찰을 통하여 문제점을 깨달아 분석하고 개선해 나아가야 한다. 행복한 부모가 행복한 자녀를 만든다. 자녀의 성적을 걱정하고, 자녀의 미래를 말하기 전에, 자녀의 마음이 행복한지 살펴봐야 한다. 행복한 사람이 더 판단력이 높으며, 창의적일 수 있기 때문이다. 성공적인 자녀의 인생을 원한다면 행복한 자녀로 키우라.

3) 행복을 위해 해야 할 일

성공과 행복을 혼동하지 말아야 한다. 행복한 사람이 성공할 확률이 높은 것은 사실이지만, 성공 그 자체가 행복은 아니다. 그렇다면 행복을 증진하기 위해서는 어떤 방법들이 있을까? 대표적인 방법 몇 가지를 살펴보도록 하자.

첫째, 자신의 삶과 스케줄을 통제할 수 있는 역량을 갖춰야 한다. 친절한 마음, 미소를 머금은 표정, 적극적인 행동, 긍정적 표현 등을 습관화하고 실현해 나가야 한다.

둘째, 삶에 대한 감사를 규칙적으로 표현하면 행복이 증진된다. 감사하는 마음이 많은 사람은 그렇지 않은 사람보다 월등히 행복하다. 언젠가 딸아이와 나누었던 대화가 생각난다. "엄마, 늘 감사한 마음으로 지내다 보니 감사한 일이 점점 늘어나고 있어요.", "그렇지, 감사가 감사를 낳는 법이야." 주위를 둘러봐도 감사가 많은 사람의 표정은 모두가 밝다. 부정적이고 매사에 불만이 많은 사람이 행복하기란 어렵다. 행복은 감사만큼이다.

셋째, 자신의 기술과 열정을 적절하게 흡수할 수 있는 일과 역할 등을 발견하는 것도 큰 도움이 된다. 내가 남보다 조금 더 잘하는 일, 내가 좋아하는 일이 직업이 된다면 물질의 대가보다 더 큰 보람과 만족감을 느끼게 될 것이다. 이러할 때 역할이 사명이 된다.

넷째, 규칙적으로 운동하고 먹고 자는 것도 좋은 기분을 유지하는 데 보탬이 된다. 규칙성을 유지한다는 것은 습관화를 의미한다. 습관은 제 이의 인격이다. 좋은 습관은 행복을 위한 중요한 요소이다.

다섯째, 다른 사람과의 관계에 시간과 관심을 투자하는 것 역시 행복을 위해 매우 중요한 행위이다. 타인을 긍정하고, 돕고, 나누며 나의 유익이 아닌 '함께 함'에 목적을 둔다면 이러한 모습에 주위의 반응은 변화되고 관계성은 개선되기 시작할 것이다. 건강한 관계성은 행복과 직결된다.

여섯째, 비전을 가져야 한다. 하루하루 열심히 사는 것도 좋지만, 인생의 목적의식과 희망, 즉 신념을 가지는 것도 유익하다.

일곱째, 건강한 물질관이다. 자세한 사항은 '행복을 위한 물질관'에서 다루겠지만, 물질이 수단이 되어야지 목적이 되어버리면 우리의 삶은 끝없는 갈증에 시달리는 피곤한 인생이 될 수밖에 없다.

4) 행복을 위한 물질관

대부분의 사람은 인생목표가 '행복'이라고 말한다. 그리고 행복이라는 단어 다음에 '돈'이라는 단어를 떠올린다. 행복하기 위해서 돈을 번다고 생각한다. 그러나 돈은 행복이 아닌, 불행을 막아줄 뿐이다. 행복은 목표가 아니라 과정이다. '지금now', '여기here'에서 행복하지 못한 사람은 내일도 행복하기 어렵다. '내일을 준비한다.'는 것과 '내일의 행복을 위해 지금을 희생한다.'고 말하는 것은 다른 문제다. '내일을 준비한다.'는 것은 '노력'을 의미하지만, 오늘의 행복을 희생하여 내일의 행복을 기대한다는 것은 생각의 모순이다. 내일의 행복만큼이나 오늘의 행복도 중요하다. '행복한 마음'도 습관이다. 오늘 가질 수 없는 감정이 내일 불현듯 다가오는 것은 아니다.

내일의 행복을 위해 오늘을 감수(甘受)한다고 하는 사람을 볼 때가 있다. 안타까운 일이다. 행복은 상황이 아니라 마음이기에 외부적으로 만들어지는 것이 아니다. 자신의 결단이며 선택이다. 물질이 있어야 행복할 수 있다고 생각하는 사람들 대부분이 돈을 위해 행복을 내어놓는 아이러니한 모습을 보게 된다. 비리와 불법을 자행하는 사람들은 돈을 위해 행복을 포기하는 것이다. 실상 돈으로 살 수 있는 행복은 제한적이다. 부자가 보통 사람들보다 반드시 더 행복하지도 않다. 다만 가난은 행복하지 못할 가능성이 크다. 돈이 없으면 불행해질 수 있지만, 돈이 많다고 해서 행복을 보장받는 것도 아니다. 이처럼 돈은 행복 촉진제보다는 불안 완화제의 성격이 더 강하다고 할 수 있다. 돈은 악한 것도, 선한 것도 아니다. 소유한 사람의 사용처에 의해 악할 수도, 선할 수도 있는 것이다. 돈은 그 자체보다는 돈에 대한 관점과 사용방법이 중요하다.

한국 사람들의 행복지수가 낮은 것도 물질에 영향을 많이 받기 때문이라 할 수 있다. 종종 학부모 상담을 하게 되는데, 자녀의 대학진학 문제일 경우도 부모의 선택은 대부분 취업이 잘되는 학과, 연봉이 높은 직장으로 선호하는 것을 보게 된다. 자녀 본인의 생각이나 만족도는 늘 그다음의 문제인 것이다. 부모는 자녀의 환경이다. 부모의 건강한 물질관이 자녀에게 그대로 훈습된다. 어려서부터 용돈의 관리라든지 사용처의 의미 같은 물질 관리교육이 되어야 할 터인데 안타까운 현실이다. 전공학과 문제만 해도, 본인이 원하는 학과가 전망도 좋고, 행복도 가져온다면 금상첨화(錦上添花)일 것이다. 그렇지 않다 해도, 어떠한 영역이든 본인이 하기 나름이다. 그 결정의 가치가 물질로 가늠되어서는 안 될 것이다.

행복한 사람들은 사회성이 좋아서 대화를 즐기며 정서적으로도 풍부하다. 현대는 지식과 정보가 범람하고 있으며 사회인으로서의 우리 또한 그것을 추구한다. 그러나 행복은 지식이 아닌 가슴으로 느끼는 영역이다. 남보다 풍부한 지식과 남보다 다양한 정보가 결코 우리를 행복하게 해줄 수는 없다. 지식을 더 쌓기 위해 유학을 가고, 보다 많은 정보를 얻기 위해 세미나를 다니며 그러한 과정을 통해 정보를 교환하는 데 시간적, 물질적 투자를 아끼지 않는다. 그런데 정작 다양한 정서를 경험하기 위해서는 시간이나 물질을 투자하는 데 인색하다. 행복은 정서이다. 행복은 결코 논리나 이성 영역이 될 수 없다. 현대인들은 과거에 비해 많이 똑똑해지고, 더욱 풍요로운 생활을 하고 있다. 그런데 진정 행복하다고 말하는 사람을 만나보기 힘들다. 왜 그럴까? 왜 지금이 아닌 과거 어린 시절을 그리워하고 그때가 더 행복했다고 말하는 걸까? 행복은 '기억'이다. 그러나 기억에 머물러 있어서만은 안 된다. 행복은 현재 진행형이 되어야 한다. 그리고 내일을 향해 소망을 가질 때 진정한 행복을 누리게 된다. 행복을 위해 나만의 '데이터베이스'를 가져야 한다. 여러분은 언제, 어디서, 무엇을 할 때 가장 행복한가?

5) 행복한 삶

행복한 삶은 세 가지 측면을 지니고 있다.

첫째, 의미 있는 삶

'내가 삶에 부여하는 의미' 그것이 그 사람의 삶의 가치가 된다. 우리의 본성은 부정 정서에 가깝다. 불안, 불쾌, 분노 등의 부정 정서는 우리가 노력하지 않아도 쉽게 경험되는 감정이다. 그러나 기쁨, 감사, 보람, 행복 등과 같은 긍정적인 정서는 노력으로 가질 수 있는 감정이다. 긍정 정서의 최고수준이라고 할 수 있는 '보람'은 이타적인 것이다. 타인을 위해 봉사하고 배려하는 삶을 살아갈 때 내면적으로 깊은 곳에서 올라오는 감정이다. 이처럼 행복은 나 자신의 선택과 노력으로 성취될 수 있는 감정이다. 인간이 자신만을 위해 살아갈 때 행복은 제한적이다.

둘째, 몰입하는 삶

몰입하는 가운데 우리는 행복을 느낀다. 우리가 무언가에 몰입할 때 시간이 멈춤을 느끼는 것은, 객관적인 시점에서는 같은 분량의 시간인데도 재미를 느끼고 흥미로운 시간은 훨씬 짧게 느껴지기 때문이다. 자신이 남보다 조금 더 잘하는 것, 좋아하는 것을 할 때 우리는 더 쉽게 몰입할 수 있고 이때 우리는 행복하다고 말한다. 더욱 건강한 몰입을 풍부하게, 그리고 다양하게 경험하는 것은 행복한 삶으로 이어진다.

셋째, 즐거운 삶

행복은 극히 주관적인 정서이며 행복에 유전적 요인이 작용하듯이, 즐거움을 느끼는 정서도 상당 부분 유전적이다. 자존감과 건강한 정서는 깊은 관계가 있는데, 자존감이 높은 부모에게서 자존감이 높은 자식이, 자존감이 낮은 부모에게서 자존감이 낮은 자식이 출생할 확률이 높다. 이처럼, 즐거움을 잘 느끼지 못하는 사람은 비슷한 성격의 자식을 낳을 확률이 더 높다. 그렇다면 자존감이 낮은 부모를 둔 사람에게는 어쩔 수 없는 기정사실로 끝나는 것인가? 그렇지 않다. 즐거운 삶은 일종의 기술이고 경험이다. 여기에서 기술은 상황을 만들어가는 '방법'이고, 경험은 자신이 받아들이는 '관점'과 관계가 있다. 자주 경험할수록 기술과 횟수는 점점 더 늘어나게 된다. 따라서 행복해질 가능성이 더 커진다. 다양한 방법과 굳어진 긍정적 관점은 좋은 기술로 진전되고, 자신만의 행복 노하우가 되는 것이다.

살아가면서, 결과라고 생각했던 일조차 자세히 살펴보면 모두 과정이다. 그리고 때로는 결과가 나오지 않았다고 낙심했던 일조차도 돌아보면 어디론가 향하는 과정이라는 것을 깨닫게 된다. 그러니 지금 이 순간 내가 원하던 결과 때문에(혹은, 결과 없음에) 고통스러워하고, 그러한 사실을 과정으로 받아들이지 못하면 우리 삶의 모든 순간은 곤혹스럽게 다가오고, 우리는 결코 우리에게 주어진 삶을 긍정적으로 받아들일 수가 없다. 우리의 삶은 결과의 합이 아닌 과정의 합으로 이루어진다. 그러니 어느 과정도 의미 없는 시간들은 없으며, 모든 과정이 그것 자체로도 의미와 가치가 있는 것이다.

3. 자존감

자존감은 마음의 면역시스템이다. 모든 감정의 근저에는 자존감이 있고, 감정들은 이에 영향을 받게 된다. 신체의 면역시스템은 약해지면 외부의 자극에 쉽게 취약해지고, 한 번 취약해지면 다른 질병에 시달릴 가능성도 커진다. 자존감이 불안정하고 낮을 때 우리 마음에도 이와 같은 현상이 일어난다. 자존감이 흔들릴 때 우리는 정진해 나갈 힘과 당당함을 잃고 스트레스에 더 오래, 더 강하게 압도당하게 된다. 다른 사람의 평가에 예민해지고 쉽게 위축되며 상처받기도 쉬워진다. 신체의 면역시스템을 탄탄하게 해주기 위해 운동을 하고 건강한 생활습관을 유지하듯이 마음도 마찬가지다. 건강한 신체를 유지하기 위한 건강한 습관에 대해 아무리 많이 알고 있어도 실천이 따르지 않으면 아무 소용이 없다. 자존감의 중요성 역시 깨달아도 실천하지 않으면 도움이 되지 않을 것이다. 이러한 눈에 보이지 않는 심리적 본질이, 현상인 우리의 언어까지도 결정한다.

사람들이 무심결에 사용하는 언어에는 언어영역의 학문적인 실력과 기술적인 습득의 영향도 있지만, 가장 큰 영향을 끼치는 것은 의외로 자존감이다. 자존감이 높고 건강한 사람일수록 긍정언어를 사용하고, 명쾌한 언어를 사용한다. 자존감이 바로 선다는 것은 건강한 심리와 직결된다. 대화 시에 왜곡된 표현을 사용하는 사람, 부정적인 언어를 사용하는 사람, 무슨 말을 해도 오해의 여지를 남기는 사람은 언어기술이 부족하다기보다는 심리적인 문제, 자존감의 문제가 있을 수 있다. 앞서도 설명한 바와 같이 언어와 심리는 상응 관계에 있다. 서로 반응하기 때문이다. 언어교육을 받기 전에 심리교육이 전제되어야 하는 이유이다. 먼저 자존감을 건강하게 바로 세우고, 순차적으로 언어를 기술적으로 그리고 학문적으로 실력을 쌓아가는 것이 가장 바람직한 방법이라 하겠다. 저자가 "건강한 심리를 통한 원활한 소통!"을 평생 강조해온 이유이다.

1) 자존감의 정의

자존감Self-esteem은 '자신을 스스로 존귀하게 여기는 마음'이다. 즉, 자신을 존중하고 사랑하는 마음이다. 자신의 능력과 한계에 대해 어떻게 생각하는지에 대한 전반적인 의견이다. 스스로 가치 있는 존재임을 인식하고 인생의 역경에 맞서 이겨낼 수 있는 자신의 능력을 믿고 자신의 노력에 따라 삶에서 성취를 이뤄낼 수 있다는 일종의 자기확신이다. 자존감이 건강하게 형성되어 있는 사람은 자신을 소중히 여기며 다른 사람과의 관계도 긍정적으로 유지할 수 있다. 사회생활도 원만하게 이루어가며 자신감 있게 감당한다. 자기확신이 강하기 때문에 감정의 기복이 없으며 타인의 비난이나 실수에 대해 상처를 쉽게 받지 않는다. 삶 가운데 어려운 상황 앞에서도 유연하게 대처할 수 있는 능력을 가진다. 즉 자존감은 자신을 조건 없이 수용하고 가치 있게 여기는 것이다. 인간은 학위의 고저, 물질의 여부, 외모, 건강, 환경에 의한 것이 아니라, 존재 그 자체로 존귀한 것이다. 그것을 인식하고 건강한 자존감을 세우고 살아갈 때 환경과 조건에 반응하지 않고 요동하지 않으며 일관된 행복을 유지할 수 있는 것이다. 인간이 평생 화두로 삼는 것은 '성공'과 '행복'이다. 성공을 '자신의 가슴이 원하는 것을 이루는 것'이라고 할 때, 성공도 결국 행복해지기 위해 지향하는 목표인 것이다.

하지만 자존감이 약한 사람은 이와 반대이다. 자신의 실체와는 별개로 남의 시선을 심하게 의식하며 매사에 자신감이 없고 전전긍긍하는 모습을 보이게 된다. 대인관계도 원만하지 못하고 열등감이 심하다. 그러나 우리가 기억해야 할 것은 이 두 가지 다 한 쪽으로 너무 치우쳐 있는 것에도 문제는 있다. 자존감이 너무 높을 경우에는 자신감이 지나쳐 타인을 무시하는 경향이 있을 수 있다. 건강한 자존감과 아울러 배려의 마음을 가져야 한다. 결국, 자존감은 우리의 행복과 건강, 성공을 위해 반드시 살펴봐야 할 마음의 핵심이라고 할 수 있다.

[낮은 자존감의 예] "나의 본래 모습을 알게 되면 실망할 텐데."
[높은 자존감의 예] "나는 남들보다 우월하고 늘 내 생각과 의견이 맞아."
[건강한 자존감의 예]

"사람은 누구나 존재 자체로서 존중받아야 할 대상이야."
"서로의 생각은 틀린 것이 아니라 다른 것이야."

2) 자존감의 영향

자존감은 성장 과정과 환경이 중요하다. 부모가 자녀를 대하는 태도를 비롯하여 식구 구성원 등과 같이 가까운 사람들과의 관계가 자존감 형성에 지대한 영향을 미치기 때문이다. 성인이 되어서도 사회인으로서 타인과의 관계, 경험, 환경 등에 의해서 형성된다. 어린 시절에는 부모를 비롯하여 가까운 관계의 사람들로부터 긍정적인 피드백을 받을 경우, 자신에 대한 믿음이 높아지고, 자신이 지닌 가치를 적절하게 평가할 수 있는 건강한 자존감을 지닌 사람으로 형성될 수 있다. 반대로 애정이 결여된 냉혹한 비판과 비난, 일방적인 조롱 등과 같이 부정적인 피드백을 받고 자란 경우에는 자존감이 낮은 사람으로 성장할 가능성이 높다.

(1) 지나치게 높은 자존감

지나치게 낮은 자존감도 문제이지만, 이에 못지않게 지나치게 높은 자존감도 문제는 있다. 이런 경우, 우선 본인이 자존감이 높다는 것을 의식하는 것이 중요하다. 그렇지 못할 경우, 다른 사람보다 자신을 더 월등하게 평가하는 경우가 생긴다. 이러한 의식은 타인보다 자신이 더 뛰어나다고 생각하는 특권의식과 자만심으로 발전해 남을 무시하고 배려하는 마음이 결여된다. 남들과 자신을 비교하며 우월감을 가지게 되는데, 우월감은 상황에 따라 열등감으로 전환될 수 있는 감정이며 우월감과 열등감은 둘 다 건강하지 못한 심리상태이다. 심리는 비교해서는 안 되는 영역이다.

(2) 지나치게 낮은 자존감

지나치게 낮은 자존감은 한마디로 '부정적 심리상태'라 하겠다. 실제의 자신보다 평가절하하며, 자신의 모든 결과물에 대해 낮게 평가하는 경향이 있다. 자신의 장점보다 단점과 결함에 초점을 두고 있기 때문에 심리적으로 늘 남에게 뒤져있다. 이러한 '늘 남에게 뒤져있다.'는 생각은 부정적 심리상태일 뿐 실제와 다른 경우가 많다. 그러므로 늘 다른 사람의 시선과 감정을 기준으로 하여 자신의 현재 행동을 결정한다. 칭찬이나 격려를 왜곡하여 받아들이며 긍정적 반응을 하지 못한다. 실패가 두려워 새로운 일에 대한 도전정신이 희박하며, 만족할 만한 결과 앞에서도 좋은 감정과 성취감을 지속하지 못하고 늘 부정적인 기억을 품고 살아간다. 낮은 자존감을 가진 사람일수록 스트레스에 취약하고 불안이나 우울, 분노, 두려움과 같은 부정적인 심리 경험에 노출될 가능성이 크다.

(3) 건강한 자존감

건강한 자존감이란 자신을 공정하고 정확하게 볼 수 있다는 것을 의미한다. 건강한 자존감은 자기애와는 근본적으로 다르다. 나르시시스트가 아닌, 지금의 나 자신을 있는 그대로 인정하는 것이다. 실수하고 부족한 점이 있는 것도 나이고, 남보다 조금 더 잘하는 면이 있는 것도 나이다. 이렇게 자신의 본연의 모습, 본연의 가치를 인정하고, 스스로를 괜찮고 소중하다고 느끼는 것을 의미한다.

▶ 성공하는 사람의 여러 가지 특징과 공통분모가 있는데, 그중에 필수 조건은 '분별', '결단', '추진력'이다. 그런데 여기에서 기저에 작용하는 것이 '자존감'이다. 자존감이 낮은 사람은 옳은 분별, 정확한 분별이 불가능하며 무엇을 결단하는 능력이 부족하다. 건강한 자존감이 형성되지 않으면 긍정심리를 지향하기 힘들며 이러한 전제조건이 충족되지 않으면 그다음의 추진력이나 열정은 더욱 어렵다. 그러기에 무엇보다 심리 기저에 자리 잡은 자존감을 높여야 긍정심리로 우리의 미래에 확신을 가지고 나아갈 수 있다. 자존감은 '나는 괜찮은 사람', '사랑받을 만한 사람'이라는 건강하고 밝은 자기개념에서 나온다. 학자마다 자존감을 정의하는 표현이 조금씩 다르지만, 공통적 의견은, 탄탄하고 건강한 자존감을 가진 사람이 행복하며 성공적인 삶을 산다는 것이다. 자존감에는 정서적이고 가치 평가적이며 인지적인 요소가 들어 있다. 삶을 긍정적으로 평가하고 사실을 부정하기보다 존중하며 자신의 능력을 확신함으로 행복할 자격이 있다고 여기는 성향이다. 즉, 자신의 생각하는 능력, 정신에 대한 확신이다. 이것은 우리가 살아가는 데 아주 중요하다. 자신의 가치를 정확히 알고 자신을 긍정적으로 평가하는 경향을 지니고 있지만 부족한

점에 대해서도 명확히 알고 있다는 것이다.

3) 자존감을 높이는 3단계 방법

자존감이 낮으면 매사에 소극적이 되고 자신이 존중받아야 할 가치가 충분히 있음에도 스스로를 저평가하게 된다. 자존감은 어린 시절부터 형성되지만, 성인이 된 후 의지에 따라 얼마든지 건강하게 가꿀 수 있다. 자존감은 인생의 모든 면에 영향을 주고 인생의 질을 결정하는 데 지침이 되므로 반드시 개선할 필요가 있다.

(1) 용서하기

자존감이 낮은 사람은 실수를 저지르면 자신의 인격으로 연계하여 생각한다. 이럴 경우, 자기비하로 확대되어 더욱 극복하는 데 어려움을 겪는다. 실수는 상황으로 받아들이고 인격화해서는 안 된다. 실수는 인간이라면 누구나 저지를 수 있는 행동으로, 순간의 잘못을 인생 전체로 비약해서는 안 된다. 자신을 용서하고 실수를 다시 거듭하지 않도록 노력하는 것이 중요하다. 또한, 자존감이 낮은 사람은 타인의 실수도 용서하기 힘들다. 상처를 쉽게 받기 때문에 상처를 주었다고 생각하는 대상에 대해 오랜 시간 앙심을 품거나 실제 상황과 관계없이 부정적인 시각으로 보게 된다. 이러한 시각은 결국 바람직하지 못한 결과를 가져오게 된다. 이렇듯, 자존감은 관계성에도 큰 영향을 미치게 되므로 나와 타인을 위해 반드시 개선해야 한다.

(2) 긍정적 사고(思考)

생각으로 시작하여 행동으로 결과는 이루어진다. 감당해야 할 일이 있다면 '나는 할 수 있어. 최선을 다할 거야!'라는 다짐이 중요하다. 긍정적 결단을 내렸다면 그다음은 행동으로 실현해야 한다. 인생 가운데 '불가능해'라고 생각하고 이루어진 성공은 없다. 부정적 관념에 빠져있다면 그것은 잘못된 습관과 게으른 심성, 안일한 사고, 그리고 결과에 대한 두려움 때문이다. 두려움은 부정적 사고(思考)에 길들어 있기 때문이다. 우선 마음으로 하겠다는, 할 수 있다는 의지를 세우고 행동으로 나아가야 한다. 시작은 생각이다. 인생의 열매는 긍정적 생각에서 출발한다는 것을 기억하라.

(3) 격려하기

자존감이 낮은 사람은 비관적인 사람이다. 그러므로 자신의 성과조차도 적절하게 인정하지 못한다. 자신의 능력과 노력으로 이루었음에도 부정적인 결론에 도달하는 것이다. 자신을 과소평가하고 실수에 예민하게 반응하기 때문에 늘 우울하고 의기소침한 상태에 놓여있기 쉽다. 타인의 칭찬과 격려도 건강하게 받아들이지 못하고 왜곡하게 된다. '듣기 좋으라고 하는 소리야.', '나를 불쌍히 보고 하는 말이야.' 등 액면 그대로 받아들이지 못하고 늘 왜곡하여 받아들이기 때문에 행복감이 없거나 낮다. 자존감이 낮은 사람은 늘 스스로를 격려하고 칭찬하며 긍정적인 에너지를 더해 가는 훈련이 필요하다.

4. 매슬로의 5단계 욕구체계

인간은 어린 시절부터 성장 과정을 통하여 단계적 욕구가 적절하게 충족될 때 건강한 자존감이 형성될 수 있다. 인간의 욕구는 타고난 것이며 욕구를 강도와 중요성에 따라 5단계로 분류한 것이 아브라함 매슬로Abraham H. Maslow의 이론이다. 하위단계에서 상위단계로 계층적으로 배열되어 하위단계의 욕구가 충족되어야 그다음 단계의 욕구가 발생한다. 욕구는 행동을 일으키는 동기 요인이며, 인간의 욕구는 낮은 단계에서부터 그 충족도에 따라 높은 단계로 성장해 간다. 이것이 욕구 5단계설이다. 1단계 욕구는 생리적 욕구로 먹고 자는 등 최하위 단계의 욕구이다. 2단계 욕구는 안전에 대한 욕구로 추위, 질병, 위험 등으로부터 자신을 보호하는 욕구이다. 3단계 욕구는 애정과 소속에 대한 욕구로 어떤 단체에 소속되어 애정을 주고받는 욕구이다. 4단계 욕구는 자기존중의 욕구로 소속단체의 구성원으로 명예나 권력을 누리려는 욕구이다. 5단계 욕구는 자아실현의 욕구로 자신의 재능과 잠재력을 발휘해 자기가 이룰 수 있는 모든 것을 성취하려는 최고수준의 욕구이다.

매슬로의 5단계 욕구체계

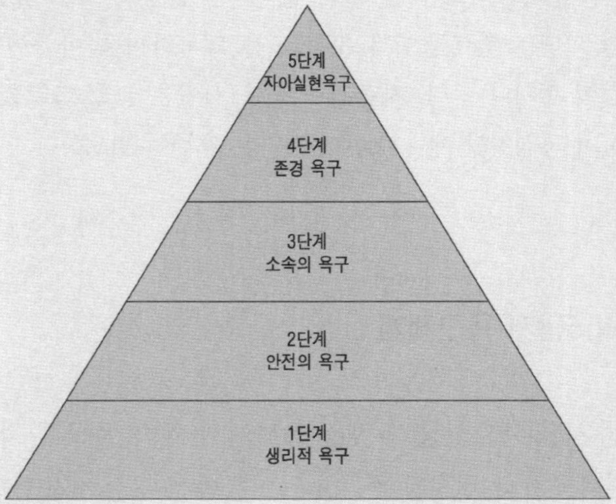

이미지 트레이닝

1. 첫인상

1) 사람이 처음 만나 몇 분 동안 서로 어떤 말이 오가지 않더라도 눈으로, 얼굴로, 몸으로, 태도로 커뮤니케이션이 이루어진다.

2) 첫인상의 중요성

고정관념Stereotype이 형성되어 진위와 관계없이 오랫동안 영향을 미치게 된다.

"내가 바뀌지 않고 남을 바꿀 수 없다. 다른 사람을 바꾸려면 스스로 먼저 바뀌어야 한다. 이 세상이 나아지지 않는 이유는 한 가지 때문이다. 서로가 서로를 변화시키려고 할 뿐 자신은 변화하려고 들지 않기 때문이다."

– 토마스 아담스 Thomas Adams(1583~1653)

2. 마음이라는 감정

이미지는 포장이 아니다. 자신이 가지고 있는 속 감정들이 외면으로 나타나는 것이다. 이미지에 결정적인 영향을 주는 것이 '마음이라는 감정'이다. 그러기에 자신의 감정을 건강하게 유지하는 것이 무엇보다 중요하다. 마음을 좌우하는 몇 가지 대표적인 감정을 살펴보자.

1) 불안anxiety

신체적, 심리적 반응을 수반하며, 인간이 가장 원하지 않는 상태의 심리가 불안이다. 불안은 모든 사람이 경험하지만, 모든 사람이 가장 경험하고 싶지 않은 심리 상태이기도 하다. '원하지 않는 생각이나 감정을 가질 때 생기는 불쾌한 감정'으로서의 불안은 불확실성과 모호함을 근거로 한다. 대부분 불안은 새로운 변화를 시도할 때 다가오는 감정으로써 그 변화는 대부분 불확실하고 모호한 영역으로 접근한다. 인간의 기본 성향은 불안이 예상될 경우 본능적으로 회피하게 되는데, 그러기에 인간은 어느 상황에서든 기존의 익숙한 것에서 벗어나려고 하지 않는다. 이렇듯 불안은 인간이 가장 싫어하는 심리상태이지만, 역설적으로 인간의 마음을 들여다보는 중요한 창구가 되기도 한다. 불안에 대처하는 방식은 그 사람의 성격이나 특성에 따라 다르다. 불안이라는 심리가 중요한 것은 불안이 우리 마음의 작동 원리에 강력하게 개입한다는 사실이다. 불안을 이해하지 못하면 생각에 대한 이해 역시 어렵게 된다.

2) 고착fixation

고착이란 '어떤 상황이나 현상이 굳어져 변하지 않음'을 말하기도 하지만, 정신분석학적 용어로써 고착은 '특정한 대상이나 생각에 집착하여 벗어나지 못함'을 이르는 말이다. 이전의 발달 단계에서 적절했던 대상이나 생각이 발달이 진행되어 다른 생각이나 행동이 요구되는데도 그 이전의 상태에 머무르는 상태를 지칭한다. 즉, 발달이 더 높은 단계로 진행이 되지 않고 그 단계에서 머무르는 것이다. 특정 발달 단계에서 지나치게 높은 심리적 만족감을 얻었거나 지나치게 불만족한 상태가 지속되어 발생할 수 있다. 인간의 성향은 변화를 싫어한다. 변화란 기존의 삶에서 벗어남을 의미하는데, 그 벗어남은 결국 익숙하고 확실하고 예측 가능한 무언가를 포기하는 것을 뜻한다.

3) 두려움afraid

위협이나 위험을 느껴 마음이 불안하고 조심스러운 느낌을 말한다. 두려움은 불안에 대비시키는 하나의 기분 현상이다. 두려움이 비본래적 정황성이라면, 불안은 본래적 정황성이다. 두려움이 우리를 본래적 자기로부터 회피하게 하는 반면, 불안은 우리를 감추어졌던 본래적 자기 앞에 직면하게 한다. 두려움의 현상은 세 가지 구조 계기를 갖는다. 두려움의 대상, 두려워함 자체, 그리고 두려움의 이유가 두려움을 통일적으로 구성한다.

4) 트라우마trauma

외부에서 일어난 사건으로 인해 발생한 심리적 외상으로서 정신에 지속적인 영향을 주는 격렬한 감정적 충격을 말한다. 과거 경험했던 위기나 공포와 비슷한 일이 발생했을 때, 당시의 감정을 다시 느끼면서 심리적 불안을 겪는 증상을 말하며 여러 가지 정신 장애의 원인이 될 수 있다.

5) 스키마schema

기억 속에 저장된 지식을 말하며, 정보처리의 기본 규칙이 들어 있는 핵심 신념이다. 스키마는 구조화된 지식으로서 지식을 구성하는 부분이 일정한 구조를 가지고 있다. 스키마는 환경으로부터의 정보를 걸러주고, 의사결정을 내리며, 행동패턴으로 이끄는 틀을 제공한다. 스키마는 인생의 중요한 사건, 외상, 성공경험 및 기타 발달에 중요한 영향뿐 아니라 부모, 교사, 또래 및 중요한 타인과의 상호작용으로 형성된다. 유전적 특질 또한 기질, 지능, 특정 능력 또는 능력의 결함, 정신적, 신체적 질환에 대한 생물학적 취약성에 기여함으로써 스키마 발달에 영향을 미친다.

▶ 모든 것은 마음먹기에 달렸다. 스스로 적극적인 자세를 가질 때 성공적인 자기 이미지는 물론, 다른 사람들도 당신을 긍정적으로 봐준다. 스스로 긍정적이어야 한다. 감정은 우리 삶에 있어서 우선으로 고려되는 중요한 요소이다.

3. 이미지 트레이닝image training을 위한 가이드라인guideline

1) 자신감을 가져라.

2) 자신에 대한 불행감이나 삶에 대한 허무감을 버려라.

3) 긍정적이고 낙관적인 사람과 교제하라(감정은 전염성이 있다).

4) 지나친 죄의식을 갖지 말고 다른 사람의 기분과 감정이 모두 당신 책임이라 생각하는 것은 오만이다.

5) 머리를 써라.

6) 미소 짓는 습관을 가져라.

① 여러 가지 표정 중 가장 호감을 주는 것은 역시 미소를 담은 표정이다.
② 미소를 지을 때는 상대방을 진심으로 좋아하려는 노력이 필요하다.

7) 의미 있는 악수를 하라.

① 옛날부터 악수는 평화를 상징하는 바디랭귀지Body Language로 쓰여 졌다. 자신 있게 손을 내밀어, 힘 있고 따뜻하게 또 진지하게 악수하라.

② 악수 방법

마음의 문을 열고 자신감을 갖고, 시선은 상대방에 눈에 맞추고, 손은 힘 있게, 진지하게 쥔다.

파워메시지 16

긍정의 힘

생각도 긍정적, 말도 긍정적, 그러할 때 긍정적 인생이 이루어집니다.
긍정적 사고를 가지십시오.
말이 쉽지 실천이 어려운 것이 사실입니다.
그러기에 긍정적인 사고를 가지는데도 훈련이 필요합니다.

우선 내가 품고 있는 부정적인 생각들을 무시하는 것이 중요합니다.
그리고 긍정적으로 사고하려고 노력하십시오.
이를 위해서는 무엇보다 집중력을 키우는 것이 중요합니다.
집중력은 자신의 생각들을 하나로 조정하는 데 도움이 됩니다.
마음을 단련시키고 정신을 모아주는 꾸준한 훈련으로 '마음의 힘'을 키우십시오.

대부분 사람들은 힘든 일 앞에서 좌절과 불평으로 반응합니다.
그러나 기억할 것은, 그 힘든 일로 인해 반드시
긍정적인 변화와 성장이 이루어진다는 것입니다.
인간의 성공 기질은 고난과 시련으로 더욱 강하게 훈련됩니다.

고난은 정신적으로 다가올 수도, 현실적인 상황으로 다가올 수도 있습니다.
어떠한 모양으로 내 앞을 막더라도 뛰어넘기로 작정하십시오.
부지불식간에 생겨나는 안일, 부정, 포기의 마음을 쫓아내십시오.
그리고 목표를 향한 의지를 다져나가십시오.
어떠한 상황에서도 한결같음을 잃지 마시기 바랍니다.

부록

어록 모음

1 가장 적극적인 생각이 '행동'이다.

2 가장 중요한 것은 능력이 아니라 '태도'이다.

3 가장 큰 비극은 죽음이 아니라 목적이 없음이다.

4 가장 확실한 지지자는 자기 자신이다.

5 가지 않으면 알 수 없다.

6 가치 있는 것에 인내하라.

7 가치 있는 삶을 원한다면 삶의 초점을 맞추어라.

8 가치는 열매로 나타난다.

9 간청하기 전에 감사하라.

10 갈등은 확신의 부족이다.

11 감동은 머리가 아니라 가슴이다.

12 감동은 지식이 아닌 인격에서 온다.

13 감사에 주저하지 말라.

14 감사와 행복은 같은 말이다.

15 감사의 분량이 행복의 분량이다.

16 감사한 마음이 감사한 현실을 만든다.

17 감사한 만큼 행복할 수 있다.

18 감정은 내가 선택하는 것이다.

19 감정은 생각의 반영이다.

20 감정은 전염된다.

21 감정을 결정하는 것은 '관점'이다.

22 감정을 표출하는 것이 치유의 시작이다.

23 걱정으로 해결되는 일은 없다.

24 건강한 비판은 발전을 위한 숨겨진 힘이다.

25 결단은 용기이다.

26 결정은 '핵심가치'로 판단하라.

27 결정하였으면 순간에 흔들리지 말라.

28 경우 따지는 사람 경우에 당한다.

29 경청은 인격이다.

30 경험 없이 성장은 없다.

31 계획은 단순화하라.

32 계획이 아니라 목표에 집중하라.

33 고난은 반응하면 시련이고, 수용하면 훈련이다.

34 고난은 이룸의 과정이다.

35 고민은 시작이 아닌 망설임에서 온다.

36 고정관념만큼 사람을 멍청하게 하는 것은 없다.

37 고지는 늘 생각보다 가까이 있다.

38 고통은 면역이 없다.

39 고통을 참아낼 때 변화는 시작된다.

40 공부는 머리가 아닌 인내로 하는 것이다.

41 과거가 당신을 변호하지 않게 하라.

42 과거가 짐이 아닌 약재료가 되어야 한다.

43 과거를 직시하라, 그것이 치유의 시작이다.

44 관계들은 항상 회복할 가치가 있다.

45 관계성은 상대적이다.

46 관계성을 위하여 공감대를 형성하라.

47 관계에서 중요한 것은 해결이 아니라 화해이다.

48 '괴롭히는 사람'은 '가르쳐주는 사람'이다.

49 교만의 이면에는 열등의식이 있다.

50 교만한 자에게는 지식이 독이다.

51 귀가 아닌 마음에 말을 하라.

52 귀한 입이 되고 싶다면 귀한 말을 하라.

53 그 무엇에도 노예가 되지 말라.

54 극복에 대한 의지는 미래에 대한 희망을 준다.

55 '급한 것' 이 아니라 '중요한 것'부터 하라.

56 긍정 없이는 행복도 없다.

57 긍정적으로 생각하고 적극적으로 행동하라.

58 기다리지 말고 지금 하라!

59 기회는 준비와 시간이 맞아 떨어지는 것이다.
60 길이 없으면 닦아 나가면 된다.
61 꾸준한 열정으로 전문성을 이루라.
62 꿈은 간절함으로 품어라.
63 '끈기'가 안일함이 되어서는 안 된다.
64 '끝'은 상황이 아니라 마음이다.
65 나를 만드는 것은 나 자신이다.
66 나의 길이 다른 이의 이정표가 되게 하라.
67 나의 꿈은 타인의 동의가 필요 없다.
68 나의 마음이 나의 가치이다.
69 날아간 시간에 미련을 두지 말라.
70 남에게 아픔을 주는 사람은 스스로도 아픈 사람이다.
71 남에게는 과정에, 나에게는 결과에 주목하라.
72 남을 미워하면 내 마음이 미워진다.
73 내 안의 세계가 내 바깥세계를 창조한다.
74 내 인생에서 가장 강력한 사람은 '나'이다.
75 내가 내 인생의 매니저다.
76 내가 뜨거워진 만큼 세상도 뜨거워진다.
77 내가 먼저 자신을 인정하라.
78 내가 변해야 인생도 변한다.
79 내가 지금 무엇을 심고 있는가 확인하라.
80 내일을 알 수 없는 것이 인생이기에 우리의 몫은 '최선'일 뿐이다.
81 냉철한 머리와 따뜻한 가슴을 이루라.
82 노력 없는 꿈은 망상일 뿐이다.
83 노력하는 자에게는 열매가, 게으른 자에게는 후회가 따른다.
84 눈앞의 조건이 아니라, 인생의 Whole picture를 그려라.
85 눈에 보이는 것만으로 타인을 판단하지 말라.
86 능력은 자기확신에서 비롯된다.
87 단점은 캐치하고, 장점에 집중하라.

88 당당한 사람만이 겸손해 질 수 있다.
89 대화의 기본은 듣는 것이다.
90 덕 있는 사람이 득이 되는 사람이다.
91 독하지 마라, 그러나 지독하라.
92 돈은 행복이 아닌, 불행을 막아줄 뿐이다.
93 돈이 아닌, 생각을 관리하라.
94 두려움도 습관이다.
95 두려움이 없으면 용기도 없다.
96 두려워할 것은 두려움 그 자체뿐이다.
97 뒤가 아닌 앞을 보라.
98 들음으로 지혜 오고, 말함으로 후회 온다.
99 때로는 침묵으로 소통하라.
100 때로는 침묵이 가장 능력 있는 표현이다.
101 때를 기다리지 말라, 그때가 바로 지금이다.
102 똑같은 말을 해도 듣는 사람은 자기 수준 만큼 받아들인다.
103 똑똑한 사람보다 현명한 사람이 되라.
104 뜨거운 열정보다 중요한 것은 지속적인 열정이다.
105 마음 가는 곳으로 삶은 이끌려 간다.
106 '마음'이 모든 것의 시작이다.
107 마음을 행동화하는 것이 가장 큰 용기이다.
108 말은 곧 씨앗과 같다.
109 말은 말에 대한 존경심을 가지고 진지하게 접근해야 한다.
110 말은 머리가 아니라 가슴으로 하라.
111 말은 반응하지 말고 포용하라.
112 말은 하는 사람의 인격이지, 듣는 사람의 인격이 아니다.
113 말은 하지 못했을 때보다 하지 말아야 할 말을 했을 때 후회된다.
114 말은 현실을 만들어 내는 큰 힘이 있다.
115 말을 독점하면 적이 많아진다.
116 말을 말로써 반응하지 말라.

117 망상과 이상은 '실천'으로 분별 된다.

118 망상은 꿈이 커서가 아니라 노력하지 아니함이다.

119 머리가 편하면 인생이 힘들어지고, 머리가 힘들면 인생이 편해진다.

120 머리보다 마음이 이끄는 대로 나아가라.

121 멈추지 않는 자에게는 시련은 있을지언정 실패는 없다.

122 모든 것은 우리의 관점으로 바라보게 됨을 유의하라.

123 모든 것의 근본은 마음이다.

124 모든 문제는 인격을 쌓을 수 있는 기회다.

125 목소리는 단순히 소리가 아니다, 인격이다.

126 목소리를 바꾸는 과정은 인생을 바꾸는 과정이다.

127 목소리의 톤이 높아질수록 뜻은 왜곡된다.

128 목표를 이룬 후만 아니라, 지금도 소중한 삶이다.

129 몸은 음식으로 힘을 얻지만, 마음은 생각으로 힘을 얻는다.

130 '무엇'이 아닌, '왜'를 설명하라.

131 무한한 가능성을 가지고 있는 나 자신을 신뢰하라.

132 '문제'가 아니라 '해결'에 집중하라.

133 문제는 감정이 아니라, 나의 생각이다.

134 문제는 어두운 곳에서 자란다.

135 문제를 문제로 느끼지 못하는 것이 문제이다.

136 미래가 알고 싶다면 지금 내가 무엇을 하는가 보라.

137 미래의 성취 여부는 자신의 '간절함'에 달려있다.

138 미움은 감옥이다.

139 믿어주는 것과 방치하는 것은 다르다.

140 바라본 대로 나아가고, 말한 대로 되어진다.

141 바쁘다는 것은 일이 아니라, 마음이다.

142 반응이 아닌 분석을 하라.

143 실력은 높이고 마음은 낮추라.

144 발뺌하지 말라, 흔적은 남는다.

145 방향성 없는 열정은 위험하다.

146 배려는 감동을, 감동은 사랑을 가져온다.
147 배려는 세밀해야 한다.
148 배우는 것은 지식, 느끼는 것은 인격이다.
149 배움은 지식이지만 훈련은 열정이다.
150 베풀다 거지된 사람 없다.
151 변명이 위험한 것은 늘 그럴싸하기 때문이다.
152 변화 속에 기회가 있다.
153 '변화'의 주체는 나 자신이다.
154 변화는 기다리는 것이 아니라 일으키는 것이다.
155 변화는 나 자신을 믿고 사랑할 때 비로소 시작된다.
156 변화는 작은 실천을 반복하는 사람에게 일어난다.
157 변화된 행동이 변화된 결과를 가져온다.
158 변화를 원하는가, 생각을 바꾸라.
159 복을 말하라, 복은 말로 표현되기 전까지는 복이 아니다.
160 복을 받기보다는 복의 통로에 관심을 가지라.
161 본질을 '단순화'하라.
162 봐야 믿는가, 믿어야 볼 수 있다.
163 부모는 사리로 판단할 대상이 아니다.
164 불만에 속지 말라, 이것이 행복의 원리이다.
165 불행의 포장 안에 들어 있는 '축복'을 발견하라.
166 비교는 남이 아닌 어제의 나와 하라.
167 비슷한 것은 비슷한 것을 끌어당긴다.
168 비워야 채운다.
169 빛과 어둠은 공존할 수 없다.
170 빨리 가지 못해도 잘못 가서는 안 된다.
171 사건보다 해석이 중요하다.
172 사람도 인생을 바라보지만, 인생도 사람을 바라본다.
173 사람은 '능력'에 앞서 '예(禮)'를 갖춰야 한다.
174 사람은 '이해'가 아니라 '인정'이 필요하다.

175 사람은 결국 자신의 인격만큼 산다.
176 사람은 망상이 아닌 소망을 가져야 한다.
177 사람은 머리가 아닌 가슴으로 대하라.
178 사람은 생각한 대로 살아지고, 말한 대로 되어진다.
179 사람은 위치가 아닌 '신념'이 매력이 되어야 한다.
180 사람은 자신의 생각 수준만큼 살아간다.
181 사람은 자신이 인정한 한계만큼 살아낸다.
182 사람은 지식이 아니라 사랑으로 변화된다.
183 사람은 지적이 아닌 칭찬으로 개선된다.
184 사람은 차별이 아닌, 구별되어야 한다.
185 사람을 공격하지 말고, 문제를 공격하라.
186 사람을 움직이는 것은 입이 아니라 귀다.
187 사람이 문제이고, 사람이 답이다.
188 사랑으로 닦지 못할 눈물은 없다.
189 사랑은 가장 건강한 관계성이다.
190 사랑은 관심이다.
191 사랑은 머리가 아니라 가슴이다.
192 사랑은 배려에서 시작된다.
193 사랑은 의무가 아니라 권리이다.
194 사랑은 표현될 때 완성되어 진다.
195 사랑은 품는 것이 아니라 주는 것이다.
196 사랑은 품을 때가 아니라 나눌 때 완성된다.
197 사랑의 첫 번째 대상은 자신이다.
198 사실보다는 상대의 감정에 초점을 맞추어라.
199 살아가는 이 순간이 삶이다.
200 삶으로 나타나지 않는 주장은 거짓이다.
201 삶은 사는 것이 아니라, 살아내는 것이다.
202 삶은 살아온 만큼 경험을 남긴다.
203 삶은 우리가 선택한 대로 이루어진다.

204 삶은 우리에게 축복이다.

205 삶을 바라보는 우리의 관점이 우리의 삶을 만든다.

206 삶의 목적이 진정한 열정을 가져온다.

207 삶의 목표는 자신의 '가치관'에 의해 결정된다.

208 삶의 변화는 생각의 변화에서 출발한다.

209 상식적인 말은 상식으로 받아들여라.

210 상처는 이성이 아닌 감성에서 온다.

211 상처도 말로 받지만, 치유 또한 말로 이루어진다.

212 상처를 숨기는 것은 상처를 깊게 할 뿐이다.

213 상처를 지혜로 바꿔라.

214 상황에 대한 '반응'도 선택이다.

215 상황이 아닌 반응에 집중하라.

216 생각과 감정은 내가 만들어낸 것이다.

217 생각은 많이 하고, 말은 적게 하라.

218 생각은 원인이고 상태는 결과이다.

219 생각을 넘어 실행하라.

220 생각을 바꾸면 유전자도 바뀐다.

221 생각을 통제하라 인생이 통제된다.

222 생각의 힘을 키우라.

223 생각이 변하면 인생도 변한다.

224 생각이 인생을 좌우한다.

225 선포하라, 말에는 큰 힘이 있다.

226 설명할 수 없는 것은 아는 것이 아니다.

227 설명하는 시간이 배움의 시간이다.

228 '성공'과 '삶의 충족'은 같지 않다.

229 '성공'은 운명이 아니라 '도전'과 '이룸'이다.

230 성공과 실패의 차이는 습관의 차이이다.

231 성공도 습관이다.

232 성공에는 지름길이 없다.

233 성공은 간절함의 결과이다.
234 성공은 도전하는 자의 것이다.
235 성공은 남이 아닌 내가 결정하는 것이다.
236 성공은 생각이 아닌 행동으로 이루어진다.
237 성공은 잠재력을 얼마나 발휘하였는가에 달려있다.
238 성공은 트릭이 아니라 최선에서 온다.
239 성공을 원하는가, 가장 좋아하는 일을 하라.
240 성공을 원한다면 욕망을 증진시켜라.
241 성공을 이루는 것은 생각이 아니라 행동이다.
242 성공을 추구하기 전에 성공적인 인물이 되라.
243 성공의 반대는 실패가 아니라 포기다.
244 성공의 약재료는 끈기와 인내이다.
245 성공의 자격은 '최선'이다.
246 성공의 장애물은 우유부단함이다.
247 성공인지 성취인지 분명히 하라.
248 성공하고 싶은가? 결단하라, 그리고 올인하라.
249 성공하려면 말부터 바꿔라.
250 성공한 사람보다 소중한 사람이 되라.
251 성공한 사람은 성공할 사람을 알아본다.
252 성공한 사람의 인생에는 핑계가 없다.
253 성공했는가? 도움의 손길을 잊지 말라.
254 '성숙'은 관계와 공동체를 통해 이루어진다.
255 성숙을 위한 지름길은 없다.
256 성숙한 사람은 '아는 게' 병이 아닌 '힘'이 되는 사람이다.
257 성실하지 못하면 지혜도 흐려진다.
258 성장은 시련 가운데 이루어진다.
259 성취의 크기는 열망의 크기에서 비롯된다.
260 성패를 좌우하는 것은 '사고'와 '자세'이다.
261 세상은 과정이 아니라 결과를 기억한다.

262 세상의 규율에 대하여 존중은 하나 매이지는 말라.
263 세월에 묻혀오는 지혜와 분별을 간직하라.
264 소통의 시작은 공감이다.
265 습관은 제2의 천성이다.
266 습관이 미래를 결정한다.
267 습관적인 비판은 교만이다.
268 습성에 매여 있는 한 변화는 없다.
269 승자란 자기 자신과의 싸움에서 이긴 사람이다.
270 시간의 교훈 때문이 아니라면 결코 과거를 되돌아보지 말라.
271 시련은 기회다.
272 시련은 변화의 원동력이다.
273 시련은 축복의 문이다.
274 시련의 순간 단속할 것은 '입'이다.
275 시련이 클수록 보상도 크다.
276 신념이 나를 바꾼다.
277 '신뢰'는 상대의 '신념'을 이해할 때 생긴다.
278 실력은 높이고 마음은 낮추라.
279 실력은 지식이고, 능력은 지혜이다.
280 실력이 능력이 되어야 한다.
281 실력이 있어야 운도 따른다.
282 실수와 실패는 새로운 배움의 기회이지 포기의 이유가 아니다.
283 실패는 종점이 아니라 휴식이다.
284 실패는 중단함으로 오는 것이다.
285 실패자가 아니라 실패의 경험자가 되라.
286 실행과 시도는 다르다.
287 싼 곳에 싼 손님이 간다.
288 '씨'는 묻는 것이 아니라 심는 것이다.
289 아는 것이 아니라 익숙한 것이 내 것이다.
290 아는 자가 아닌, 배우는 자가 되라.

291 아름다운 사람은 향기가 있다.
292 안 되는 것은 시련이지 실패가 아니다.
293 애매하게 말하면 애매하게 알아듣는다.
294 약점은 장점의 디딤돌이다.
295 어제와 다르게 분명하게 살라.
296 어제와 똑같은 행동으로 미래를 바꿀 수는 없다.
297 언어로 자존감을 분석하라.
298 언어를 기술로 익히려 하지 말라.
299 얼굴의 근육이 마음의 근육을 만든다.
300 역경은 뛰어넘기 위해 존재한다.
301 역경을 이겨낼 수 있는 힘은 '간절함'이다.
302 역경지수가 높은 사람이 성공한다.
303 역사는 생각이 아니라 행동으로 이루어졌다.
304 역사는 오는 것이 아니라 만들어지는 것이다.
305 열망하는 자가 아니라, 준비하는 자가 되라.
306 열정 앞에 방향성을 결정하라.
307 열정은 마음이 아니라 행동이다.
308 열정이 운명을 이긴다.
309 영리한 머리는 은을 얻고, 따뜻한 마음은 금을 얻는다.
310 오늘은 어제의 결과이다.
311 완벽주의는 자기학대이다.
312 용서는 독을 제거하는 것이다.
313 용서와 화해를 미루지 말라.
314 용서하지 못함은 나의 마음을 지배하도록 허용하는 것이다.
315 우리가 부족함을 느끼는 것은 상황이 아니라 마음이다.
316 우리가 집중할 것은 '현상'이 아니라 '내면'이다.
317 우리는 변화와 성장을 위해 이 땅에 태어났다.
318 우리는 생각보다 많이 가지고 산다.
319 우리는 스스로 지어낸 의미로 살아간다.

320 우리를 무너뜨리는 것은 상황이 아니라 생각이다.
321 우리의 관점이 우리의 삶을 만든다.
322 우리의 말은 자신에게 하는 예언이다.
323 우리의 삶을 만드는 것은 우리의 생각이다.
324 운명은 삶을 해석하는 능력에 의해 좌우된다.
325 운명은 실행 여부가 좌우한다.
326 운명은 오는 것이 아니라, 내가 가는 것이다.
327 운은 만드는 것이다.
328 운의 중심에는 최선이 있다.
329 운이란 결국 기회와 준비가 맞아떨어진 것이다.
330 웃음을 아끼는 것이 가장 인색한 것이다.
331 위기는 곧 기회다.
332 위대한 욕망이 위대한 결과를 만든다.
333 의무를 다하기 전에 권리를 말해서는 안 된다.
334 의미부여는 대상에게 에너지를 부여하는 것이다.
335 이 세상은 '함께'할 때 의미가 있다.
336 이기고 지는 것도 습관이다.
337 이론은 적용을 위하여 존재한다.
338 이루기 원한다면 간절히 원하라.
339 '이룸'의 시작은 열망이다.
340 '이유'가 확실할수록 행동력이 강해진다.
341 이유는 있는 것이 아니라 만드는 것이다.
342 이의를 제기하라, 부정이 아니라 도전의식으로.
343 이의를 제기할 때 세상은 발전한다.
344 인격은 돈을 모을 때가 아니라 쓸 때 나타난다.
345 인격은 머리가 아니라 가슴이다.
346 인격은 성공의 밑천이다.
347 인격의 성장은 길고 느리다.
348 인격의 수준이 인생 수준이다.

349 인내는 인격을 낳는다.
350 인맥은 양이 아니라 '질'이다.
351 인생에 토 달지 마라, 내게는 이유이지만 남에게는 핑계다.
352 인생에는 도돌이표가 없다.
353 인생에서 중요한 것은 지식이 아닌 지혜이다.
354 인생은 공평하지 않다는 것을 명심하라.
355 인생은 사는 것이 아니라 누리는 것이다.
356 인생은 생각만큼 이룬다.
357 인생은 완료형이 아니라 진행형이다.
358 인생은 장기전이다.
359 인생은 재구조화가 가능하다.
360 인생은 정직하다, 뿌린 대로 거둔다.
361 인생은 하고 싶은 것을 미룰 만큼 그리 길지가 않다.
362 인생을 좌우하는 것은 '생각'이다.
363 인생의 '독'은 무지가 아니라 '우유부단'함이다.
364 인생의 목적이 삶의 질을 결정한다.
365 인생이 항상 원만하기를 바라는 것은 환상이다.
366 인정해야 변화된다.
367 인지적 투자자가 되라.
368 일과 삶의 조화를 이루어라.
369 일상의 감사를 간직하라.
370 일에는 열정으로, 해석은 긍정으로.
371 일은 다시 할 수 있어도 신용은 다시가 없다.
372 일의 포로가 아닌 프로가 되라.
373 입으로 말하는 순간 말의 내용이 생명을 얻는다.
374 입은 입을 만나고, 마음은 마음을 만난다.
375 자기확신이 없으면 남도 나를 신뢰하지 않는다.
376 자기 내면의 능력을 감지하라.
377 자기인식은 사유가 아닌 행동에 의해 이루어진다.

378 자기존중은 성공이 아니라 노력하는 태도에서 나온다.
379 자녀를 바라보라, 그 모습에 당신이 있다.
380 자녀에게 '결론'을 강요하지 말라.
381 자신감을 위하여 긍정적 경험이 필요하다.
382 자신에 대한 기대수준을 높이라.
383 자신에 대한 확신이 기적을 부른다.
384 자신에게 가장 중요한 것부터 하라.
385 자신에게는 의지가, 타인에게는 가슴이 필요하다.
386 자신을 응시하라, 발전의 시작이다.
387 자신을 이기라, 이것이 가장 큰 승리이다.
388 자신을 지지하라, 그것이 '자기확신'이다.
389 자신의 강점으로 일하라.
390 자신의 노력에 감동하는가, 그것이 최선이다.
391 자신의 말은 자신이 가장 큰 영향을 받는다.
392 자신의 목표성취로 인해 행복을 느끼는 삶, 이것이 성공이다.
393 자신의 발전을 위해 제일 먼저 할 것은 '결단'이다.
394 자신의 생각이 '애착'인지 '진실'인지 분별하라.
395 자신의 속도를 존중하라.
396 자신의 입에서 나가는 말을 의식으로 지켜보라.
397 자신의 절대적 가치를 인정하라.
398 자신의 초점이 감정을 결정한다.
399 '자아 가치'는 소유가 아닌 '존재'에 있다.
400 자투리 시간을 이용하라.
401 작은 일부터 성취해 나가라.
402 작은 주머니에 큰 것을 넣을 수 없다.
403 잔소리는 투사다.
404 잘못된 지식보다는 '무'가 낫다.
405 장벽을 통하여 절실함을 테스트하라.
406 장애물에 집중하면 두려움이 보이고, 목표에 집중하면 열정이 보인다.

407 재능은 주어지나, 강점은 만들어진다.
408 적이 두려운 사람은 아군도 없다.
409 절대 포기하지 마라.
410 정말 유치한 것은 말이 아니라, 숨겨진 감정이다.
411 정확한 평가보다 긍정적인 평가가 큰 힘을 지닌다.
412 '조금 더'가 아니라, '확실히' 잘하는 사람이 되라.
413 조금만 더 넓게 보라, 누리고 있는 축복이 보일 것이다.
414 존경은 지식이 아니라 인격에 대해서다.
415 좋고 나쁜 것은 상황이 아니라 자신의 관점이다.
416 좋아하는 일을 찾기보다 하는 일을 좋아하라.
417 좋아하는 것과 잘하는 것을 분별하라.
418 주는 것으로 교만치 말라.
419 주도적인 삶을 살라.
420 중요한 것은 상황이 아니라 관점이다.
421 지금 나의 태도가 미래이다.
422 지금, 이 시간에 집중하라.
423 지금의 고통에 굴복하지 말라, 결과에 초점을 맞추라.
424 지금의 말이 우리의 미래를 만든다.
425 지나친 욕망은 나를 가난하게 할 뿐이다.
426 지식 없는 능력은 없다.
427 지식과 지혜도 행동이 없으면 의미를 상실한다.
428 지식은 어디에 머무느냐가 중요하다.
429 지식은 이해가 아니라, 익숙함이다.
430 지식은 지혜를 위해 필요하다.
431 지식이 머리에 머무르면 교만이, 가슴에 머무르면 지혜가 된다.
432 지혜가 되지 않는 지식은 의미가 없다.
433 지혜는 이타적이다.
434 지혜는 지식이 아닌 경험에서 온다.
435 지혜자는 본질을 이해하고, 우둔자는 현상을 본다.

436 진리는 머리 숫자와 상관없다.
437 진실은 입술이 아니라 삶에서 나타난다.
438 진실은 진정한 성공을 나누기 위한 토대이다.
439 진실이 없으면 잠재력을 극한까지 발휘할 수 없다.
440 진실한 사람만이 진실한 사람을 분별할 수 있다.
441 진실한 사람은 말과 속마음이 정확히 일치한다.
442 진정 내가 원하는 것을 이루라.
443 진정성은 '말'이 아닌 '실천'에 있다.
444 집중을 어디에 하느냐가 우리의 인생을 결정한다.
445 착한 것과 선한 것을 분별하라, 그리고 선을 택하라.
446 처신으로는 안락함을 얻지만, 의리로는 동반자를 얻는다.
447 처음 만날 때처럼 새로운 마음으로 대하라.
448 최고를 원한다면 최고를 고집하라.
449 최선도 습관이다.
450 최선을 다할 때 최고의 것이 주어진다.
451 '치유'는 상처를 현재형에서 과거형으로 바꾸는 것이다.
452 치유의 시작은 '진실'이다.
453 칭찬에는 '발', 험담에는 '날개'가 있다.
454 쾌락과 행복을 분별하라.
455 크게 생각해야 크게 이룬다.
456 큰 감정이 작은 감정을 몰아낸다.
457 큰 사람이 품고, 성숙한 사람이 인내하는 것이다.
458 타인의 눈을 마음에서 몰아내고 스스로에게 집중하라.
459 '탁월함'은 타고나는 것이 아니라, 만들어지는 것이다.
460 태도가 본질이다.
461 트렌드를 좇지 말고 선도하라.
462 특별하게 받아들이면 특별하게 반응하게 된다.
463 포기하지 않는 한 실패는 없다.
464 표현의 능력이 경쟁력이다.

465 하나의 경험은 하나의 지혜이다.

466 하나의 장애물은 하나의 경험이다.

467 하루 분량의 즐거움을 누리라.

468 하면 되고, 안 하면 안 된다.

469 하지 못해 후회할 일들을 너무 많이 남기지 말라.

470 학문은 '이해', 사람은 '인정'으로 접근하라.

471 항상 최고가 되는 연습을 하자.

472 해결은 문제에 초점을 맞추는 반면, 화해는 관계에 초점을 맞춘다.

473 핵심감정을 파악하라.

474 행동은 사고의 지배를 받는다.

475 행동을 관리하는 힘을 키우라.

476 행동하지 않으면 아무 일도 일어나지 않는다.

477 행복과 불행은 상황이 아닌, 자신의 해석으로 결정된다.

478 행복은 관계에서 온다.

479 행복은 기억이지만, 기억이 아니어야 한다.

480 행복은 내가 선택하는 마음의 상태이다.

481 행복은 목표가 아니라, 현재의 선택이다.

482 행복은 상황을 긍정적으로 해석하는 능력이다.

483 행복은 세상을 바라보는 긍정의 눈이다.

484 행복은 얻는 것이 아니라, 깨닫는 것이다.

485 행복은 조건이 아니라 마음이다.

486 행복은 주어지는 것이 아니라, 만드는 것이다.

487 행복한 사람만이 남도 행복하게 할 수 있다.

488 행운은 찾는 것이 아니라 잡는 것이다.

489 향기는 '최고'가 아니라, '최선'에서 난다.

490 혀를 다스리는 것은 나지만, 뱉어진 말이 나를 다스린다.

491 '현상'이 '본질'을 가리지 않게 하라.

492 '현실'은 상황에 대한 나의 생각이다.

493 현재는 선택의 결과이다.

494 현재의 마음이 미래를 결정한다.

495 화자와 청자의 수준이 동일할 때 건강한 소통은 이루어진다.

496 후회는 아무리 빨라도 늦고, 시작은 아무리 늦어도 빠르다.

497 후회는 한 일보다 하지 않은 일 때문에 하게 된다.

498 희망은 앞에 있지 과거에 있지 않다.

499 힘든 대상을 사랑하라, 그것이 참사랑이다.

500 Education & Training change your life!